Strafrecht

Grundriß zu Vorlesungen und Leitfaden zum Studium

von

Dr. Fritz van Calker

Professor der Rechte in München

Dritte durchgearbeitete Auflage

1927

München, Berlin und Leipzig

J. Schweitzer Verlag (Arthur Sellier)

Druck von Dr. F. P. Datterer & Cie., Freising-München

Vorwort.

Der Grundriß soll vor allem dem Studenten als Leitfaden bei seinen Studien dienen. Darüber hinaus wird er auch dem Praktiker von Nutzen sein, wenn dieser sich schnell den systematischen Zusammenhang der bei ihm zur Entscheidung vorliegenden strafrechtlichen Fragen ins Gedächtnis zurückrufen will.

Die seit der letzten Auflage eingetretenen Veränderungen der Gesetzgebung wurden eingearbeitet, insbesondere die wichtigsten Bestimmungen des Gesetzes zur Bekämpfung der Geschlechtskrankheiten und die Neufassung der Strafbestimmungen über die Abtreibung.

Die Grundgedanken des dem Reichstag am 14. Mai 1927 zur Beschlußfassung vorgelegten Entwurfs des neuen Strafgesetzbuches haben bei der Erörterung der einzelnen Fragen eingehende Berücksichtigung gefunden.

Die literarischen Hinweise sind im allgemeinen ebenso wie bei den früheren Auflagen knapp gehalten und beschränken sich auf die unbedingt notwendigen Angaben. Es wurden nur die bei der Benützung des Grundrisses zur Ergänzung erforderlichen Lehrbücher und Kommentare genannt.

Bei der Herausgabe dieser 3. Auflage ist es mir ein besonderes Bedürfnis, meiner treuen Mitarbeiter aus der Straßburger Zeit Dr. Carl Schmitt, jetzt Professor in Bonn, und Wilhelm Eisler (gefallen 1916 in Frankreich) in herzlicher Dankbarkeit zu gedenken.

Auch meinem bisherigen Assistenten, Referendar Wilhelm Glungler, sei an dieser Stelle für seine Mitarbeit herzlicher Dank gesagt.

München, im Oktober 1927. **F. van Calker.**

Übersicht.

Einleitung. Seite

§ 1. Grundlagen des Strafrechts 1
§ 2. Wesen der Strafe 3
§ 3. Entwicklung des Strafrechts 6
§ 4. Allgemeine Grundsätze über die Geltung strafrechtlicher Bestimmungen . 15
§ 5. Die Elemente eines Strafgesetzes 20

Allgemeiner Teil.

Das Verbrechen.

§ 6. Überblick 21
§ 7. Handlung, Unterlassung, Kausalzusammenhang 24
§ 8. Die Rechtswidrigkeit 29
§ 9. Notwehr und Notstand 30
§ 10. Die übrigen Rechtfertigungsgründe 34
§ 11. Die Schuld (Zurechnungsfähigkeit, Vorsatz, Fahrlässigkeit, Irrtum) . . . 38
§ 12. Strafbarkeitsbedingungen, Prozeßvoraussetzungen (insbesondere Antrag) und persönliche Strafausschließungsgründe 54
§ 13. Strafaufhebungsgründe 57
§ 14. Zusammenfassender Rückblick auf die Voraussetzungen der Strafbarkeit . . 63
§ 15. Erscheinungsformen des Verbrechens 64
§ 16. Der Versuch 65
§ 17. Die Teilnahme 74
§ 18. Einheit und Mehrheit der Verbrechen (Konkurrenz) 84

Die Strafen des geltenden Strafgesetzbuchs.

§ 19. Die Strafe und ihre Arten 92
§ 20. Festsetzung der Strafe 103

Besonderer Teil.

§ 21. Hochverrat und Landesverrat (1. Abschnitt) 107
§ 22. Majestätsbeleidigung (2. und 3. Abschnitt) 111
§ 23. Feindliche Handlungen gegen befreundete Staaten (4. Abschnitt) 111
§ 24. Verbrechen und Vergehen in Beziehung auf die Ausübung staatsbürgerlicher Rechte (5. Abschnitt) 112
§ 25. Widerstand gegen die Staatsgewalt (6. Abschnitt) 113
§ 26. Verbrechen und Vergehen wider die öffentliche Ordnung (7. Abschnitt) . . 115
§ 27. Münzverbrechen und Münzvergehen (8. Abschnitt) 119
§ 28. Meineid (9. Abschnitt) 120
§ 29. Falsche Anschuldigung (10. Abschnitt) 122
§ 30. Vergehen, welche sich auf die Religion beziehen (11. Abschnitt) 122
§ 31. Verbrechen und Vergehen in Beziehung auf den Personenstand (12. Abschnitt) 123
§ 32. Verbrechen und Vergehen wider die Sittlichkeit (13. Abschnitt) 124
§ 33. Beleidigung (14. Abschnitt) 131
§ 34. Zweikampf (15. Abschnitt) 134

Seite
§ 35. Verbrechen und Vergehen wider das Leben (16. Abschnitt) 135
§ 36. Körperverletzung (17. Abschnitt) 138
§ 37. Verbrechen und Vergehen wider die persönliche Freiheit (18. Abschnitt) . . 140
§ 38. Diebstahl und Unterschlagung (19. Abschnitt) 142
§ 39. Raub und Erpressung (20. Abschnitt) 144
§ 40. Begünstigung und Hehlerei (21. Abschnitt) 146
§ 41. Betrug und Untreue (22. Abschnitt) 148
§ 42. Urkundenfälschung (23. Abschnitt) 149
§ 43. Bankerott (24. Abschnitt) 151
§ 44. Strafbarer Eigennutz und Verletzung fremder Geheimnisse (25. Abschnitt) . 152
§ 45. Sachbeschädigung (26. Abschnitt) 156
§ 46. Gemeingefährliche Verbrechen und Vergehen (27. Abschnitt) 156
§ 47. Verbrechen und Vergehen im Amt (28. Abschnitt) 160
§ 48. Übertretungen (29. Abschnitt) 163

Anhang.
§ 49. Delikte gegen das Urheberrecht 165
§ 50. Steuerstrafrecht 166

Sachregister 171

Gesetzesregister 176

Einleitung.

§ 1. Die Grundlagen des Strafrechts.

I. Zweck des Strafrechts.

Zweck des Rechts überhaupt ist die Ermöglichung und Förderung des Zusammenlebens und Zusammenwirkens der Menschen durch Garantierung ihrer Existenz- und Entwicklungsbedingungen. Diesen Zweck erfüllt das Recht durch die Regelung des äußern Verhaltens der Menschen in Geboten und Verboten. Die Gebote oder Verbote enthalten sowohl einen Befehl (Imperativ) wie eine Bewertungsgrundlage. Das oberste Beurteilungsprinzip für das gesamte Recht ist das Prinzip der Vervollkommnung im Sinne der Erhaltung und Entfaltung des sozialen Lebens. Es hat namentlich Bedeutung für die Rechtspolitik, d. h. die Lehre vom Recht, wie es sein soll; aber auch für das tatsächlich geltende Recht, dessen Auslegung und Lückenausfüllung an ihm orientiert ist.

Das Strafrecht nimmt an der allgemeinen Aufgabe des Rechts teil, indem es die Interessen der Gemeinschaft und ihrer Angehörigen durch das Mittel der Strafe zu sichern sucht.

II. Grenzen des Strafrechts.

Wie das Recht überhaupt, so hat insbesondere das Strafrecht äußerliche, sinnlich wahrnehmbare Gegebenheiten zum Ausgangspunkt. Die Strafe knüpft in ihrer primitivsten Gestalt an irgendwelche Veränderungen der Außenwelt an, die von der rechtsetzenden Gemeinschaft mißbilligt werden. Sie ist eine ursprüngliche Reaktion gegen die Ursache eines ordnungswidrigen Zustandes. Die naive Auffassung wendet sich dabei gegen leblose Sachen und Tiere ebenso wie gegen Menschen. Aber sobald die Strafe der Willkür entrückt und einer rechtlichen Regelung unterworfen wird, macht sich bei der fortgeschrittenen Kultur eine entscheidende Berücksichtigung der psychischen Einstellung bemerkbar, die zu jener mißbilligten Veränderung der Außenwelt geführt hat. Man straft nicht mehr das Verbrechen als solches, sondern den Verbrecher für das Verbrechen. Aber das Objekt des Strafrechts ist nicht der Wille, der sich gegen die Rechtsordnung auflehnt, sondern der äußere Bruch der Rechtsordnung durch eine menschliche Handlung. Erst die begangene Tat gibt Anlaß zur strafrechtlichen Würdigung (Vorbeugung fällt begrifflich nicht unter das Strafrecht, sondern unter das Verwaltungsrecht). Erst bei der Bewertung der begangenen Tat spielt die Frage nach dem inneren Verhalten des Täters eine in der historischen Entwicklung des Strafrechts mehr und mehr betonte wichtige Rolle. Die Grenze des Strafrechts ist also dadurch bestimmt, daß immer bereits eine äußerlich sinnlich wahrnehmbare menschliche Handlung vorliegen muß, welche der Beurteilung unterzogen wird. Nur innerhalb dieser Grenze hat die kriminalpolitische Forderung: „Der Täter, nicht die Tat ist zu strafen", strafrechtspolitische Bedeutung. Wenn man den bloßen Gedanken nicht straft, so ist der Grund nicht sowohl der, daß man erst in der äußeren Handlung einen unbedingt sicheren Anhaltspunkt für die verbrecherische Gesinnung erblicken zu können glaubt, als vielmehr der, daß das bloße Denken als solches nicht Gegenstand rechtlicher Erfassung sein kann und somit auch aus der strafrechtlichen Bewertung ausscheidet. Das menschliche Innenleben ist Gegenstand der Ethik. Für die ethische Betrachtung ist der Ablauf des seelischen Geschehens im Täter der Kern der Untersuchung und die äußere Handlung nur Anhaltspunkt. So erklärt sich die Verknüpfung von Strafrecht und Ethik durch den teilweise gemeinsamen Stoff, aber auch die deutliche Verschiedenheit der grundsätzlichen Art der Einstellung. Hier ist die Grenze zwischen Strafrecht und Ethik zu ziehen.

III. Objekt des Strafrechts.

Formell ist Objekt des Strafrechts die Regelung der Voraussetzung und des Inhalts des Strafanspruches: Voraussetzung ist das Verbrechen, Inhalt die Strafe. Nach diesen beiden Gesichtspunkten werden wir im Allgemeinen wie im Besonderen Teil den Inhalt der strafrechtlichen Normen zu prüfen haben.

Materiell ist Objekt des Strafrechts der äußere Bruch der Rechtsordnung durch eine menschlicher Schuld zurechenbare Handlung. Doch gelangt nicht jeder Rechtsbruch zu strafrechtlicher Würdigung, sondern nur ein Ausschnitt rechtswidrigen schuldhaften Verhaltens. Die Grenze zwischen strafbarem und straflosem Unrecht ist niemals allgemeingültig zu bestimmen, sondern immer durch das positive Recht nach Zeit und Ort verschieden gezogen. Dabei hat im modernen Strafrecht das Erfordernis der Rechtssicherheit dazu geführt, daß zahlreiche, gesetzlich scharf umrissene besondere Tatbestände aufgestellt werden, an deren Verwirklichung die Rechtsfolge der Strafe geknüpft wird (Prinzip der Tatbestandsmäßigkeit als eine Grundlage des modernen Rechtsstaats).

Immer liegt in dem Verbrechen ein Angriff auf die Rechtsordnung:

a) unmittelbar, wenn sich der verbrecherische Wille gegen das Gesetz oder gesetzliche Einrichtungen selbst wendet (z. B. Meineid oder falsche Anschuldigung als Delikte gegen die Rechtspflege; Aufforderung zum Ungehorsam gegen Gesetze und Verordnungen gem. § 110 RStGB.;

b) mittelbar, wenn die verbrecherische Handlung in erster Linie auf ein Angriffsobjekt aus dem Bereich des sozialen Lebens gerichtet ist, z. B. beim Ehebruch § 172, bei der Beleidigung § 185 usw.

Außer im Objekt kann der Angriff auch in der Intensität verschiedenartig sein: das gilt einmal:

a) für die rechtliche Beurteilung des äußeren Erfolges: teilweise verlangt das Gesetz als Strafbarkeitsbedingung die Verletzung des Angriffsobjekts, teilweise ist bereits die bloße Gefährdung des Angriffsobjekt strafbar;

b) für die rechtliche Beurteilung des seelischen Vorganges im Verbrecher: Die Rechtsverletzung kann auf Gleichgültigkeit beruhen oder bewußt und gewollt sein.

IV. Grundprinzipien des Strafrechts.

Damit nach modernem Strafrecht auf Strafe erkannt werden kann, muß ein tatbestandsmäßiger Angriff auf die Rechtsordnung durch ein äußeres, sinnlich wahrnehmbares menschliches Verhalten gegeben sein. Dabei ist das gesetzgeberische Motiv der Bestrafung die objektive Gefährlichkeit der Handlung. Mag es sich um „Verletzung" oder bloße „Gefährdung" handeln, nie genügt für sich allein der subjektive, gefährliche Wille, um eine Strafe zu rechtfertigen; denn die Strafe ist eben ihrem Wesen nach die Reaktion der Gemeinschaft gegen den bereits ausgeführten Angriff des Verbrechers. Ein solcher Angriff muß in der Außenwelt deutlich in Erscheinung getreten sein. Dabei ist es nach heutigem Recht auch nicht gleichgültig, welcher Art die Angriffshandlung ist. Es muß vielmehr ein durch positives Recht aufgestellter bestimmter Einzeltatbestand in irgend einer Weise verwirklicht sein. Darin liegen die beiden, unser heutiges Strafrecht beherrschenden Grundgedanken: das Prinzip der äußeren Rechtsverletzung (durch sinnlich wahrnehmbares menschliches Verhalten) und das Prinzip der Tatbestandsmäßigkeit (Verwirklichung einer Handlung, die in einem durch das positive Recht aufgestellten Einzeltypus der strafbaren Handlungen genau bezeichnet ist). Diese beiden Grundsätze führen zu dem maßgebenden Grundbegriff der Ausführungshandlung. Ausführungshandlung im strafrechtlichen Sinn ist ein sinnlich wahrnehmbares menschliches Verhalten, das unter einen der gesetzlichen Einzeltatbestände fällt. Die Ausführungshandlung bezeichnet Grenze und Objekt aller strafrechtlichen Würdigung.

Die fundamentale Bedeutung der Tatbestandsmäßigkeit im modernen Strafrecht läßt das Gesetz selbst mit seinem Wortlaut und mit seinem Sinn in den Mittelpunkt aller strafrechtlichen Würdigung treten (vgl. unten § 6, 3). Wir gewinnen so einen obersten Grundsatz für unsere theoretische und praktische Arbeit: „Zurück zum Gesetz".

Gerade im Strafrecht ist die strenge Bindung des Richters an die Formulierung des Strafgesetzes die wesentlichste Voraussetzung der Rechtssicherheit. Eine gesunde, dem Sinn der ganzen Gesetzgebung entsprechende Auslegung wird dabei jederzeit den Vorwurf eines starren Formalismus, der öfters der hier vertretenen Lehre gemacht wird, von vornherein entkräften.

Der dem Reichstag jetzt von der Reichsregierung vorgelegte Entwurf hat teilweise diese Grundsätze verlassen, was mit Rücksicht auf die methodische Klarheit des Entwurfes selbst und auf den Schutzgedanken, der für den Angeschuldigten in dem Erfordernis der Tatbestandsmäßigkeit einer Handlung und in dem Prinzip der äußeren Rechtsverletzung liegt, Bedenken hat. (Vgl. hiezu S. 67, 68.)

§ 2. Wesen der Strafe.

1. Warum wird gestraft?

In der Beantwortung dieser Frage (de lege lata und de lege ferenda) stehen sich gegenüber absolute und relative Strafrechtstheorien; es handelt sich bei diesem Unterschied in Wahrheit um verschiedene Betrachtungsweisen, je nachdem man nach dem philosophischen Sinn oder nach dem empirischen Zweck der Strafe als einer gegebenen

Rechtseinrichtung fragt. Richtig verstanden widersprechen sich die beiden Betrachtungsweisen nicht; sie lassen sich durch eine vertiefte Erfassung des Vergeltungs- und des Zweckgedankens wohl miteinander vereinigen (vgl. van Calker, Recht und Weltanschauung, 1924).

Kurze Übersicht:

a) absolute Theorien (klassische Richtung):

sie bezeichnen den philosophischen Sinn der Strafe (Ggs.: historische Erklärung oder Zweckmäßigkeitsgründe),

a) Theorie der göttlichen Vergeltung (Stahl, Bekker),
b) Talionsprinzip (Kant),
c) Erklärung der Strafe als logische Negation des Verbrechens (Hegel).

b) relative Theorien (moderne Richtung):

sie begründen die Strafe aus ihrem erfahrungsmäßigen Zweck, ihrer soziologischen Funktion,

a) Theorie der Generalprävention: die Strafe bezweckt Abschreckung der Gesamtheit, entweder durch die Art des Strafvollzugs (ältere Theorie, grausame Strafen) oder durch die Strafandrohung (Feuerbachs Theorie des psychischen Zwanges);
b) Theorie der Spezialprävention: die Strafe zielt ab auf den einzelnen Verbrecher, den sie entweder bessern oder unschädlich machen soll;
c) Theorie der Sicherungsstrafe (vgl. die Abhandlung hierüber von Alexander Graf zu Dohna in der Zeitschr. f. d. ges. Strafrechtswissensch. 1923 S. 39 bis 56).

c) synkretistische Theorien (Vereinigungstheorien):

sie bezeichnen Vergeltung des Rechtsbruches und Sicherung der Gesellschaft als den umfassenden Sinngehalt des Strafrechts.

2. Wofür wird gestraft?

Für (nicht aus Anlaß!) eine einzelne Tat, ein vom Recht mißbilligtes „Verhalten", für ein malum actionis. (Gegensatz: Bestrafung des Charakters oder der Gesinnung oder der Gefährlichkeit des Täters, für die die einzelne Tat nur ein Symptom wäre: sogenannter symptomatischer Verbrechensbegriff. Hier liegt die Wurzel des Gegensatzes von soziologischer und juristischer Auffassung des Verbrechens).

3. Worin besteht die Strafe?

In der Zufügung eines Übels (malum passionis) zum Ausdruck der Mißbilligung (Vergeltung).

Um den Gedanken des Zweckübels auch bei der Geldstrafe folgerichtig durchzuführen, bestimmt der durch die Verordnung über Vermögensstrafen und Bußen vom 6. Februar 1924 in das StGB. eingefügte § 27c Abs. II: „Die Geldstrafe soll das Entgelt, das der Täter für die Tat empfangen hat, und den Gewinn, den er aus der Tat gezogen hat, übersteigen. Reicht das gesetzliche Höchstmaß hierzu nicht aus, so darf es überschritten werden."

Gegensatz: Zufügung eines Übels in der Funktion als Schadensausgleich, Unschädlichmachung, sichernde Maßnahme (z. B. Unterbringung eines Geisteskranken).

4. Wer wird bestraft? Ein zurechnungsfähiger Mensch; ihn betrifft die Strafdrohung, er ist der „Wer" in den einzelnen Strafgesetzen. Also keine Tierstrafen; auch keine Bestrafung juristischer Personen als solcher.

Ausnahmen: Steuerstrafrecht (vgl. Reichsabgabenordnung § 357) und kanonisches Strafrecht (codex juris canonici; vgl. hierüber Eichmann, Das Strafrecht des codex juris canonici 1920).

Folge: wenn ein nicht zurechnungsfähiger Mensch eine tatbestandsmäßige Handlung vornimmt, so erfolgt unter keinen Umständen Strafe.

Bedeutung der Zurechnungsfähigkeit im Strafprozeß: §§ 205, 453 Abs. 2, 455 StPO.

5. Wer straft? Der Staat als Inhaber der Strafgewalt, eines Hoheitsrechts. Es gibt also keine Privatstrafe mehr. Die Strafe ist staatliche Machtäußerung.

Folge: Nur der Staat erläßt die Strafdrohung; die aus der einzelnen strafbaren Handlung entstehende Rechtsfolge ist ein dem Staate allein zustehender Strafanspruch.

Auch die Durchführung der Strafe im einzelnen Fall — Strafverfolgung — Strafverurteilung — Strafvollstreckung — erfolgt durch staatliche Organe.

Das Strafrecht in doppelter Sinnprägung:

a) das Strafrecht im objektiven Sinne, jus poenale (= Summe der staatlichen Rechtsregeln, welche die Strafe betreffen),

b) das Strafrecht im subjektiven Sinne, jus puniendi (das Recht des Staates zu strafen).

6. Aus den dargelegten Gesichtspunkten ergibt sich die Definition: die Strafe ist ein Übel, das vom Staat für ein vom Recht mißbilligtes Verhalten eines zurechnungsfähigen Menschen von Rechts wegen verhängt wird.

Danach unterscheidet sich die kriminelle (peinliche) Strafe von

a) sichernden Maßnahmen (z. B. § 362: Arbeitshaus), die nicht eine Vergeltung, sondern Sicherung der Gesellschaft insbesondere durch Besserung des Täters bezwecken. Diese Unterscheidung ist begrifflich immer notwendig, wenn auch im Einzelfall nicht ganz leicht. Denn einerseits gehört der Sicherungsgedanke zu den empirischen Zweckvorstellungen, die sich auch an die Strafe als solche anknüpfen und erscheint so logisch verknüpft mit der Institution der Strafe, anderseits ist in der Behandlung des Rechtsbrechers durch den verwaltenden und rechtsprechenden Staat Sicherung und Bestrafung praktisch verknüpft. Darin liegt der Kern der gesetzgebungspolitischen Schwierigkeiten bei der Schaffung von „Maßregeln der Besserung und Sicherung" und namentlich bei der Eingliederung dieser Maßregeln in das Strafrecht (vgl. RTEntw. §§ 55 ff.);

b) Entschädigung, die Ersatz des Schadens, bloßer Schadensausgleich, ist; die im geltenden Strafgesetzbuch (§§ 188, 231) und in strafrechtlichen Nebengesetzen vorgesehene „Buße" ist ihrem Sinne nach nicht Zweckübel sondern „Privatgenugtuung" also jedenfalls nicht Strafe. Im Entwurf ist die Buße nicht mehr aufgenommen; ob im Strafprozeß dem Verletzten eine Privatentschädigung zugesprochen werden kann, wird einer neuen Strafprozeßordnung zur Regelung überlassen;

c) Konventionalstrafe § 339 BGB, die auf privatrechtlicher Grundlage beruht und die Berechnung des Schadens oder Interesses betrifft;

d) Ordnungsstrafe, Strafzwang, die unmittelbare Herbeiführung eines bestimmten Verhaltens bezwecken, vgl. § 178 GVG;

e) Exekutivstrafe, die Erreichung einer bestimmten Leistung bezweckt, z. B. Zeugniszwang § 70 StPO (nach der Neufassung der StPO vom 22. März 1924 als „Ordnungsstrafe" bezeichnet), Beugezwang § 888 ZPO;

f) Disziplinarstrafe, die sich aus der dienstherrlichen Befugnis des Staates gegenüber seinen Beamten, nicht aus dem allgemeinen Strafhoheitsrecht ergibt. Disziplinarstrafe ist daher neben krimineller Strafe möglich.

Die hier allein interessierende juristische Definition der Strafe wird von den Strafrechtstheorien nicht berührt, weil sie einerseits die philosophische Deutung, andererseits die soziologisch-naturwissenschaftliche Erklärung vermeidet.

Von den juristischen Definitionen der Strafe kommen drei in Frage, die typisch sind für drei juristische Auffassungen des Strafrechts und deren Gegensätzlichkeit daher bei den verschiedenen grundsätzlichen Fragen immer wieder auftaucht: 1. Binding, der von der rechtlichen Norm und der formellen Botmäßigkeitspflicht ausgeht und für den das Verbrechen infolgedessen seinem Wesen nach Normübertretung und die Strafe zwangsweise Unterwerfung des Verbrechers unter die Rechtsherrlichkeit ist; 2. v. Liszt, der von dem materiellen Interesse ausgeht und für den das Verbrechen infolgedessen Interessenverletzung und die Strafe eine Reaktion der Gesellschaft auf eine Interessenverletzung ist; 3. Merkel, der von einer vorjuristischen Norm (ethische Wertanschauungen des Volkes, „Kulturnormen") ausgeht und für den das Verbrechen infolgedessen seinem Wesen nach Pflichtwidrigkeit und die Strafe ein für ein pflichtwidriges Verhalten verhängtes Übel ist.

Der Streit um die Willensfreiheit des Menschen (um Determinismus und Indeterminismus) berührt trotz seiner grundsätzlichen Bedeutung die hier gegebene Definition der Strafe nicht.

Die Frage nach Sinn und Zweck der Strafe hat in erster Linie rechtsphilosophische und rechtspolitische Bedeutung. Sie hat außerdem aber auch rechtsdogmatische und unmittelbar praktische Bedeutung für die Rechtsanwendung; vgl. Jugendgerichtsgesetz vom 16. Februar 1923 (RGBl Teil I S. 135) § 6: „Hält das Gericht Erziehungsmaßregeln für ausreichend, so ist von Strafe abzusehen".

Vergleiche den dem Reichstag im Mai 1927 vorgelegten neuen amtlichen Entwurf eines StGB (RTEntw.) § 73 am Ende: „Bei Vergehen kann das Gericht an Stelle einer verwirkten Freiheitsstrafe von höchstens 3 Monaten auf Geldstrafe erkennen, wenn der Strafzweck durch eine Geldstrafe erreicht werden kann."

§ 3. Entwicklung des Strafrechts.

Vgl. v. Bar, Handb. des Strafrechts I (1882).

I. Historischer Überblick.

1. Römisches Recht.

Dem römischen Strafrecht ist wesentlich, daß es von den ältesten Zeiten an zwischen privatrechtlicher und öffentlichrechtlicher Strafe unterschied und ein staatliches Recht auf Strafe kannte (in zwei Fällen: perduellio = Landesverrat und paricidium = Verwandtenmord; auf diesen Delikten stand Todesstrafe; Entscheidung darüber hatten die Komitien von Fall zu Fall).

Gerichtshöfe (judicia publica) werden erst durch die leges judiciorum publicorum eingeführt. Diese ordnen die quaestiones perpetuae an und bestimmen, welche Delikte vor sie gehören.

Quaestio ist ein Richterkollegium, eine Art Schwurgericht, das auf Grund gesetzlicher Anordnung über die Strafsache entscheidet.

Die wichtigsten leges judiciorum publicorum sind: die Lex Calpurnia de pecuniis repetundis, 149 v. Chr., die leges Corneliae (Sullae) de vicariis et veneficis. Strafe: gewöhnlich nicht Todesstrafe, sondern aquae et ignis interdictio. Verbrechen, die auf Grund dieser Gesetze bestraft werden, heißen crimina legitima, im Gegensatz zu den crimina extraordinaria, die auf Grund später ergangener kaiserlicher Verordnungen bestraft werden, z. B. Ketzerei, stellionatus (Betrug).

Im Gegensatz zu den crimina stehen die delicta privata, die nur einen privatrechtrechtlichen Anspruch (eine actio im Gegensatz zum crimen) begründen, z. B. die actio furti und die actio injuriarum. Zur Kaiserzeit hatte der Verletzte meist die Wahl zwischen öffentlicher und privatrechtlicher Klage.

In den Digesten sind strafrechtliche Bestimmungen enthalten in den sog. libri terribiles (Dig. 47, 48). Besonderheiten: Unterscheidung von Vornehmen und Geringen (honestiores und humiliores) bei der Bestrafung; Bestrafung des dolus; Bestrafung des Versuchs wie des vollendeten Delikts.

2. Das deutsche Strafrecht:

Das Verbrechen ist nach germanischer Auffassung ein Bruch des Rechtsfriedens durch vorsätzliche Herbeiführung eines Schadens.

Unbedeutende Rechtsverletzungen begründen nur einen privatrechtlichen Entschädigungsanspruch, desgleichen alle fahrlässigen Handlungen (Ungefährwerke): sie fallen nicht unter den Begriff des Friedensbruches.

Innerhalb der Friedensbrüche unterschied das altgermanische Strafrecht gemeine und schwere Friedensbrüche. Der schwere Friedensbruch kennzeichnet sich durch die darin zum Ausdruck gelangende verächtliche Gesinnung des Täters. Es gilt als besonders verwerflich, wenn die Handlung heimlich begangen wird (Mord, Diebstahl im Gegensatz zu Totschlag, Raub) oder unter Mißbrauch physischer Überlegenheit (Notzucht) oder unter Verletzung besonderer Treupflicht (Tötung des Gefolgsherren). Eine solche Tat erregt nicht nur den Abscheu der Menschen, sondern auch den Zorn der Götter. Das Neidingswerk hat also sakralen Charakter.

Sowohl der Vorsatz als allgemeines Verbrechenserfordernis als auch die verächtliche Gesinnung, die das Neidingswerk charakterisiert, werden aber nicht von Fall zu Fall festgestellt, sondern nach allgemeinen äußeren Merkmalen. Dies darf jedoch nicht zu dem Irrtum verleiten, daß nach altgermanischem Strafrecht nur die äußere Tatseite den Gegenstand strafrechtlicher Untersuchung bildete.

Anderseits ist schon im ältesten deutschen Strafrecht und gerade in diesem das Prinzip der äußeren Rechtsverletzung (s. o. § 1 IV) stark betont. Das zeigt sich vor allem darin, daß der Versuch (soweit er nicht als äußere Rechtsverletzung unter einen besonderen Tatbestand fällt) überhaupt straflos bleibt.

Allgemeine Verbrechensfolge ist die Friedlosigkeit.

Weil der Verbrecher den Rechtsfrieden bricht, verliert er dessen Schutz, die sog. Mannheiligkeit; er wird friedlos, vogelfrei; jeder kann ihn töten, daher vor allem auch der Verletzte und seine Sippe; das Fehderecht und insbesondere das Recht der Blutrache ist also eigentlich nur ein Reflex der Friedlosigkeit.

Die Friedlosigkeit kann (im Gegensatz zur Todesstrafe) durch eine gesetzlich bestimmte Sühne (Buße und Friedensgeld) abgewendet werden.

Die Buße im weiteren Sinne trägt rein privatrechtlichen Charakter; sie ist eine Sühneleistung an die verletzte Partei, wie sie nicht nur im Falle des Friedensbruches, also des (vorsätzlichen) Verbrechens entrichtet werden muß, sondern auch bei Ungefährwerken (fahrlässigen Rechtsverletzungen), die ja vom germanischen Strafrecht gar nicht als eigentliche „Verbrechen“ aufgefaßt werden und daher keine eigentlichen Straffolgen nach sich ziehen. Die Buße im weiteren Sinn (faidus, Feindschaftsgeld, Fehdegeld: für den Verzicht auf die Fehde) als Gegensatz zum Friedensgeld wird eingeteilt in Wergeld (Ersatzleistung für Tötung) und Buße im engeren Sinn (Ersatzleistung für sonstige Verletzungen). In einem ganz weiten Sinn wird übrigens der Begriff „Buße“ auch für die gesamte Sühne (Buße + Friedensgeld) verwendet.

Das Friedensgeld (fredus, Gewedde), der andere Teil des gesamten Sühnegeldes, fällt dem Träger der öffentlichen Gewalt zu; die rechtliche Bedeutung des Friedensgeldes ist umstritten.

Spezielle Verbrechensfolge bei Neidingswerken ist die Todesstrafe als ehemals einzig öffentliche Strafe; sie trägt wie die Rechtsverletzung, an die sie geknüpft ist, sakralen Charakter.

Neben dem staatlichen Strafrecht steht das Privatstrafrecht. Hier handelt es sich um willentliche Rechtsverletzungen, die nicht als Bruch des allgemeinen Friedens aufgefaßt werden. Verbrechensfolge ist daher nicht die Friedlosigkeit. Wegen solcher Verletzungen privater Rechtsgüter steht vielmehr dem einzelnen Verletzten oder dem verletzten Personenkreis kraft allgemeinen staatlichen Rechtes oder kraft autonomen Rechts eines engeren Personenverbandes eine Befugnis zum Strafen zu.

Näheres über das Privatstrafrecht vgl. bei K. v. Amira, Grundriß des germanischen Rechts[3] 1913 S. 248—250. Über das altdeutsche Strafrecht im allgemeinen vgl. v. Schwerin, Deutsche Rechtsgeschichte[2] 1915 S. 154 ff., Schröder-Künßberg, Lehrbuch der deutschen Rechtsgeschichte[6] 1919 I S. 78 ff., Brunner-Heymann, Grundzüge der deutschen Rechtsgeschichte[7] 1919 S. 18 ff.

In der folgenden Periode (nach Abschluß der Völkerwanderung) machen sich vorwiegend unter dem Einfluß von Königtum und Kirche große Veränderungen im deutschen Strafrecht bemerkbar: es verliert seinen teilweise sakralen Charakter (Todesstrafe für Neidingswerke!) und wird so einheitlich; einzelne Tatbestände werden neu ausgebildet; freilich kann von einem Prinzip der Tatbestandsmäßigkeit (nulla poena sine lege) in jener Zeit noch keine Rede sein; in mehrfacher Beziehung setzen sich Milderungen durch.

Fahrlässigkeit (und damit Straflosigkeit!) wird in weiterem Umfang als bisher angenommen; der Verbrecher wird (außer bei handhafter Tat) nicht mehr ipso iure friedlos, sondern in der Regel nur mehr durch gerichtliches Urteil; die Friedlosigkeit wird zeitlich und räumlich begrenzt; während sie ehedem absolute Geltung hatte, ist sie nunmehr relativ beschränkt: nur der Verletzte und seine Verwandten haben das sogenannte Fehderecht. Die Friedlosigkeit wird in weitem Umfang ersetzt durch verschiedenartige öffentliche Strafen.

Nach der Karolingerzeit tritt eine allgemeine Rechtszersplitterung ein; in den einzelnen Territorien entwickeln sich zahllose Rechtsbräuche, die später vielfach in sog. Rechtsspiegeln aufgezeichnet wurden (Sachsenspiegel, Schwabenspiegel).

Dem mit der Rechtsunsicherheit auftretenden Fehdewesen suchten besondere Gesetze, sog. Landfrieden, ein Ende zu machen.

Rechtszustand beim Inkrafttreten der ersten reichsrechtlichen Kodifikation, der Constitutio Criminalis Carolina (zitiert: CCC): im Deutschen Reich galt römisches Recht in der Bearbeitung der italienischen Glossatoren; ihm gingen die verschiedenen territorialen Gewohnheitsrechte vor, die in sog. Spiegeln zusammengefaßt waren (z. B. der Klagspiegel von Sebastian Brant, der Laienspiegel von Ulrich Tengler, der sog. Hexenhammer u. a.). Territoriale Kodifikationen bestanden in einzelnen Ländern unter dem Namen „Halsgerichtsordnungen". Die berühmteste von ihnen ist die Bambergische Halsgerichtsordnung von 1507, verfaßt von Hans Frhrn. v. Schwarzenberg.

3. Die CCC kam auf dem Reichstag zu Regensburg 1532 zustande. Sie übernimmt im wesentlichen die Bambergische Halsgerichtsordnung; Art. 104—180 behandeln das materielle Strafrecht als systematischen Bestandteil des Strafprozeßrechts.

In Art. 104/5 wird auf das römische Recht (das „Recht des Kaisers") als subsidiäres Recht verwiesen. Doch hatte die CCC selbst ihrerseits dem territorialen Strafrecht gegenüber nur subsidiäre Geltung. Die Rechte der Territorialfürsten waren durch eine besondere „salvatorische Klausel" (am Schluß der Vorrede) geschützt.

Vergleiche die synoptische Ausgabe der „Peinl. Gerichtsordnung Kaiser Karls V. nebst der Bamberger und Brandenburger Halsgerichtsordnung", herausgegeben von H. Zöepfl (1883).

Weitere Entwicklung des Strafrechts namentlich durch die Rechtswissenschaft: Benedikt Carpzov (1595—1666). Praxis der Aktenverschickung an die Juristenfakultäten zur Begutachtung.

Im 18. Jahrhundert treten Einwirkungen des Naturrechts (Thomasius † 1728, bekannt als Gegner der Hexenprozesse; Christian Wolf) und der Aufklärung (Beccaria, Dei delitti e delle pene 1764, gegen die Todesstrafe) auf. Abschaffung der Folter in Preußen: 1740 und 1754.

1751 verliert die CCC zum ersten Male ihre subsidiäre Geltung und zwar durch den Codex juris Bavarici criminalis, von Kreitmayr verfaßt; ihm folgen die österreichische Gesetzgebung (Theresiana von 1768 und Josephina von 1787) und das preußische allgemeine Landrecht (verfaßt von Carmer, Suarez, Klein) in Kraft seit 1. Januar 1794.

1806 (Auflösung des Deutschen Reiches) hört die CCC auch formell auf gemeines deutsches Strafrecht zu sein.

4. Es folgen die Partikulargesetzgebungen, vor allem das bayerische Strafgesetzbuch von 1813, verfaßt von Anselm Feuerbach (ein neues bayerisches Strafgesetzbuch wurde 1861 erlassen). Inzwischen war 1810 in Frankreich durch Napoleon I. der Code pénal in Kraft getreten, der für die Ausgestaltung des preußischen Strafgesetzbuchs vom 14. April 1851 und damit für das geltende deutsche Strafgesetzbuch maßgebend wurde (2. Rezeption fremden Strafrechts).

II. Das geltende allgemeine Reichsstrafrecht.

A. Reichsstrafgesetzbuch:

1. Art. 4 Nr. 13 der Bundesverfassung vom 26. Juli 1867 weist das Strafrecht der Reichsgesetzgebung zu (wie schon die Reichsverfassung von 1849 und später die neue Weimarer Verfassung in Art. 7 Nr. 2).

3 Entwürfe: 31. Juli 1869, der I. (sog. Friedbergsche) Entwurf wird veröffentlicht. Kritik in ganz Deutschland. Eine Kommission von 7 Mitgliedern bearbeitet daraufhin diesen I. Entwurf und überreicht dem Bundeskanzler am

31. Dezember 1869 den II. Entwurf (nicht veröffentlicht). Der Bundesrat legt diesen Entwurf nach einigen Änderungen am

14. Februar 1870 als III. Entwurf dem Bundestag vor. Es folgen

3 Lesungen: 22. Februar 1870 bis 25. Mai 1870; am 1. März 1870 Abschaffung der Todesstrafe in der II. Lesung beschlossen;

21. Mai 1870: Beginn der III. Lesung: Leonhardt erklärt dem Bundestag namens der verbündeten Regierungen, daß diese ihre Zustimmung zu dem Strafgesetzbuch vor allem von der Aufnahme der Todesstrafe abhängig machten. In der großen Sitzung vom 23. Mai 1870 sprachen dann Bismarck für und Lasker gegen die Todesstrafe. Die Wiederherstellung der Todesstrafe wurde darauf mit geringer Majorität (127 gegen 119 Stimmen) angenommen. Am 25. Mai 1870 wurde das ganze Gesetz verabschiedet; noch am gleichen Tage erfolgte die Genehmigung des Bundesrats.

Am 31. Mai 1870 wurde das Strafgesetzbuch für den norddeutschen Bund ausgefertigt; in Kraft seit 1. Januar 1871 § 1 EGStGB.

2. Gemäß § 2 Abs. 2 des Gesetzes, betreffend die Verfassung des Deutschen Reiches vom 16. August 1871, wurde das Strafgesetzbuch Reichsgesetz.

Einführung in den Südstaaten durch die Novemberverträge; in Kraft in Hessen ab 1. Januar 1871; in Baden, Württemberg und Bayern ab 1. Januar 1872.

Neuredaktion durch Gesetz vom 15. Mai 1871.

Einführung in Helgoland durch Gesetz vom 1. April 1891.

3. Wichtige Abänderungen des Reichsstrafgesetzbuches:

1. Einfügung des § 130 a (Gesetz 10. Dezember 1871);
2. Änderung des § 337 (durch das Gesetz über die Beurkundung des Personenstandes vom 6. Februar 1875 mit mehreren Novellen);
3. Gesetz vom 26. Februar 1876:
   a) Änderung zahlreicher Bestimmungen, namentlich des gesamten Antragrechts, § 64 StGB;
   b) Einfügung neuer Bestimmungen, namentlich § 49 a (Duchesneparagraph) und 353 a (Arnimparagraph);
   c) Berechnung von Geldstrafen in Reichswährung statt wie bisher in Talerwährung.
4. Konkursordnung vom 10. Februar 1877 (17. Mai 1891): §§ 209—214 (239—244) KO treten an Stelle von 281—283 StGB;
5. Bestimmungen über den Wucher durch Gesetz vom 24. Mai 1880 (19. Juni 1893): Einführung von § 302 a—e;
6. Gesetz gegen den Verrat militärischer Geheimnisse vom 3. Juli 1893, ersetzt durch Gesetz vom 3. Juni 1914, berührt §§ 89, 90, 360 StGB;
7. Art. 38 EGBGB: Einfügung von § 145 a, Änderung von §§ 34 Nr. 6, 55, 65, 195;
8. Lex Heinze vom 25. Juni 1900: Einfügung von §§ 181 a, 184 a und b;
9. Milderung der Bestimmungen über Majestätsbeleidigung durch das Gesetz, betreffend die Bestrafung der Majestätsbeleidigung vom 17. Februar 1908: betrifft die §§ 95, 97, 99, 101; jetzt gegenstandslos, wenn auch noch nicht formell aufgehoben;
10. Novelle vom 19. Juni 1912: Einfügung von § 248 a (Notdiebstahl), 264 a (Notbetrug), 355 Abs. 2 (Schutz des Fernsprechgeheimnisses), Abänderung von § 370 Nr. 5;
11. Gesetz gegen das Glücksspiel vom 23. Dezember 1919 (RGBl S. 2145): Einfügung der §§ 284—285 a StGB in neuer Fassung;
12. Gesetz zur Erweiterung des Anwendungsgebietes der Geldstrafe und zur Einschränkung der kurzen Freiheitsstrafen vom 21. Dezember 1921 (inzwischen größtenteils ersetzt durch das Geldstrafengesetz vom 27. April 1923 in der Fassung des Vermögensstrafengesetzes vom 13. Okt. 1923 und der Vermögensstrafenverordnung vom 23. November 1923, jetzt aufgehoben durch VO vom 6. Februar 1924).
13. Gesetz zum Schutz der Republik vom 21. Juli 1922 (RGBl Teil I S. 585): Einfügung des § 49 b und eines Zusatzes in § 111 Abs. 2 S. 1; das Republikschutzgesetz selbst ist durch eine Novelle vom 8. Juli 1926 (RGBl I 397) abgeändert (§ 7 II, III gestr., § 9 II geänd.);
14. Jugendgerichtsgesetz vom 16. Februar 1923 (RGBl Teil I S. 135);
15. Geldstrafengesetz vom 27. April 1923: bringt außer einer Erhöhung der Geldstrafengesetze vor allem eine Neufassung der §§ 27—29 und 78; später geändert durch Vermögensstrafengesetz vom 13. Okt. 1923 (s. u. 17) und durch Verordnung vom 23. November 1923 (s. u. 18); aufgehoben durch VO vom 6. Februar 1924.
16. Novelle vom 23. Mai 1923: Einfügung von § 107 a;

17. Vermögensstrafengesetz („Gesetz über Vermögensstrafen und Bußen") vom 13. Oktober 1923, RGBl Teil I S. 943 (vgl. Reichstagsdrucks. 1920/23 Nr. 6230 und 6241); aufgehoben durch VO vom 6. Februar 1924; auf Grund dieses Gesetzes ist ergangen:
18. Verordnung vom 23. November 1923 (RGBl 1923 Teil I S. 1117): Festsetzung der Geldstrafen in Goldmark: erste „Vermögensstrafenverordnung" aufgehoben durch:
19. Verordnung vom 6. Februar 1924 (RGBl 1924, I, 44); zweite „Vermögensstrafenverordnung"; kodifiziert den geltenden Rechtszustand hinsichtlich der Vermögensstrafen und Bußen.
20. Gesetz über die Bestrafung des Zweikampfes vom 30. April 1926 (RGBl 1926 I 201): fügt § 210a ein (Nebenstrafen);
21. Novelle vom 18. Mai 1926 (RGBl 1926 I 239); ersetzt die bisherigen Abtreibungsparagraphen durch eine Neufassung des § 218;
22. Arbeitsgerichtsgesetz vom 23. Dezember 1926 (RGBl 1926 I 523): erweitert § 334 StGB;
23. Gesetz zur Bekämpfung der Geschlechtskrankheiten vom 18. Februar 1927 (RGBl 1927, I, 61): ersetzt die Verordnung zur Bekämpfung der Geschlechtskrankheiten vom 11. Dezember 1918 und ändert die §§ 180, 184, 361 Nr. 6, 362 StGB.

B. Strafrechtliche Bestimmungen außerhalb des StGB finden sich in den zahlreichen sog. strafrechtlichen Nebengesetzen (z. B. Preßgesetz, urheberrechtliche Gesetze, Nahrungsmittelgesetz, Gesetz gegen den unlauteren Wettbewerb usw.). Besonders interessant: die wirtschaftlichen Maßnahmen des Bundesrats während des Krieges auf Grund des sog. Ermächtigungsgesetzes vom 4. August 1914; ferner die auf Grund der Kriegszustandgesetze (alte Reichsverfassung Art. 68; preuß. Ges. über den Belagerungszustand vom 4. Juni 1851 [abgeändert durch Gesetz vom 11. Dez. 1915, RGBl S. 813 und ergänzt durch Ges. vom 14. Dez. 1916 RGBl S. 1329, und Ges. vom 30. Nov. 1919, RGBl S. 1941], bayer. Kriegszustandsgesetz vom 5. Nov. 1912 [GVBl 1161] mit den Novellen vom 6. Aug. 1914 [GVBl 349], vom 4. Dez. 1915 [GVBl 728] und vom 15. Juli 1916 [GVBl 134]) im Interesse der öffentlichen Sicherheit ergangenen Anordnungen der Militärbefehlshaber während des Weltkrieges; aus der Nachkriegszeit zahlreiche Strafbestimmungen auf Grund des Art. 48 der neuen Reichsverfassung (vgl. z. B. Verordnung des Reichspräsidenten zum Schutz des Funkverkehrs vom 8. März 1924, RGBl I 273 ff. Allfeld, Strafgesetzgebung, 1926, S. 210).

III. Die Strafrechtsreform.

Am 1. Mai 1906 trat gemäß einer Verfügung des Staatssekretärs des Reichsjustizamts eine Kommission zur Ausarbeitung des Vorentwurfs zu einem neuen deutschen Strafgesetzbuch zusammen. Der Entwurf wurde 1909 veröffentlicht (sog. Vorentwurf). Dazu ein Gesetzentwurf, aufgestellt von den Professoren Kahl, v. Lilienthal, v. Liszt und Goldschmidt, 1911 (sog. Gegenentwurf). Eine neue Kommission trat am 4. April 1911 im Reichsjustizamt zusammen; die Kommissionsbeschlüsse sind 1914 veröffentlicht worden. Die Arbeiten der Strafrechtskommission ergaben den sog. Kommissionsentwurf von 1913; dieser wurde 1918 von einer kleinen Kommission in Einzelheiten umgearbeitet und als „Entwurf von 1919" veröffentlicht. Der Entwurf trägt gleich den früheren Beschlüssen der Strafrechtskommission, deren Grundlinien er wahrt, keinen amtlichen Charakter, ebensowenig die Denkschrift, die dem Entwurf von 1919 beigegeben ist.

Ein „Amtlicher Entwurf eines Allgemeinen Deutschen Strafgesetzbuchs“ wurde erst in den folgenden Jahren im Zusammenwirken der deutschen und der österreichischen Justizverwaltung aufgestellt und im Herbst 1922 der Reichsregierung zur Beschlußfassung vorgelegt (sog. Regierungsvorlage 1922). Nach zweijähriger Unterbrechung (Ruhreinbruch, Inflation!) wurden die Arbeiten an der Strafrechtsreform wieder aufgenommen: im Herbst 1924 wurde der AE von der Reichsregierung beraten, mit wenigen, aber bedeutsamen Änderungen dem Reichsrat vorgelegt (sog. Reichsratsvorlage 1924) und auf Anordnung des Reichsjustizministeriums mit einer eingehenden Begründung veröffentlicht.

Auf diese Begründung, in deren Einleitung die Geschichte der Strafrechtsreform knapp und übersichtlich dargestellt ist, wird nachdrücklich hingewiesen.

Den amtlichen Entwurf, im folgenden zitiert „Entw. 1925“, hat der Reichsrat besonders im allgemeinen Teil in wesentlichen Punkten umgestaltet, indem er verschiedenen Anträgen der Reichsregierung und der einzelnen Länder und teilweise der Kritik, die der Entw. 1925 in der Wissenschaft fand, Rechnung trug.

Am 14. Mai 1927 hat der Reichsjustizminister diesen umgearbeiteten Entwurf dem Reichstag zur Beschlußfassung vorgelegt (zitiert: Reichstagsentwurf = RTEntw.).

IV. Das Militärstrafrecht.

1. Geltungsbereich:

a) für alle zum aktiven Heere oder Marine gehörigen Personen (vgl. § 10 StGB., der jedoch schon seit dem Inkrafttreten des Militärstrafgesetzbuches gegenstandslos geworden ist — siehe §§ 2, 3 MStGB — und deshalb nach dem Entwurf eines Gesetzes zur Anpassung des Strafgesetzbuchs an das Verfassungsrecht Art. I Ziff. 3 formell gestrichen werden sollte). Wer dazu gehört, bestimmt die Anlage zum MStGB; nach früherem Recht in Verbindung mit § 38 des Reichsmilitärgesetzes (Offiziere, Ärzte, Beamte, Mannschaften des Friedensstandes; zum Dienst einberufene Offiziere, Mannschaften usw. des Beurlaubtenstandes — namentlich am Tag der Kontrollversammlung —, alle in Kriegszeiten zum Heeresdienst Aufgebotenen vom Tage der Einberufung an). Das Reichsmilitärgesetz vom 2. Mai 1874 ist durch § 48 des Wehrgesetzes vom 23. März 1921 aufgehoben. Nach § 43 des Wehrgesetzes gelten im Sinn der bisherigen Vorschriften die Soldaten als Personen des Soldatenstandes; zu den Soldaten gehören nach § 1 WG die Offiziere aller Gattungen, die Deckoffiziere, Unteroffiziere und Mannschaften. Außer den Soldaten gehören zur Wehrmacht (Reichswehr), die sich aus Reichsheer und Reichsmarine zusammensetzt, auch die Militärbeamten;

b) für Kriegsgefangene (§ 158 MStGB);

c) für gewisse Handlungen auf dem Kriegsschauplatz oder im okkupierten Gebiet (§§ 160; 57/59, 134 MStGB), gleichgültig von wem sie begangen werden;

d) für den Armeetroß (§ 155) und ausländische Offiziere (§ 157).

2. Die Gesetze, die das Militärstrafrecht betreffen, sind:

a) das Militärstrafgesetzbuch für das Deutsche Reich (MStGB) vom 20. Juni 1872 mit zahlreichen späteren Änderungen, jetzt in neuer Fassung vom 16. Juni 1926: vgl. RGBl 1926 I 275.

b) die Militärstrafgerichtsordnung vom 1. Dezember 1898;

c) im Laufe unseres Jahrhunderts hat sich — vor allem aus Anlaß des Krieges — die Notwendigkeit zahlreicher Änderungen ergeben, die insbesondere die härtesten Strafdrohungen mildern:

Gesetz vom 8. August 1913; Gesetz vom 14. Juli 1914; Gesetz vom 25. April 1917 (RGBl S. 381); Gesetz vom 25. Juli 1918 (RGBl S. 777).

Gesetz vom 17. August 1920 (RGBl. S. 1579) betr. Aufhebung der Militärgerichtsbarkeit (vgl. Stilkes Textausgabe Nr. 2): durch Art. I § 1 dieses Gesetzes wurde die Militärgerichtsbarkeit, „abgesehen von den Strafverfahren in Kriegszeiten und gegen die an Bord von in Dienst gestellten Kriegsschiffen eingeschifften Angehörigen der Reichsmarine aufgehoben".

Gesetz vom 30. April 1926 („Gesetz zur Vereinfachung des Militärstrafrechts") RGBl 1926 I 197: trennt das Disziplinarrecht vom Kriminalrecht und nimmt eine Anzahl von „Tatbeständen disziplinaren Charakters" (z. B. Belügen eines Vorgesetzten, bisher MStGB § 90) aus dem MStGB heraus (vgl. die Begr. zum Entw. dieses Gesetzes in den Drucks. des Reichstags, III. Wahlperiode 1924/25 Nr. 811). Außerdem wird durch die Novelle „Abschnitt VIa: Zweikampf unter Kameraden" neu eingefügt.

d) für die neue Wehrmacht ist durch das Wehrgesetz vom 23. März 1921 (RGBl 329) eine neue Rechtsgrundlage geschaffen. Das Disziplinarstrafrecht ist durch die Disziplinarstrafordnung für das Reichsheer vom 18. Mai 1926 (RGBl 1926 II 265) neu geregelt.

3. Militärische Delikte sind solche, die im MStGB mit Strafe bedroht sind. Sie sind entweder echte (d. h. solche, die nur von Militärpersonen begangen werden können, z. B. Fahnenflucht § 69 MStGB in der Neufassung des Gesetzes vom 30. April 1926) oder unechte (d. h. solche, bei denen die Soldateneigenschaft des Täters die Strafe qualifiziert, z. B. Diebstahl § 138 MStGB; § 242 StGB).

4. Verhältnis des MStGB zum sog. bürgerlichen Strafrecht: das bürgerliche Strafrecht gilt subsidiär, aber in „entsprechender Anwendung" (§ 2 MStGB, § 10 StGB, vgl. hiezu die obigen Bemerkungen), d. h. soweit es mit der militärischen Disziplin vereinbar ist.

Beispiel: §§ 199, 233 StGB (sog. Retorsion bei Beleidigungen und Körperverletzungen, die auf der Stelle erwidert werden) finden keine Anwendung (Entscheidung des Reichsmilitärgerichts Bd. 1 S. 134).

V. Das Kriegsstrafrecht.

§ 4 EGStGB spricht von zwei Arten von Delikten:

1. den in einem in Kriegszustand erklärten Gebiet begangenen: die im § 4 aufgezählten (Hoch- und Landesverrat, Brandstiftung usw.) werden statt mit lebenslänglichem Zuchthaus mit dem Tode bestraft.

Das in Art. 68 der alten Reichsverfassung vorgesehene Reichskriegszustandsgesetz ist noch nicht erlassen; es gilt daher im Deutschen Reich außer Bayern das preußische Belagerungszustandgesetz vom 4. Juni 1851 mit den späteren Änderungen vom 11. Dezember 1915 (RGBl S. 813), 21. September 1916 (RGBl. S. 1067) und 30. November 1919 (RGBl S. 1941). In Bayern bestimmt Art. 3 des bayerischen Kriegszustandsgesetzes vom 5. November 1912 (mit den Novellen vom 6. August 1914, 4. Dezember 1915 und 15. Juli 1916) inhaltlich dasselbe wie § 4 EGStGB, vgl. hierüber Näheres bei Meißner, Das Staatsrecht des Reichs und seiner Länder, 2. Aufl. 1923, S. 165—169 und Nawiasky, Bayerisches Verfassungsrecht, 1923, S. 210. Dag. Anschütz in der 5. Auflage seines Kommentars der Reichsverf. S. 289.

2. den auf dem Kriegsschauplatz begangenen: diese werden nach dem MStGB. mit Zuchthaus oder mit dem Tode bestraft.

Die Verweisung des § 4 EGStGB auf Art. 61 der alten Reichsverfassung ist durch die genannten Bestimmungen des MStGB erledigt.

VI. Das kanonische Strafrecht

hat wie das kanonische Recht überhaupt im Jahre 1917 eine umfassende Kodifikation erfahren. Es ist im Codex Juris Canonici in Can. 2195 bis 2414 (5. Buch) geregelt. Eine ausführliche Darstellung würde den Rahmen dieses Grundrisses überschreiten. Zur Ergänzung wird verwiesen auf: E. Eichmann, Das Strafrecht des Codex Juris Canonici, 1920; Reinhard von Frank, Über das Strafrecht des Codex Juris Canonici in der Münchner Festgabe für Karl von Birkmeyer zum 27. Juli 1917, S. 289; A. Pöschl, Kurzgefaßtes Lehrbuch des katholischen Kirchenrechts auf Grund des neuen Kirchengesetzbuches 1921, S. 321 ff.

Anhang: Literatur.

Es ist nicht die Aufgabe dieses Grundrisses, ein Führer durch die strafrechtliche Literatur zu sein. Ausführlichere Zusammenstellungen finden sich in den Lehrbüchern, z. B. bei Allfeld (1921) S. 91ff., wo auch die Literatur der Hilfswissenschaften eingehend berücksichtigt ist, oder bei Liszt-Schmidt (1922) S. 72ff. Eine knapp zusammengefaßte kritische Würdigung der in der Literatur vertretenen Strömungen findet sich bei Sauer (Grundlagen des Strafrechts, 1921, S. 15/16). Im folgenden seien daher nur einige wenige Hinweise gegeben.

1. Lehrbücher:
   Lehrbuch des deutschen Strafrechts von Ph. Allfeld, 8. Aufl. 1922 (8. vielfach veränderte Auflage des von Hugo Meyer begründeten Lehrbuches).
   Lehrbuch des deutschen Strafrechts von Liszt-Schmidt, 24. Aufl. 1922.
   Ferner die systematischen Darstellungen von Finger (1904), Merkel-Liepmann (1912), Max Ernst Mayer (1916, Neuabdruck 1923), Köhler (1917), v. Hippel (1925).
2. Kurz gefaßte systematische Darstellungen:
   Grundzüge des Strafrechts v. Beling, 9. Aufl., 1925.
   Deutsches Reichsstrafrecht von Gerland, 1922.
   Grundriß des deutschen Strafrechts von Richard Schmidt, 1925.
   Strafrecht v. E. Kohlrausch in der Enzyklopädie der Rechts- und Staatswissenschaft (herausgegeben von Kohlrausch und Kaskel).
   Ferner die Grundrisse von Kohler (1912), Lilienthal (1916) und Doerr (1920), und die Darstellungen des Strafrechts von Wachenfeld in der Enzyklopädie von Holtzendorf-Kohler 5. Band, 1914.
   Da das vornehmste Ziel des RT.-Entw. darin besteht, eine gemeinsame Grundlage für das deutsche und österreichische Strafrecht zu schaffen, wird zur Einführung in die Probleme des RT.-Entw. besonders auf den „Grundriß des Österreichischen Strafrechts" von Lammasch-Rittler, Wien 1926, verwiesen.
3. Kommentare:
   Textausgabe mit Anmerkungen von F. Doerr, 4. Aufl., 1927.
   Kommentar von Reinhard v. Frank, 17. Aufl., 1926.
   Kommentar von Ebermayer, Lobe, Rosenberg, 3. Aufl. 1925 (mit bes. Berücksichtigung der Rechtsprechung des Reichsgerichts): „Leipziger Kommentar".
   Kommentar von Olshausen, 11. Auflage in Vorbereitung.
   M. Stengleins Kommentar zu den strafrechtlichen Nebengesetzen des deutschen Reiches, 5. Aufl., 1926/27 im Erscheinen.
4. Werke allgemeineren Inhalts:
   Baumgarten, Aufbau der Verbrechenslehre 1913;
   Beling, Die Lehre vom Verbrechen, 1906.
   Gerland, Grundfragen des Strafrechts, 1918:
   Nagler, Die Strafe, 1918
   Sauer, Grundlagen des Strafrechts, 1921.
5. Gesetzsammlung:
   Allfeld, Strafgesetzgebung des Deutschen Reichs, 3. Aufl., 1926.

§ 4. Allgemeine Grundsätze über die Geltung strafrechtlicher Bestimmungen.

I. Verhältnis des Reichsstrafrechts zum Landesstrafrecht.

1. Grundlegende Bestimmungen: Art. 2 der alten Reichsverf.: Reichsgesetze gehen Landesgesetzen vor, d. h. sie heben die Landesgesetze gänzlich auf; ebenso Art. 13 der neuen Weimarer Verfassung; § 2 EGStGB: Landesstrafrecht tritt außer Kraft, soweit im Reichsstrafrecht dieselbe Materie geregelt ist. (Verhältnis von Art. 2 aRV zu § 2 EGStGB: § 2 EG ist ein Anwendungsfall von Art. 2 aRV; über die Tragweite des Art. 13 der Verf. vom 11. August 1919 vgl. Anschütz, Reichsverf., 1926, S. 66—68).

2. Wann ist eine Materie im StGB geregelt?
   a) Materie = einheitlicher Komplex zusammenhängender Gegenstände strafrechtlicher Regelung z. B. Hoch- und Landesverrat, Diebstahl, Zweikampf, Sachbeschädigung, Nötigung; nicht aber strafbarer Eigennutz, öffentliche Ordnung, Sittlichkeit.
   b) Die Materie muß erschöpfend geregelt sein. Die Tendenz zur erschöpfenden Regelung ist aus dem Zusammenhang zu entnehmen.

3. Was ist vom Landesstrafrecht aufrecht erhalten?
   a) Bestimmungen, die vom Reichsstrafrecht nicht geregelte Materien betreffen, z. B. lotteriegesetzliche Strafbestimmungen der Einzelstaaten, Gesetze gegen Konkubinate, Querulieren, Abhalten vom Bieten bei öffentlichen Versteigerungen (§ 270 des preußischen StGB von 1851); nicht aber Landesgesetze über Zweikampf, Nötigung, Streikpostenstehen;
   b) namentlich Bestimmungen über die im § 2 Abs. 2 EGStGB genannten Materien (insbesondere Fischerei, Jagd, Forst- und Feldpolizei, Forstdiebstahl).

   Aus Abs. 2 sind weggefallen: Preßpolizei (Ges. vom 7. Mai 1874) und Vereins- und Versammlungsrecht (Reichsvereinsgesetz vom 19. April 1908).

4. In welcher Hinsicht ist das Landesstrafrecht aufrecht erhalten?
   a) Grundsatz: Bereits ergangene Bestimmungen bleiben bestehen; neue sind möglich.
   b) Die Bestimmungen des allgemeinen Teils des StGB sind maßgebend nur so weit es sich um Rechte mit sogenannten grundrechtlichem Charakter handelt, welche die Gewalt des Staates dem Einzelnen gegenüber grundsätzlich einschränken, z. B. die früher im StGB § 55 (jetzt im Jugendgerichtsgesetz § 2) getroffenen Bestimmungen über das straffähige Alter, ferner namentlich StGB §§ 2 und 9 (vgl. RG. 112 und 116!)

   Über die Maßgeblichkeit des Allgemeinen Teiles des StGB für die Landesstrafgesetze bestehen drei Meinungen:
   aa) allgemeine Geltung (Binding);
   bb) allgemeine Nichtgeltung, also Landesgesetzgebung nicht gebunden (Beling): so auch die ständige Rechtspr. des RG.; vgl. Ebermayer[2] 1922 S. 1089;
   cc) Geltung der grundrechtlichen Bestimmungen (Frank), also nicht der Vorschriften des StGB über Versuch und Teilnahme.

c) Subsidiär gilt das Reichsstrafrecht. (Anwendung dieses Satzes; § 3 EGStGB).

d) Einschränkungen der Landesstrafgesetzgebung:

aa) § 5 EGStGB: für die noch zu erlassenden Landesgesetze (Strafandrohung nur Gefängnis bis zu 2 Jahren, Haft, Geldstrafe, Einziehung, Entziehung öffentlicher Ämter);

bb) § 6 EGStGB: für bereits bestehende wie später erlassene Landesgesetze (im Strafurteil darf nur auf Strafarten des ReichsStGB erkannt werden).

II. Persönliche Geltung.

1. Für deutsche Militärpersonen gilt das Strafgesetzbuch nur subsidiär nach den Militärstrafgesetzen, § 10 StGB* (vgl. oben § 3 IV).

2. Aus völkerrechtlichen Gründen sind der inländischen Gerichtsbarkeit nicht unterworfen (von ihr eximiert):

a) fremde Souveräne (auch Präsidenten und der Papst);

b) die auswärtigen Gesandten und ihr Personal, soweit sie nicht deutsche Staatsangehörigkeit besitzen (§ 18 des Gerichtsverfassungsgesetzes).

In diesen Fällen (a und b) handelt es sich um eine Exemtion von der Gerichtsbarkeit, d. h. Ausschluß der Strafverfolgung während des die Exemtion begründenden Verhältnisses (nicht also Aufhebung der materiellen Strafbarkeit oder gar Rechtswidrigkeit; Notwehr ist daher möglich; ebenso Strafverfolgung nach Aufhören des Verhältnisses).

3. Auf staatsrechtlicher Grundlage beruhen folgende Exemtionen:

a) der Landesherr (im Deutschen Reich jeder regierende Landesfürst) unterstand nicht den Strafgesetzen, er war in dieser Beziehung legibus solutus (persönlicher Strafausschließungsgrund).

b) Immunität der Mitglieder des Reichstags oder eines Landtags in Beziehung auf Abstimmungen oder Äußerungen, wenn diese in Ausübung des Berufs geschehen. § 11 StGB in Verbindung mit Art. 31 aRV; vgl. jetzt die Zusammenfassung der beiden Normen in Art. 36 der neuen RV (Näheres bei Anschütz, RV 1926, S. 144ff.).

c) Wahrheitsgetreue Berichte über deutsche Landtags- oder Reichstagsverhandlungen sind von jeder Verantwortlichkeit frei. § 12 StGB, Art. 22 Abs. 2 aRV, Art. 30 nRV.

In den Fällen b) und c) ist zweifelhaft, ob es sich um Aufhebung der materiellen Strafbarkeit der Handlung oder nur um einen persönlichen Strafausschließungsgrund handelt. Aus historischen Gründen dürfte die erste Ansicht richtig sein; Folge: die Handlung ist nicht rechtswidrig, Notwehr und Retorsion (§§ 199, 233) sind nicht zulässig (a. A. Allfeld, Lehrb., 1922, S. 90 und Liszt-Schmidt, Lehrb., 1922, S. 111).

III. Zeitliche Geltung.

1. § 2 Abs. 1 StGB: Strafgesetze haben keine rückwirkende Kraft.

2. § 2 Abs. 2 StGB: bei Verschiedenheit der Gesetze von dem Zeitpunkt der Tat bis zur Aburteilung ist das mildeste Gesetz anzuwenden. (Vgl. auch Vervier, Der Rechtswechsel im öfftl. Recht, 1923.)

Das gilt auch

a) für sog. Zwischengesetze (Beispiel: im Königreich Sachsen wurde 1868 die Todesstrafe abgeschafft, bei einer 1867 begangenen, mit Todesstrafe bedrohten Handlung, die 1872 zur Aburteilung kam, hätte nicht auf Todesstrafe erkannt werden können).

b) Im Falle der Aufhebung eines Gesetzes. Ausnahmen:
aa) wenn das Gesetz von vornherein in seiner Geltung zeitlich beschränkt war, z. B. das Sozialistengesetz, die vom Militärbefehlshaber auf Grund des Kriegszustandsgesetzes erlassenen Anordnungen; vgl. RG. 57, 209.
Im RTEntw. ist eine entsprechende ausdrückliche Bestimmung in diesem Sinne vorgesehen in § 3 Satz 2: „Vorschriften, die wegen besonderer tatsächlicher Verhältnisse erlassen worden waren, sind auf die während ihrer Geltung begangenen Taten auch noch anzuwenden, nachdem sie wegen Wegfalls dieser Verhältnisse außer Kraft getreten sind."
Wenn der Täter in Fällen dieser Art straflos gelassen würde, weil sich das Verfahren über die Geltungsdauer der verletzten Vorschriften hinauszieht, wäre bei allen Verstößen gegen solche ihrer Natur nach vorübergehenden Strafgesetze eine Prämie auf die Verschleppung des Verfahrens gesetzt.
bb) wenn sich nur die konkreten tatsächlichen oder rechtlichen Eigenschaften eines Objekts, nicht aber die abstrakte Strafandrohung geändert haben, z. B. eine gefälschte Münze wird außer Kurs gesetzt, die Jagdbarkeit eines Tieres wird aufgehoben. — Über die Einschränkungen des RG. vgl. 56, 425.

3. Das mildeste Gesetz ist dasjenige, das im gegebenen Falle bei Berücksichtigung aller Verhältnisse die dem Täter günstigste Entscheidung ermöglicht. (RG: „nach den Umständen des besonderen Falles" z. B. 57 S. 121.)
Dabei sind Strafhöhe, Antragserfordernis, Verjährung, Anrechnung der Untersuchungshaft und insbes. die durch die Geldstrafengesetze eingetretenen Milderungen zu berücksichtigen. Im Zweifel, d. h. bei Gleichheit, ist das alte Gesetz anzuwenden. Über die Bedeutung der Geldstrafengesetze in Beziehung auf § 2 II StGB. vgl. RG. 57, 121.

4. Über den Zeitpunkt der Tat bestehen beim sog. Distanzdelikt, d. h. wenn Willensbetätigung und Erfolg zeitlich auseinanderfallen, folgende Ansichten:
a) Tätigkeitstheorie (der Zeitpunkt der Willensbetätigung ist maßgebend; diese Theorie herrscht in der Literatur);
b) Theorie der Zwischenwirkung (der Eintritt der 1. Wirkung ist maßgebend);
c) Erfolgstheorie (der Zeitpunkt des Eintritts des Erfolges ist maßgebend);
d) richtige Ansicht und Praxis des RG: zu jedem der genannten Zeitpunkte wird das Delikt begangen; vgl. aber RG 57, 196.
Beispiel: A stellt am 1. September eine Flasche mit langsam wirkendem Gift in der Wohnung des B auf, um den B zu vergiften. B trinkt zum erstenmal am 10. Dezember; zum zweitenmal am 15. Dezember; er stirbt am 20. Dezember. Nach a) ist die Tat begangen am 1. September; nach b) am 10. Dezember; nach c) am 20. Dezember; nach d) an jedem dieser Tage.
e) Der RTEntw. legt im Gegensatz dazu für das künftige Recht die Tätigkeitstheorie durch eine ausdrückliche Vorschrift fest: „Wann der Erfolg eintritt, ist nicht maßgebend" (§ 8 Abs. 2 S. 2).
Bei Unterlassungsdelikten ist die Zeit maßgebend, zu der die unterlassene Handlung hätte stattfinden müssen.

IV. Räumliche Geltung („internationales Strafrecht".)

1. Welche strafbaren Handlungen unterliegen in räumlicher Hinsicht der Beurteilung durch deutsches Strafrecht? (Zu unterscheiden von der Frage der örtlichen Zuständigkeit der deutschen Gerichte.)
Mögliche Antworten:
a) alle im Inland begangenen Handlungen (Territorialprinzip);

b) alle von deutschen Staatsangehörigen (im In- oder im Ausland) begangenen (aktives Personalprinzip);
c) alle gegen ein deutsches Rechtsgut oder Interesse gerichteten (passives Nationalprinzip — oder Realprinzip oder Schutzprinzip);
d) alle, gleichgültig von wem, gegen wen oder wo, begangenen (Universal-, Weltrechtsprinzip).

2. Das geltende deutsche Strafrecht beruht auf dem Territorialprinzip, § 4 Abs. 1.

Positive Bedeutung: § 3,
Negative Bedeutung: § 4 Abs. 1.

Ausnahmen vom Territorialprinzip:

a) Für Übertretungen Ausnahmen nur, wenn mit außerdeutschen Staaten besondere Verträge darüber geschlossen werden, § 6;
b) von den im Ausland begangenen Verbrechen und Vergehen können (nach dem Ermessen der Strafverfolgungsbehörde d. i. der Staatsanwaltschaft) verfolgt werden (§ 4 Abs. II):

alle hochverräterischen Handlungen, die gegen das Deutsche Reich oder einen Bundesstaat gerichtet sind, gleichgültig, ob sie von In- oder Ausländern begangen werden (hier also Realprinzip); vgl. auch unten d);

der RTEntw. sieht auch für Landesverrat und Vergehen gegen die Wehrmacht oder die Volkskraft das Realprinzip vor (in § 6 Ziff. 1);

alle Münzverbrechen, Dynamitverbrechen (Ges. vom 9. Juni 1884) und Sklavenhandel (Ges. vom 28. Juli 1893), gleichgültig wo, von wem oder gegen welches Interesse sie begangen werden (hier Universalprinzip);

alle Amtsdelikte eines in deutschen Diensten stehenden Beamten (Realprinzip);

Landesverrat gegen einen deutschen Staat sowie Spionage, nur wenn der Täter zur Zeit der Tat Deutscher war, § 4 Nr. 2, Spionagegesetz § 16 (Personalprinzip).

Diese Fälle stellen sich auch prozessual als Ausnahmeerscheinungen dar, da für die Strafverfolgung hier das Opportunitätsprinzip maßgebend ist, während bei Inlandsdelikten grundsätzlich die Legalitätsmaxime gilt; vgl. StPO. § 153;

alle von einem Deutschen begangenen Verbrechen und Vergehen, die
aa) auch am Ort der Tat strafbar sind (positive Bedingung) und
bb) auch im Ausland noch strafrechtlich verfolgt werden können: § 4 Nr. 3 und § 5 Nr. 1/3 (negative Bedingung, Prozeßhindernis) (vgl. RG 57, 48).

Beispiel: Ein Ehebruch ist nach § 172 StGB strafbar; nach Genfer Strafrecht ist er nicht strafbar; wenn also ein Deutscher in Genf Ehebruch begeht, so kann er deshalb in Deutschland nicht strafrechtlich verfolgt werden.

Besonderheit: § 298 (Strafbarkeit am Ort der Tat nicht erforderlich).

Auf Grund dieser Bestimmungen können z. B. im Inland betroffene Mitglieder von Räuberbanden, die jenseits der Grenze Angehörige der verschiedensten Nationen ermordet und beraubt haben, im Inland nicht bestraft werden, wenn der ausländische Staat keinen Auslieferungsantrag stellt oder mit ihm kein Auslieferungsverkehr besteht.

Um diesem Mißstand abzuhelfen, dehnt der RTEntw. das Geltungsgebiet des deutschen Strafgesetzes allgemein auch auf Auslandstaten von Ausländern aus (§ 7 und Begründung hiezu S. 9), sofern diese im Inland betroffen werden und ihre Auslieferung zulässig wäre.

c) Eine weitere Ausnahme wurde durch das Gesetz zur Verfolgung von Kriegsverbrechen und Kriegsvergehen vom 18. Dezember 1919 (RGBl S. 2125) in der Fassung der Novellen vom 24. März 1920 (RGBl S. 341) und vom 12. Mai 1921 (RGBl S. 508) geschaffen. Danach ist der Oberreichsanwalt verpflichtet, nach deutschem Recht strafbare Verbrechen oder Vergehen, die ein Deutscher im In- oder Ausland während des Krieges bis zum 28. Juni 1919 gegen feindliche Staatsangehörige oder feindliches Vermögen begangen hat, auch dann zu verfolgen, wenn die Tat im Ausland begangen und durch die Gesetze des Ortes, wo sie begangen ist, mit Strafe bedroht ist (§ 1 und § 2 a. a. O.): Legalitätsprinzip wie bei Inlandsdelikten!

d) Wegen eines Verbrechens gegen das Gesetz zum Schutz der Republik kann nach diesem (§ 11) Strafverfolgung in allen Fällen (§§ 1—8 dieses Ges.) auch dann eintreten, wenn die Tat im Ausland begangen ist.

Im Ausland vollzogene Strafen werden angerechnet § 7. Vgl. aber auch § 37 (nachträgliche Aberkennung bürgerlicher Ehrenrechte).

3. **Ausland** ist das Gebiet, das nicht Inland ist, § 8.

Inland ist a) das verfassungsmäßige Gebiet des Deutschen Reiches (nicht die in einem Krieg okkupierten Gebiete);
b) die deutschen Küstengewässer auf Kanonenschußweite, sowie der Luftraum über dem Gebiet; vgl. hiezu RG 56, S. 135 ff.;
c) die Staatsschiffe, namentlich Kriegsschiffe; nach dem RTEntw. auch Luftfahrzeuge, gleichviel, wo sie sich befinden;
d) nach einer nicht allgemein anerkannten Theorie gehörten ferner zum Inland Konsulargerichtsbezirke und Schutzgebiete (§ 192 des Konsulargerichtsgesetzes vom 7. April 1900 und § 3 des Schutzgebietgesetzes vom 25. Juli 1900).

Im staatenlosen Gebiet von Deutschen begangene Verbrechen und Vergehen können ebenfalls nach deutschen Strafgesetzen verfolgt werden (vgl. § 77 des Konsulargerichtsgesetzes).

4. **Ort der Tat beim Distanzdelikt** (d. h. wenn Willensbetätigung und Erfolg örtlich auseinanderfallen): 1. Tätigkeitstheorie; 2. Theorie der Zwischenwirkung; 3. Erfolgstheorie; 4. Praxis des RG: an allen diesen Orten (vgl. Grundriß § 4 III 4); zu weitgehend aber RG 57, 145.

Beispiel: A steht jenseits der holländischen Grenze und gibt von dort auf den diesseits in Deutschland stehenden B einen Schuß ab; B wird tödlich getroffen, nach Wesel gebracht, wo er stirbt. Ort der Tat nach 1.: Holland; nach 2.: Deutschland (holländische Grenze); nach 3.: Wesel; nach 4.: an allen diesen Orten.

Richtige Ansicht: die Ansicht zu 4; dieselbe liegt auch der Novelle vom 13. Juni 1902 zur StPO (vgl. StPO. § 7) und dem RTEntw. zugrunde.

5. **Auslieferung.** Die Bestrafung eines nach inländischem Recht strafbaren Täters, der sich im Ausland befindet, wird ermöglicht durch Auslieferung seitens des Aufenthaltsstaates. Die Auslieferung erfolgt auf Grund von Staatsverträgen. Wegen sogenannter politischer Verbrechen (vgl. § 6 II 2e) erfolgt nach diesen Verträgen in der Regel keine Auslieferung; außer beim sog. Königsmord (belgische Attentatsklausel 1856).

Auslieferung von Inländern findet nicht statt, § 9 StGB (wegen § 9 ist auch § 4 Nr. 3 notwendig geworden).

Das Verbot der Auslieferung Deutscher (§ 9) ist in die neue Reichsverfassung (Art. 112 Abs. 3) übergegangen. Damit ist für diese Gesetzesvorschrift der verfassungsrechtliche Schutz gegen evtl. Änderungen gegeben.

Ausnahmen von dem Prinzip der Nichtauslieferung:
a) Versailler Vertrag Art. 228 (Auslieferung der sog. Kriegsverbrecher); Auslieferung später durch innerdeutsche Strafverfolgung ersetzt (s. o. 2 c);
b) Rheinlandabkommen Art. 4. (Auslieferung wegen Verbrechens gegen die Besatzungstruppen).

V. Die Bedeutung des § 2 StGB. (RV Art. 116).

1. Strafe kann nur auf Grund gesetzlicher Bestimmung verhängt werden (1. Bedeutung von § 2 StGB: **Ausschluß des Gewohnheits-**

rechts); über RV Art. 116 vgl. Anschütz Anm. 1 zu § 116 RV und Frank § 2 unter I.

Das Gewohnheitsrecht hat aber Bedeutung
a) strafaufhebend (desuetudo);
b) für den Ausschluß der Rechtswidrigkeit, vgl. unten § 8 II;
c) mittelbar in seiner Einwirkung auf die strafrechtlich erheblichen Rechtsinhaltsbegriffe, auch wenn diese an sich nicht zum Strafrecht selbst gehören (z. B. zivilrechtliche Begriffe wie der des Eigentums; ferner der Begriff der widernatürlichen Unzucht, vgl. Grundriß § 32, Nr. 5).

2. Strafe kann nur verhängt werden, wenn sie sich unmittelbar aus dem Strafgesetz ergibt (2. Bedeutung von § 2 StGB: Ausschluß der Analogie).

Beispiel: Das Gesetz betreffend die Entziehung elektrischer Arbeit von 1900 war nötig, weil elektrische Energie nach der Auffassung des RG und nach der Meinung des Gesetzgebers keine Sache im Sinne von § 242 StGB. ist (vgl. unten § 38, 1 a).

Strafaufhebende Analogie ist zulässig.

Beispiel: Die Straflosigkeit nach § 46 StGB gilt auch für Teilnehmer, obwohl § 46 nur vom Täter spricht (vgl. unten § 16 VI 6).

3. Die Strafandrohung des Gesetzes muß (absolut oder relativ) bestimmt sein (3. Bedeutung von § 2 StGB: Ausschluß absolut unbestimmter Strafandrohungen und richterlicher Willkür). Keine sachl. Änderung durch RV 116 (bestr.; vgl. RG 56, 318).

4. Ausschluß der Rückwirkung des strafbegründenden Gesetzes (vgl. oben § 4 III.), das heißt, daß nie eine Handlung bestraft werden darf, die erst nach ihrer Begehung für strafbar erklärt wird.

§ 5. Die Elemente eines Strafgesetzes.

I. Ein Strafgesetz besteht aus **Strafnorm** und **Strafdrohung**.

1. Die Norm ist ein Rechtssatz, der die Strafwürdigkeit der Handlung rechtlich begründet. Sie wird gewöhnlich als Befehl oder Verbot (Imperativ) aufgefaßt (z. B. liegt dem § 211 StGB die Norm „Du sollst nicht töten" zugrunde). Auch wird sie oft als ein ethisches oder moralisches Gebot oder Verbot betrachtet, das sich an den Staatsbürger wendet.

2. Die Strafdrohung enthält eine Anordnung darüber, welche Strafe der Richter wegen der Übertretung der Norm aussprechen soll. Der Verbrecher übertritt nicht das Strafgesetz, sondern die Norm.

Den Gegensatz von Norm und Strafdrohung hat Binding zuerst hervorgehoben und zur Grundlage seines strafrechtlichen Systems gemacht, sog. „Normentheorie"; danach ist die Norm dem Strafgesetz gegenüber selbständig; sie ist ein selbständiger Satz des öffentlichen Rechts.

II. **Blankettstrafgesetze** sind solche Strafgesetze, bei denen der Gesetzgeber nur bestimmt, welche Strafe eintreten soll, während er es einer andern Stelle (z. B. der Polizeibehörde) überläßt, näher zu bestimmen, wofür die Strafe eintreten soll. Norm und Strafdrohung werden hier also von verschiedenen Stellen festgesetzt.

Beispiele: §§ 145, 327, 328, 360 Nr. 1 StGB; § 9 b des preußischen Belagerungszustandsgesetzes und Art. 4 Nr. 2 des bayerischen Kriegszustandsgesetzes (vgl. hiezu oben § 3 V; § 17 des Wohnungsmangelgesetzes vom 26. Juli 1923 (RGBl 1923 Teil I S. 757; Allfeld, Strafgesetzgebung, 1926 S. 677).

Allgemeiner Teil.

Das Verbrechen.

§ 6. Überblick.

I. Begriff des Verbrechens.

1. Das Verbrechen im materiellen Sinn ist Interessenstörung, d. h. Gefährdung oder Verletzung von Interessen der Gemeinschaft als solcher oder ihrer einzelnen Glieder (antisoziales Verhalten). (Das von der Rechtsordnung geschützte Interesse wird „Rechtsgut" genannt). Das Verbrechen unterscheidet sich als Kriminalunrecht vom Zivilunrecht nur durch die Tatsache der Strafdrohung. Ein innerer Unterschied besteht nicht. Der Gesetzgeber bedroht diejenige Interessenstörung mit Strafe, bei welcher die zivilrechtlichen Unrechtsfolgen (Schadensersatz- und Unterlassungsansprüche) gegenüber der allgemeinen Bedeutung der Handlung nicht als ausreichendes Schutzmittel und gerechte Sühne erscheinen.

   Anderseits sieht der Gesetzgeber bewußt von Strafdrohungen in solchen Fällen ab, in denen eine Bestrafung trotz Gefährdung oder Verletzung von Interessen der Gemeinschaft oder ihrer Glieder sinnwidrig und zwecklos wäre, um sicherheitspolizeiliche Maßnahmen allein durchzuführen, z. B. Zwangserziehung bei Jugendlichen.

2. Verbrechen im formalen Sinne kann zweierlei bedeuten
   a) Verbrechen im weiteren Sinn: jede strafbare Handlung (Delikt),
   b) Verbrechen im engeren Sinn: § 1 StGB (eine mit Todesstrafe, mit Zuchthaus oder mit Festungshaft von mehr als 5 Jahren bedrohte Handlung).

3. Das Verbrechen im weiteren formalen Sinn ist ein dem Willen eines zurechnungsfähigen Menschen zurechenbares, tatbestandsmäßiges, rechtswidriges Verhalten (Handlung oder Unterlassung), das unter eine Strafdrohung des Gesetzes fällt. Die Tatbestandsmäßigkeit im engeren Sinn (Typizität), d. h. die Subsumierbarkeit des äußern Geschehnisses unter einen der im besondern Teil des Strafgesetzbuchs aufgestellten Verbrechenstypen (z. B. Hochverrat, Diebstahl usw.) wurde als besonderes Begriffselement des Verbrechens von Beling in seiner „Lehre vom Verbrechen" (1906) in grundlegender Weise herausgearbeitet (vgl. § 1 IV).

4. Die abgekürzte Definition des Verbrechens lautet: Das Verbrechen ist eine tatbestandsmäßige, rechtswidrige, schuldhafte Handlung. Diese Begriffsbestimmung enthält die vier wesentlichen Begriffsmerkmale des Verbrechens, die immer vorhanden sein müssen und daher in jedem einzelnen Falle untersucht werden müssen: Handlung, Tatbestandsmäßigkeit, Rechtswidrigkeit und Schuld.
   a) Handlung (§ 7 des Grundr.) bedeutet ein Verhalten, eine Tätigkeit oder ein Unterlassen, und betrifft die äußere Seite des

Verbrechens, die Objektivierung des verbrecherischen Willens — cogitationis poenam nemo patitur. In diesem Zusammenhang ist auch die Frage des Kausalzusammenhangs im Strafrecht eingehend zu prüfen.

b) Die Tatbestandsmäßigkeit im engeren Sinn stellt sich wie die folgenden Begriffsmerkmale als eine Eigenschaft der verbrecherischen Handlung dar; sie bedeutet die Subsumierbarkeit der tatsächlichen Tätigkeit oder Unterlassung unter einen der rechtlichen Typen (z. B. eine Tätigkeit erscheint als „Wegnahme einer fremden beweglichen Sache“, § 242).

Der Begriff des Tatbestandes wird auch heute noch vielfach in anderem Sinne verwendet, so für die Gesamtheit der abstrakten Verbrechensmerkmale (Tatbestand als allgemeiner Gegensatz zu Rechtsfolge; vgl. z. B. RG 56, 172) oder als Bezeichnung für das strafrechtlich zu würdigende tatsächliche äußere Geschehen (Tatbestand = Tatumstände im Sinne des StGB § 59), z. B. RG 57, 35 und 130.

c) Die Rechtswidrigkeit (unten §§ 8—10.) betrifft das rechtliche Unwerturteil über das (tatbestandsmäßige) äußere Verhalten.

d) Die Schuld (unten § 11) betrifft die Vorgänge in der Seele des Täters, die es begründen, daß das Recht ihm die in Frage stehende objektiv rechtswidrige Handlung zum Vorwurf macht (subjektive Seite des Verbrechens; Vorsatz und Fahrlässigkeit).

Für das Strafrecht ist es außerordentlich wichtig, daß die Betrachtung der äußeren und der inneren Tatseite streng geschieden wird. Die Frage nach der Schuld wird im Strafrecht erst dann aufgeworfen, wenn die Frage der Verursachung und Rechtswidrigkeit bereits bejaht ist.

Daraus ergibt sich, daß im Strafrecht immer die folgenden Fragen aufgeworfen werden müssen:

1. Tatsächlicher Ablauf
   a) des äußeren Geschehens (äußere Tatumstände);
   b) des inneren Geschehens (innere Tatumstände).
2. Subsumtion dieses äußeren Sachverhalts unter einen strafgesetzlichen Tatbestand.
3. Rechtliche Bewertung
   a) des äußeren Geschehens: Rechtswidrigkeit;
   b) des inneren Geschehens: Schuld („innerer Tatbestand“).

Über den Begriff des Verbrechens sind in den letzten Jahren mehrere grundlegende Untersuchungen veröffentlicht worden; einen zusammenfassenden Überblick über die wichtigsten Probleme bringt der Aufsatz von Mittermaier in der Zeitschr. für die ges. Strafrechtswissenschaft 1923 S. 2—15.

II. Einteilung der Verbrechen:

1. Nach der Strafdrohung: in Verbrechen (im engern Sinne), Vergehen und Übertretung § 1 StGB (jetzt in der Fassung der Verordnung vom 6. Februar 1924).

   Verbrechen ist eine mit dem Tode, mit Zuchthaus oder mit Festungshaft von mehr als 5 Jahren bedrohte Handlung;

   Vergehen ist eine mit Festungshaft bis zu 5 Jahren, mit Gefängnis, oder mit Geldstrafe von mehr als 150 Reichsmark oder mit Geldstrafe schlechthin bedrohte Handlung;

Übertretung ist eine mit Haft oder mit Geldstrafe bis zu 150 Reichsmark bedrohte Handlung.

Die Geldstrafen wurden durch die Gesetze vom 21. Dez. 1921, vom 27. April 1923 und vom 13. Okt. 1923 erhöht bzw. der fortschreitenden Geldentwertung angepaßt und ihr Anwendungsbereich erweitert; durch VO vom 23. Nov. 1923 wurden sie auf Goldmark umgestellt. Kodifizierung des geltenden Rechtszustandes in der VO vom 6. Febr. 1924.

Maßgebend für die Einteilung ist die der Strafdrohung nach höchste Strafe, nicht die im einzelnen Fall verwirkte Strafe. Mildernde Umstände, Strafherabsetzung beim Versuch (§ 44) usw. kommen also nicht in Betracht. Der RTEntw. stellt dies in § 11 Abs. 3 ausdrücklich klar.

Die im einzelnen Falle verwirkte Strafe ist nur dann maßgebend, wenn die Strafe in einem vielfachen des entwendeten oder vorbehaltenen Betrages besteht, z. B. bei Zoll- und Steuerdelikten (sog. Multiplarstrafe).

Bedeutung der Dreiteilung: §§ 4, 6 (Auslandsdelikte, vgl. oben § IV 2); § 27 (Mindestbetrag der Geldstrafe); § 40 (Einziehung); § 43 (Versuch); § 49 (Beihilfe); § 139 usw.

Auf Grund der Dreiteilung regelt sich auch im Strafprozeß die sachliche Zuständigkeit (§§ 24 und 80, 134 GVG).

Die Dreiteilung (Trichotomie) ist aus dem Code pénal in das Preuß. StGB und aus diesem in das geltende StGB übernommen und entspricht der Einteilung des Code pénal in crimes, délits, contraventions.

Der RTEntw. bringt eine strenge Scheidung zwischen Verbrechen und Vergehen einerseits (1. Buch) und Übertretungen anderseits (2. Buch). Dadurch soll die Grenze zwischen kriminellem und polizeilichem Unrecht möglichst scharf gezogen werden (s. unter 2c).

Die Übertretungen werden nach dem Entwurf grundsätzlich nur mit Geldstrafe bedroht. In besonders schweren Fällen und als Ersatzstrafe ist Haft bis zu 3 Monaten vorgesehen. (§§ 375 ff., 384, 386, 387). Haftstrafe kann nach dem RTEntw. nur bei Übertretungen ausgesprochen werden.

Es ist nach der Begründung des RTEntw. in Aussicht genommen, die Vorschriften des 2. Buches über die Bestrafung der Übertretungen später in ein eigenes Reichspolizeistrafgesetz zu übernehmen.

2. Andere Einteilungen der strafbaren Handlungen:
   a) Begehungs- und Unterlassungsdelikte (vgl. § 7 des Grundr.);
   b) Erfolgs- (Material) und Nichterfolgs- (Formal) delikte, je nachdem eine Veränderung in der Außenwelt zur Vollendung gehört (z. B. Tötung) oder nicht (z. B. Meineid); vgl. dazu RG 57, 194.
   c) Kriminal- und Polizeidelikte, je nachdem die **materielle** Gefährdung bzw. Verletzung oder aber der bloß **formelle** Widerspruch mit der guten äußeren Ordnung des Gemeinwesens im Vordergrund steht;
   d) Gefährdungs- und Verletzungsdelikte, je nachdem der **Eintritt** einer Rechtsgüterverletzung oder die bloße Verletzungs**möglichkeit** zum Tatbestand gehört;
   e) Politische und unpolitische (s. oben § 4 IV 5), je nachdem das Delikt sich gegen den Staat als solchen, gegen die bestehende Verfassung und das Staatsoberhaupt richtet oder nicht. Über den Begriff des politischen Delikts vgl. unten § 21 III und Radbruch, „Der Überzeugungsverbrecher" in Bd. 44 der Zeitschr. f. d. gesamte Strafrechtswissenschaft.

§ 7. Handlung, Unterlassung, Kausalzusammenhang.

I. Die Handlung als aktive Tätigkeit.

1. Handlung = Willensbetätigung (+ Erfolg).

a) Willensbetätigung ist das auf einen bewußten Willensakt zurückzuführende körperliche Verhalten.

Eine Handlung liegt also z. B. dann nicht vor, wenn die Körperbewegung des A durch unmittelbare physische Gewalt (sog. vis absoluta) des B bewirkt wird, so wenn B gegen den Willen des A dessen Hand führt zur Anfertigung eines beleidigenden Briefes.

Das körperliche Verhalten kann bestehen in Muskelbewegung oder Muskelruhe. Dabei ist jedoch zu beachten, daß sowohl im natürlichen als auch in dem damit übereinstimmenden juristischen Sinn die Handlung immer sich aus einem Komplex von Muskelinnervationen zusammensetzt. Es ist physiologisch kaum denkbar, daß eine einzelne Muskelinnervation ein körperliches Verhalten bewirkt, wie man es gemeinhin als Handlung bezeichnet. Die Handlung ist also immer eine Zusammenfassung einer größeren Zahl von Muskelinnervationen zu einer gedanklichen Einheit: Diese Zusammenfassung geschieht subjektiv durch den Willensinhalt, objektiv durch den Tatbestand des Gesetzes. Bei dem Grundgedanken des Rechts überhaupt und seiner Durchführung im heutigen Strafrecht ist gerade der objektive Sinn des menschlichen Verhaltens entscheidend.

1. Beispiel: A tötet den B durch sechs Stiche; hier erscheint bei dem komplizierten physiologischen Prozeß von Muskelinnervationen keinesfalls die einzelne Muskelkontraktion als Handlung; die unterste begriffliche Einheit für eine mögliche rechtliche Würdigung ist der Stich. Betrachtet man den Vorgang unter dem Gesichtspunkt des Stechens, so liegen sechs Stiche und sohin sechs Handlungen vor; betrachtet man dagegen den Vorgang unter dem Gesichtspunkt des Tötens, dann liegt nur eine Handlung, nämlich eine Tötung vor. Der Tatbestand des § 211 lautet auf „Töten", sohin ist die zweite begriffliche Zusammenfassung zu einer Handlung wie für die natürliche so für die juristische Betrachtung des Tötungsaktes entscheidend.

2. Beispiel: A fordert den B auf Pistolen; A nimmt die Herausforderung zum Zweikampf an; beide fahren in der Absicht, daß einer von ihnen das Leben verlieren soll, in Kraftwagen in einen nahen Wald und schießen sich dort; A tötet den B. Der ganze Vorgang dauert vier Stunden. Wie ist das Verhalten des A zu beurteilen? Diese sich über mehrere Stunden hinziehende Kette von Vorgängen kann in eine Unzahl von einzelnen Bewegungen zerlegt werden. Jede Bewegung könnte an sich als Handlung aufgefaßt werden, wenn man Fordern, Besteigen des Kraftwagens nur in der Einzelbedeutung betrachtet. Man kann aber auch in dem ganzen Vorgang die Verwirklichung einer einzigen Idee erblicken; subjektiv liegt bei A und B der Vorsatz des Zweikampfes als einheitliche Willensgrundlage vor; objektiv liegt in den Teilvorgängen kein selbständiger Sinn, sondern der objektive Sinn läßt die einzelnen Stücke des Vorganges als Teilstücke eines einheitlichen Geschehensablaufes erscheinen. Betrachtet man den Vorgang unter dem Gesichtspunkt (Tatbestand) des Zweikampfes, so liegt für die natürliche und die daran sich anschließende juristische Betrachtung nur eine einzige selbständige Handlung vor (§ 206).

Wenn, wie hier (Zweikampf) bereits der gesetzliche Tatbestand einen Sammelbegriff enthält, spricht man von „gesetzlicher Einheit"; vgl. auch z. B. § 361 Ziff. 3: Landstreichen.

3. Beispiel: Der Holzhauer A besteigt seit Monaten jeden Samstag Nachmittag einen Berg zum Wildern in der Absicht, sich daraus einen wiederkehrenden Erwerb zu schaffen. Hier ist jeder Schritt als Schritt eine Handlung, desgleichen jede Bergbesteigung als Bergbesteigung, jeder Jagdgang als Jagd. Der gesamte Tatsachenkomplex kann jedoch auch wiederum unter einem einheitlichen Gesichtspunkte betrachtet werden: A betreibt gewerbsmäßig unberechtigtes Jagen: eine Handlung, die den Tatbestand des § 294 erfüllt.

Wie aus den erwähnten Beispielen deutlich hervorgeht, liegt in solchen Fällen bei der Zusammenfassung zu einer einheitlichen Handlung keine Fiktion vor; es werden nicht etwa mehrere Handlungen nur so behandelt, als ob eigentlich bloß eine Handlung gegeben wäre; vielmehr ist tatsächlich für die natürliche und juristische Betrachtung nur eine Handlung gegeben, die durch ihren objektiven Sinn zu einer gedanklichen Einheit zusammengefaßt ist. In dieser Erkenntnis ist eine wichtige Grundlage für die Lösung verschiedener schwieriger strafrechtlicher Probleme zu erblicken. Vgl. insbesondere unten § 18 (Einheit und Mehrheit der Verbrechen).

b) Erfolg ist die in der Außenwelt eingetretene Veränderung (Ereignis).

Zur Außenwelt gehört auch das Innenleben eines andern z. B. der Erfolg bei Beleidigung (§ 185) ist eingetreten, wenn ein anderer die beleidigende Äußerung wahrnimmt. Vgl. RG 57, 194.

Der Erfolg ist nicht ein Essentiale, sondern nur ein Naturale des Verbrechensbegriffes s. oben § 6, 2 b.

c) Die Verbindung zwischen Willensbetätigung und Erfolg wird hergestellt durch den Kausal- (Conditional-) Zusammenhang.

2. Das Problem des Kausalzusammenhangs hat im Strafrecht eine zentrale Bedeutung und muß bei allen Erfolgsdelikten eingehend gewürdigt werden. Dabei ist wohl zu beachten, daß diese Frage ausschließlich die äußere Tatseite betrifft. Die Frage der Schuld ist von der Kausalitätsfrage streng zu scheiden. Es ist weder eine Erwägung über den Ablauf des inneren Geschehens in das Kausalitätsproblem hineinzuziehen, noch darf die Kausalitätsfrage als Teil der Schuldfrage abgehandelt werden.

3. Das Urteil, daß ein Erfolg mit der Willensbetätigung im Kausalzusammenhang stehe, bedeutet eine Feststellung des Inhalts: ohne jene Willensbetätigung wäre dieser Erfolg nicht eingetreten. Die Willensbetätigung muß also Bedingung des Erfolges sein (imputatio facti im Gegensatz zur imputatio juris).

Bedingung (conditio) ist alles, was nicht weggedacht werden kann, ohne daß der Erfolg wegfällt.

Beispiele: Der Fabrikant einer Axt hat eine Bedingung gesetzt für alle mit dieser Axt begangenen Straftaten.

A gibt dem B, der ein Ohrenleiden hat, eine Ohrfeige. B stirbt infolgedessen. A hat eine Bedingung für den Tod des B gesetzt.

Gegenbeispiel: A legt Feuer an ein Haus. Bevor das Feuer ausbricht, setzt eine Fliegerbombe das Haus in Brand: hier hat A keine Bedingung des Brandes gesetzt.

4. Infolge des weitgehenden Bedingungsbegriffes hat man aus der

Menge der Bedingungen eine besonders wichtige unter der Bezeichnung „Ursache" herauszuheben gesucht (vgl. RG 57, 150).

a) Theorie der überwiegenden (Binding) oder wirksamsten (Birkmeyer) Bedingung. Diese Theorien geben statt der Lösung der Frage eine bloße Umschreibung. Sie sind praktisch nicht verwertbar.

b) Die Unterscheidung zwischen treibender Kraft und ruhender Bedingung (Qualitätentheorie): in verschiedener Ausprägung bei Kohler, Wachenfeld, Lobe.

Das Ohrenleiden des B im vorigen Beispiel war ruhende Bedingung, die Tat des A treibende Kraft, A war dominus causae.

c) Die Lehre vom adäquaten (typischen, regelmäßigen, berechenbaren) Kausalzusammenhang (begründet durch v. Bar und v. Kries). Danach ist nur diejenige Bedingung Ursache, die den in Frage stehenden Erfolg regelmäßig herbeiführt.

Beispiel: A schlägt B mit der Faust ins Gesicht. Wenn B infolgedessen Nasenbluten bekommt, so ist das ein adäquater Kausalverlauf; wenn B aber etwa, weil er leidend war, daran stirbt, so liegt kein adäquater Kausalzusammenhang vor.

Ob ein Kausalverlauf adäquat ist, läßt sich bestimmen 1. subjektiv ex ante, d. h. je nachdem der Täter vor der konkreten Tat den Erfolg berechnen konnte oder nicht (so v. Kries); 2. objektiv ex ante, d. h. je nachdem der einsichtige Mensch ihn berechnen konnte oder nicht (so Träger); 3. objektiv ex post (nachträgliche Prognose), d. h. je nachdem der Richter ihn nachträglich für berechenbar erklären kann (so M. Rümelin).

Diese Theorie des adäquaten Zusammenhangs bringt Fragen der rechtlichen Bewertung (Rechtswidrigkeit und Zurechenbarkeit) in die Frage nach dem rein tatsächlichen Kausalzusammenhang. Sie ist im Zivilrecht begründet, im Strafrecht dagegen nicht erforderlich, soweit hier durch die Betonung des Schuldgedankens ein Ausgleich geschaffen wird; aus demselben Grunde muß die Theorie im Strafrecht ausnahmsweise anerkannt werden für die Fälle der sog. durch den Erfolg qualifizierten Delikte, z. B. §§ 226, 251, 178, 239, 307 ff., d. h. die schwerere Strafe dieser Bestimmungen tritt nur dann ein, wenn der qualifizierende Erfolg mit der Willensbetätigung im adäquaten Zusammenhang steht (vgl. unten § 11).

Beispiel: 1. A bringt dem B eine Körperverletzung bei, B geht zum Arzt und wird unterwegs von der Straßenbahn überfahren; hier kommt § 226 nicht zur Anwendung.

2. A steckt fahrlässig sein Wohnhaus in Brand; er weiß nicht, daß B im Hause ist; B kommt beim Brand um: hier liegt adäquater Zusammenhang vor, also Strafe des § 309 Abs. 2, weil sich normalerweise in einem Wohnhaus ein Mensch aufhält.

5. Richtiger Auffassung nach ist Ursache jede Willensbetätigung, die Bedingung ist (so die Praxis des RG, vgl. z. B. 57, 285).

Aber nicht jeder, der eine Ursache (= Bedingung) für das Eintreten des tatbestandsmäßigen Erfolges setzt, verwirklicht deshalb auch immer den Tatbestand. Zwar muß bei Erfolgsdelikten der Täter jedenfalls eine Bedingung setzen, aber nicht jeder, der eine Bedingung setzt, ist

Täter. Es ist vielmehr in allen Fällen die Formulierung des gesetzlichen Tatbestandes der entscheidende Gesichtspunkt. (Der Waffenfabrikant setzt eine Bedingung für die Erschießung, aber er „tötet" nicht.)

6. Die sog. Unterbrechung des Kausalzusammenhangs. (Frank: „Regreßverbot".)

a) Der Kausalzusammenhang wird unterbrochen, wenn das vorsätzliche Handeln eines andern in den Kausalverlauf eingreift (gesetzliche Grundlage dieser Theorie ist § 48 StGB).

Beispiel: A verwundet den B. Dieser begeht, von den Schmerzen der Wunde geplagt, Selbstmord. A hat dann den Tod des B nicht verursacht (nur versuchter Mord oder Körperverletzung mit tödlichem Ausgang). Ebenso wenn ein Dritter den B vorsätzlich tötet.

b) Der Kausalzusammenhang wird nicht dadurch unterbrochen, daß eine fahrlässige Handlung eines andern eintritt und eine neue Bedingung setzt.

Beispiel: A verwundet in Tötungsabsicht den B; dieser vernachlässigt seine Wunde und stirbt; A bleibt trotzdem Täter (also keine culpae compensatio wie im Zivilrecht, § 254 BGB).

7. Erforderlich ist die Zurückführung auf die bewußte Willensbetätigung eines Menschen. Die körperliche Mitwirkung eines Menschen, dessen Wille völlig ausgeschaltet ist, ist also nicht Handlung.

Beispiel: A läßt den B durch C, den er in hypnotischen Schlaf versetzte, erschießen. Hier ist A der Täter, C nur sein Werkzeug; ebenso wenn er etwa dem C mit Gewalt die Hand führt.

8. Die Feststellung des Kausalzusammenhangs enthält noch nicht die Feststellung der Strafbarkeit. Vielmehr müssen noch Rechtswidrigkeit und Schuld (Zurechenbarkeit) hinzukommen.

II. Die Handlung als Unterlassung.

1. Unterlassen heißt: etwas Bestimmtes, das von einem erwartet wurde, nicht tun. Die Handlung als ein durch Willensbetätigung bestimmtes körperliches Verhalten kann auch in einem passiv bleibenden Verhalten, in einem Unterlassen bestehen.

Durch ein solches Unterlassen wird insoweit negativ eine Bedingung des Erfolges gesetzt, als der Erfolg nicht eingetreten wäre, wenn die unterlassene Handlung vorgenommen worden wäre (vgl. RG 57, 149).

Beispiel: Der Weichensteller unterläßt es, die Weiche zu stellen; dadurch setzt er — negativ — eine Bedingung für das spätere Eisenbahnunglück (§ 316 StGB).

2. Man hat, statt dieses Bedingungsverhältnis anzuerkennen, versucht, die Kausalität der Unterlassung zu konstruieren, d. h. die reale Kraft nachzuweisen, die bei der Unterlassung wirksam sein und den Kausalzusammenhang begründen soll, indem man sagte:

a) die vorhergehende Tätigkeit oder Übernahme der Verpflichtung sei das Kausale, oder was der Unterlassende an Stelle der erwarteten Handlung tue (wenn also die Mutter das Kind verhungern läßt und während dessen Strümpfe stopft, so soll das Stricken den Tod verursachen!);

b) durch die Unterlassung werde eine den Erfolg abhaltende Bedingung weggenommen (Binding);

c) der Unterlassende unterdrücke den Antrieb zum Handeln, darin bestehe die kausale Tätigkeit (Interferenztheorie; v. Buri);

d) vielfach wird die Kausalität der Unterlassung überhaupt bestritten (v. Liszt).

3. Dem gegenüber ist zu beachten: es handelt sich nur um die Feststellung des Bedingungsverhältnisses. Ob diese Bedingungssetzung strafrechtlich erheblich ist, entscheidet auch bei der Unterlassung der jeweils in Rede stehende gesetzliche Tatbestand. Die Frage, ob die Unterlassung rechtswidrig oder der durch sie bedingte Erfolg zurechenbar ist, muß getrennt von der Frage nach dem Kausal- (besser: Konditional-) Zusammenhang behandelt werden. (Vgl. unten § 8 III.) Tatsache ist, daß die Feststellung der Rechtswidrigkeit bei den Unterlassungsdelikten ganz besonders in den Vordergrund tritt, weil bei der Unterlassungshandlung an sich nicht schon wie bei einer aktiven tatbestandsmäßigen Handlung die Vermutung für die Rechtswidrigkeit spricht (vgl. unten § 8 I 3.)

1. Beispiel: A findet den halberfrorenen B und läßt ihn liegen, obwohl er ihn leicht retten könnte. A setzt damit eine Bedingung für den Tod des B. Ob die Unterlassung des A strafbar ist, hängt davon ab, ob schon die Setzung einer derartigen Bedingung als Tatbestandshandlung anzusprechen ist, ob außerdem diese Handlung rechtswidrig und schuldhaft war.

2. Beispiel: A erfährt, daß B den C aus Rache ermorden will, macht aber weder bei der Behörde noch bei der bedrohten Person eine Anzeige, obwohl A gemäß § 139 RStGB dazu verpflichtet ist. Wenn B tatsächlich den Mord begeht, hat auch A durch seine Unterlassung der Anzeige eine Bedingung für die Ermordung gesetzt. Er hat aber den Tatbestand des § 211 keineswegs selbst verwirklicht. Er hat nicht „Menschen getötet". Für den Tatbestand des § 211 scheidet deshalb diese Unterlassungshandlung wenigstens unter dem Gesichtspunkt der Täterschaft aus.

4. Die durch Unterlassung begangenen Verbrechen sind entweder echte oder unechte Unterlassungdelikte; echte dann, wenn das Gesetz eine bestimmte Tätigkeit vorschreibt (Ommissivdelikt, z. B. § 139 StGB: Verbrechensanzeige; § 360 Nr. 10 StGB: Hilfeleistung); unechte dann, wenn das Gesetz eine bestimmte Tat verbietet (Kommissivdelikt per ommissionem, z. B. Tötung durch Unterlassung der Ernährung; nächtliche Ruhestörung, die dadurch begangen wird, daß jemand es unterläßt, seine lautbellenden Hunde zum Schweigen zu bringen).

Das echte Unterlassungsdelikt kann nur durch Unterlassung begangen werden, weil der Tatbestand selbst auf Unterlassung lautet. Im Gegensatz dazu können die übrigen Delikte insbesondere die Erfolgsdelikte, ebensogut wie durch positives Handeln auch durch Unterlassung begangen werden.

5. Der RTEntw. versucht die Ergebnisse der Wissenschaft und Rechtsprechung in der Frage der „Herbeiführung eines Erfolges durch Unterlassung" gesetzlich festzulegen, indem er ausdrücklich auch das unechte Unterlassungsdelikt unter Strafe stellt (in § 22).

§ 8. Die Rechtswidrigkeit.

I. Allgemeines.

1. Eine unter einen strafgesetzlichen Tatbestand subsumierbare Handlung (Tätigkeit oder Unterlassung) ist nur dann strafbar, wenn sie rechtswidrig ist. Die Rechtswidrigkeit ist allgemeine Voraussetzung der Strafbarkeit. Der RTEntw. spricht dies in § 23 ausdrücklich aus: „Eine strafbare Handlung liegt nicht vor, wenn das öffentliche oder bürgerliche Recht die Rechtswidrigkeit der Tat ausschließt."

   Das Wort „rechtswidrig" wird in einzelnen strafrechtlichen Bestimmungen ausdrücklich genannt, z. B. §§ 123, 239, 303, während es in andern nicht vorkommt, z. B. §§ 211, 223. Diesem Unterschied wird vom RG Bedeutung für den Inhalt des Vorsatzes beigelegt (vgl. unten § 11 IV 4a). Fest steht jedenfalls, daß durch diese ausdrückliche Hervorhebung in einzelnen Paragraphen die Rechtswidrigkeit nicht als allgemeines Verbrechenserfordernis aufgehoben wird.

2. Objektiv rechtswidrig ist ein Verhalten, wenn es gegen die Rechtsordnung verstößt. (Gegensatz: kulturwidriges, gesellschaftswidriges, unmoralisches Verhalten.) Als Verbrechenserfordernis genügt Verstoß gegen irgend eine Rechtsnorm, als Rechtfertigungsgrund ebenfalls irgend eine Rechtsnorm (die Unrechtsausschließungsgründe sind also im StGB keineswegs erschöpfend aufgezählt).

   Die Rechtswidrigkeit ist wie die Tatbestandsmäßigkeit (Grundr. § 6 I, 3 u. 4) eine Eigenschaft der Handlung; rechtswidrig kann daher nur menschliches Verhalten sein (nicht eine Verletzung durch Tiere oder Naturereignisse).

3. Die Tatbestandsmäßigkeit einer Handlung besagt an sich noch nichts über die Rechtswidrigkeit. Ein Verhalten, das unter den Tatbestand eines Strafgesetzes fällt, ist aber regelmäßig rechtswidrig, sofern nicht ein vom Recht anerkannter Rechtfertigungsgrund vorliegt.

   Beispiel: Körperliche Mißhandlung ist nach § 223 mit Strafe bedroht, also regelmäßig rechtswidrig. Der Lehrer aber, der von seinem Züchtigungsrecht Gebrauch macht, handelt nicht rechtswidrig, ist also auch nicht strafbar.

II. Rechtfertigungsgründe.

Gründe, die die Rechtswidrigkeit aufheben (Unrechtsausschließungs- oder Rechtfertigungsgründe) sind:

1. Notwehr, § 53;
2. Notstand, § 54, (aber nur unter bestimmten Voraussetzungen, vgl. unten § 9 II 2).
3. Selbsthilfe nach BGB §§ 229, 561, 859 II;
4. Züchtigungsrecht der Eltern und Erzieher;
5. amtliche (auch Disziplinar-)Befugnisse;
6. Erlaubnis durch die im Rahmen ihrer Zuständigkeit handelnde Behörde;
7. Rechtlich verbindlicher Befehl;
8. in manchen Fällen die Einwilligung des Verletzten;
9. ärztliches Operationsrecht.

Nur die beiden erstgenannten Rechtfertigungsgründe sind im StGB selbst behandelt, die übrigen sind teilweise in anderen Gesetzen (z. B. BGB) geregelt, teilweise beruhen sie auf Gewohnheitsrecht (z. B. das ärztliche Operationsrecht).

Über 1 und 2 siehe § 9 I und II, über 3 siehe § 9 II 5a, über die übrigen Fälle siehe § 10 des Grundrisses.

III. Rechtswidrigkeit der Unterlassung.

Eine Unterlassung, durch die eine Bedingung zum Erfolg gesetzt wird, ist nur dann rechtswidrig, wenn eine Rechtspflicht zum Handeln bestand.

Gegensatz: Eine moralische Pflicht, vgl. RG 56, 169: „die Verabsäumung einer bloß moralischen Pflicht zur Verhinderung einer strafbaren Handlung erscheint strafrechtlich selbst da ohne Belang, wo die Verhinderung durch Erfüllung der moralischen Pflicht ohne weiteres möglich gewesen wäre." Z. B. der Ehemann, der weiß, daß seine schwangere Frau eine Abtreibung begehen will, nimmt ihr das in ihrem Gewahrsam befindliche und hiezu erforderliche medizinische Instrument nicht weg, obwohl er damit das Vergehen ohne weiteres hätte verhindern können. Der Mann begeht keine rechtswidrige Unterlassung. Er verletzt eine moralische Pflicht.

Die Rechtspflicht kann beruhen

1. auf ausdrücklicher gesetzlicher Bestimmung (z. B. Unterhaltspflicht der Eltern, § 1601 BGB);
2. auf der Dienstpflicht des Beamten oder Soldaten (Beispiel: der Weichensteller unterläßt es, die Weiche zu stellen);
3. auf einer vertraglichen Willenserklärung (z. B. Aufsichtspflicht des Fabriknachtwächters oder des Kindermädchens);
4. auf einem vorhergehenden Handeln (z. B. A stößt den B unabsichtlich ins Wasser und unterläßt es, ihn zu retten, obwohl er es könnte).

Dieses vorhergehende Handeln ist somit relevant für die Rechtswidrigkeit, indem es eine Rechtspflicht zu erneutem Handeln begründet. Es darf aber nicht als kausalitätsbegründend aufgefaßt werden (vgl. oben § 7 II 2a).

Wo keine Rechtspflicht zum Handeln besteht, liegt auch keine strafbare Unterlassung vor.

Beispiel: A hört, daß B in einem Zimmer eingesperrt ist; er könnte ihn leicht daraus befreien, tut es aber absichtlich nicht; kein strafbares Verhalten, wenn A nicht nach einem der obigen Punkte zu handeln verpflichtet ist.

5. Der RTEntw. bringt eine gesetzliche Formulierung, die im wesentlichen mit den vorstehend entwickelten Ergebnissen der Wissenschaft und der Rechtsprechung sich deckt. RTEntw. § 22: „Wer es unterläßt, einen Erfolg abzuwenden, ist nur strafbar, wenn er rechtlich verpflichtet ist, den Eintritt des Erfolges zu verhindern. Wer durch sein Tun die Gefahr herbeiführt, daß ein bestimmter Erfolg eintritt, ist verpflichtet, ihn abzuwenden."

§ 9. Notwehr und Notstand.

I. Notwehr.

Notwehr ist diejenige Verteidigung, die erforderlich ist, um einen gegenwärtigen, rechtswidrigen Angriff von sich oder einem andern abzuwenden (§ 53 Abs. 2, wörtlich wie § 227 Abs. 2 BGB).

1. Merkmale:

a) ein Angriff, d. h. ein gegen ein geschütztes Gut (Leben, Freiheit, Ehre, Besitz, Hausrecht usw.) gerichtetes Handeln eines Menschen.

Beispiel: Der Vermieter befindet sich dem Mieter gegenüber, der sich nach Ablauf der Mietzeit weigerte, aus der Mietwohnung auszuziehen, nicht in Notwehr, weil hier kein Angriff vorliegt (bestr., vgl. Ebermayer S. 273 d).

Auch Notwehr zugunsten anderer (Nothilfe) ist zulässig; doch muß sich der Angriff gegen eine bestimmte Person richten (also z. B. keine Notwehr bei Tierquälerei, § 360, Nr. 13.)

b) Ein rechtswidriger Angriff, d. h. ein von einem Menschen (zurechnungsfähig oder nicht zurechnungsfähig, schuldhaft oder nicht schuldhaft) ausgehender Angriff, der objektiv rechtswidrig ist (vgl. § 8 I des Grundr.). Bei Angriff von Tieren liegt Notstand vor, es sei denn, daß das Tier Werkzeug eines Menschen ist (z. B. A hetzt seinen Hund auf B). Auch gegen provozierte Angriffe ist Notwehr zulässig.

c) Ein gegenwärtiger Angriff, d. h. die Verletzung muß unmittelbar bevorstehen. Eintritt der Verletzung ist nicht erforderlich; ernstliche Drohung genügt. Andererseits darf die Verletzung nicht beendet sein: Rache oder Retorsion (§ 199) ist nicht Notwehr. — Beispiel: RG 53, 132.

d) die Verteidigungshandlung muß erforderlich sein, d. h. sich in den Grenzen des zur Abwehr Notwendigen halten. Innerhalb dieser Grenzen aber braucht der durch die Verteidigung zugefügte Schaden in keinem Verhältnis zum drohenden Schaden zu stehen.

Beispiel: Der baumstarke Preisboxer A will dem schwächlichen Schneiderlehrling B ein Stück Schokolade entreißen. Wenn B den Angriff nicht anders abwehren kann, als dadurch, daß er den A erschießt, so handelt er in rechtmäßiger Notwehr.

Verpflichtung zur besonderen Vorsicht oder zur Flucht besteht nicht, doch kann nach den Umständen gegenüber nicht absichtlichen Verletzungen (bei sog. Notwehr im Gegensatz zu Trutzwehr) Ausweichen geboten sein.

Beispiel: Ein Irrsinniger kommt mit drohenden Gebärden auf den A zugelaufen; A braucht ihm nur auszuweichen, um ihm zu entgehen; er wäre nicht berechtigt, den Irrsinnigen ohne weiteres zu erschießen.

Anbringen von Schutzvorrichtungen (Fußangeln, Schlageisen usw.) kann berechtigte Notwehr sein (vgl. § 367 Nr. 8).

e) Die Verteidigungshandlung muß gegen den Angreifer gerichtet sein (sonst liegt Notstand vor).

2. Rechtliche Wirkung: Die Notwehrhandlung ist nicht rechtswidrig (nicht bloß entschuldigt): also keine Gegennotwehr (ebensowenig Schadensersatz).

3. Der RTEntw. sieht für die Regelung der Notwehr eine grundlegende Änderung vor: Für den Notwehrbegriff des geltenden Rechts ist charakteristisch, daß bewußt von jeder Güterabwägung abgesehen wird. Nur die Intensität des Angriffs ist entscheidend dafür, ob die Verteidigung die erforderlichen Grenzen eingehalten hat. Wer schon einen anderen in rechtswidriger Weise angreift, soll alles riskieren müssen.

Der RTEntw. läßt das Notwehrrecht nur zu, „soweit die Verteidigung erforderlich ist, um den Angriff abzuwenden und der von der Verteidigung zu erwartende Schaden nicht außer Verhältnis zu dem durch den Angriff drohenden Schaden steht" (§ 24). Der Zweck dieser Änderung soll sein, brutale Abwehrhandlungen gegen Angriffe auf Rechtsgüter unbedeutenden Wertes als unrechtmäßig zu kennzeichnen (s. Begr.).

Zugleich nimmt der RTEntw. eine dem § 228 BGB analoge Vorschrift über den Sachnotstand auf und stellt diese Fälle der Notwehr gleich. (§ 24 Abs. 2.)

3. Exzeß der Notwehr — Überschreitung der Grenzen der erforderlichen Verteidigung aus Bestürzung, Furcht oder Schrecken — ist rechtswidrig, aber entschuldigt (§ 53 Abs. 3).

Beispiel: A ist von B angegriffen worden, infolge der Verteidigung des A wendet sich B zur Flucht, trotzdem schlägt A in seinem Schrecken immer noch auf B los.

Ist die Notwehrüberschreitung nicht durch die genannten Affekte entschuldigt, dann tritt nach geltendem Strafrecht volle Strafe ein. Nach dem RTEntw. kann in solchen Fällen Strafmilderung im Sinne des § 73 RTEntw. eintreten, es kann also auch eine mildere Strafart und eine unter dem angedrohten Mindestmaß liegende Strafe in diesem Fall ausgesprochen werden.

Für den Notwehrexzeß in Bestürzung, Furcht oder Schrecken betont der RTEntw. ausdrücklich, daß ein Entschuldigungsgrund vorliegen soll (§ 24 Abs. 4).

4. Putativnotwehr. Der Rechtfertigungsgrund der Notwehr kommt mittelbar — nur als Entschuldigungsgrund — auch demjenigen zugute, der irrtümlich annimmt, die tatsächlichen Voraussetzungen („Tatumstände" § 59) der Notwehr seien gegeben. Irrtum über die rechtliche Beurteilung einer Sachlage begründet nach RG nicht straflose Putativnotwehr (vgl. unten § 11 IV 4a).

1. Beispiel: A sieht des Nachts einen verdächtig aussehenden Menschen in das offene Erdgeschoßfenster seines Hauses einsteigen; er hält ihn für einen Einbrecher und verwundet ihn durch einen Schuß. In Wahrheit ist es ein Verwandter, der unbemerkt heimkehren wollte: Putativnotwehr.

2. Beispiel: A hält sich für berechtigt, seinen Mieter B, der nach Beendigung des Mietverhältnisses die Wohnung nicht räumen will, mit Gewalt herauszusetzen: keine entschuldigende Putativnotwehr, weil Irrtum über rechtliche Beziehungen (so RG.; vgl. dagegen unten § 11 IV 5).

II. **Notstand** ist ein außergewöhnlicher Zustand unmittelbar drohender Gefahr für rechtlich geschützte Interessen, aus dem eine Rettung nur durch einen sonst unerlaubten Eingriff in fremde Rechtsgüter möglich ist.

Unterschied von Notwehr: bei Notwehr steht Recht gegen Unrecht (und braucht dem Unrecht nicht zu weichen), bei Notstand steht dagegen Recht gegen Recht.

Beispiel: A findet auf der Straße einen schwer verletzten Menschen; er nimmt einem vorüberfahrenden Radfahrer das Rad ab, um den Arzt zu holen.

1. Der sog. strafrechtliche Notstand (§ 54) ist nur dann gegeben, wenn

a) eine gegenwärtige Gefahr für Leib und Leben vorliegt (nicht z. B. für das Eigentum); und zwar

b) Gefahr für Leib und Leben des Täters oder seiner Angehörigen (nicht fremder Personen) und

c) der Notstand nicht verschuldet ist, d. h. nicht durch Vorsatz oder Fahrlässigkeit herbeigeführt wurde.

Angehörige sind die im § 52 Abs. 2 aufgeführten Personen. Auch außereheliche Verwandtschaft begründet das Angehörigenverhältnis im strafrechtlichen Sinn. Das Schwägerschaftsverhältnis besteht auch nach Auflösung der Ehe (Tod oder Scheidung) fort.

2. Rechtliche Wirkung:

Die Notstandshandlung ist an sich Schuldausschließungsgrund. Die Rechtswidrigkeit wird durch die Notstandshandlung nur dann aufgehoben, wenn durch sie ein höherwertiges Rechtsgut auf Kosten des geringeren gerettet wird. (Anderer Meinung die 2. Aufl. dieses Grundr.)

Ebenso das RG: Vgl. die Entscheidung des 1. Senats vom 11. März 1927. 1 D 105/1926: „Mangels einer eindeutigen Willenserklärung des Gesetzgebers kann nicht angenommen werden, daß der § 54 auch die Vernichtung eines höherwertigen auf Kosten eines geringerwertigen Rechtsguts als nicht rechtswidrig habe anerkennen wollen. Nur bei Zugrundelegung dieser Auffassung ist es ferner zu verstehen, daß die Nothilfe hier — anders als im § 53 RStGB — auf Angehörige beschränkt ist."

3. Im Gegensatz dazu schließt der sog. zivilrechtliche Notstand (§§ 228, 904 BGB) grundsätzlich die Rechtswidrigkeit aus.

a) Es handelt sich aber beim zivilrechtlichen Notstand (im § 228 wie im § 904 BGB) nur um eine Einwirkung auf Sachen (auch Tiere) nicht auf das Leben, Freiheit usw. (der bedrohte Gegenstand braucht auch beim zivilrechtlichen Notstand keine Sache zu sein). Außerdem ist die Nothilfe unbeschränkt zulässig (nicht wie in § 54 StGB auf Angehörige beschränkt). Endlich darf der angerichtete Schaden nicht außer Verhältnis zum drohenden Schaden stehen;

b) § 228 BGB betrifft die Einwirkung auf diejenige Sache, von der die Gefahr droht (z. B. den anspringenden Hund);

c) § 904 BGB betrifft die Einwirkung auf jede beliebige fremde Sache, wenn die Einwirkung zur Abwendung der Gefahr nötig ist.

Beispiel: A sieht jemand ertrinken; er läuft über bestellte Felder ans Wasser, nimmt gegen den Willen des Eigentümers einen Kahn und rettet den Ertrinkenden.

4. Einschränkung:

Versagt ist die Berufung auf den Notstand Soldaten gemäß §§ 49, 84 bis 88 MStGB und Seeleuten, Seemannsordnung vom 2. Juni 1902, §§ 34, 41, 100; ferner im Hinblick auf ihre Berufspflicht: Ärzten, Feuerwehrleuten usw., aber immer nur unter den besonders genannten Voraussetzungen, Verletzung einer Dienstpflicht, beim Vormarsch zum Gefecht usw.

5. Der RTEntw. konstruiert die Notstandshandlung ebenfalls als Schuldausschließungsgrund, läßt aber mit Recht die sachlich nicht gerechtfertigten bisherigen Beschränkungen des § 54 RStGB fallen:

a) Es sind nicht nur Leib und Leben notstandsfähige Güter, sondern auch jedes andere Rechtsgut, auch Ehre, Freiheit, Eigentum usw.

b) Der Kreis der nothilfefähigen Personen wird nicht mehr auf die Angehörigen beschränkt.

c) Es wird nicht mehr verlangt, daß die Gefahr unverschuldet war; denn in der äußersten Not wird die Wirkung einer Strafdrohung immer versagen, die sich nur gegen die Nothilfe richtet, die aus verschuldeter Gefahr helfen soll.

Die Notstandshandlung wird nur dann entschuldigt, wenn eine gegenwärtige, nicht anders abwendbare Gefahr eines erheblichen Schadens droht, bei der dem Gefährdeten nicht zugemutet werden kann, den drohenden Schaden zu dulden (§ 25 I RTEntw.). Einwirkungen auf Leib und Leben eines anderen sind immer nur zum Schutz von Leib und Leben zulässig.

Die Notstandshandlung ist auch nach dem RTEntw. grundsätzlich rechtswidrig, ausgenommen, der drohende Schaden ist gegenüber dem aus der Notstandshandlung zu erwartenden Schaden unverhältnismäßig groß (§ 25 II). Maßstab dafür ist die Auffassung aller gerecht und billig denkenden Menschen, nicht die Überzeugung des Gefährdeten. Dafür ist der Notstandsexzeß unter denselben Voraussetzungen straflos wie der Notwehrexzeß.

6. Sonstige Notlagen.

a) Die Rechtswidrigkeit ist ferner bei folgenden Arten von Nothandlungen ausgeschlossen:

Erlaubte Selbsthilfe nach §§ 229, 561 BGB; Art. 89 EG BGB; Festnahme eines auf frischer Tat Ertappten gemäß § 127 StPO, die in gewissem Sinn auch als Selbsthilfe erscheint.

b) Nötigung nach § 52 ist nicht Rechtfertigungs- sondern Schuldausschließungsgrund.

Im Falle des § 52 kann die Strafbarkeit deshalb ausgeschlossen sein, weil es überhaupt an der Handlung fehlt (vis absoluta). Es kann aber auch der Wille des Täters nur gebeugt, nicht gebrochen sein (vis compulsiva); in diesem Fall liegt zwar eine Handlung vor; diese Handlung bleibt auch rechtswidrig, da der Umstand der vis compulsiva an der rechtlichen Würdigung der äußeren Tatseite nichts ändert; aber die Handlung ist trotzdem straflos, weil dem Täter in einem solchen Fall kein Vorwurf gemacht werden kann: d. h. die Schuld ist im Einzelfall ausgeschlossen. Die vis compulsiva erscheint sohin als Schuldausschließungsgrund.

c) in anderen Fällen ist die Not nur Grund für mildere Bestrafung: §§ 284a, 264a (Notdiebstahl, Notunterschlagung und Notbetrug, vgl. unten § 38, 2 und 4 und § 41 I 2).

§ 10. Die übrigen Rechtfertigungsgründe.

I. Einwilligung des Verletzten.

1. In der Literatur vertretene Theorien:

a) die Einwilligung ist allgemeiner Rechtfertigungsgrund (volenti non fit injuria);

b) die Einwilligung ist niemals Rechtfertigungsgrund.

2. Richtiger Ansicht nach ist zu unterscheiden nach der Art des einzelnen Delikts. Und zwar schließt die Einwilligung die Rechtswidrigkeit aus

a) wo eine Tätigkeit gegen den Willen des Verletzten Tatbestandsmerkmal ist, z. B. §§ 106, 107; ferner 176 [1] (Notzucht), 236 (Entführung), nicht aber 237; endlich Beleidigung;

b) wo die Einwilligung als privatrechtliche Willenserklärung dem Täter ein Recht zur Handlung gibt, so besonders bei vermögensrechtlichen Delikten (Diebstahl, Unterschlagung, Verletzung des Briefgeheimnisses [§ 299] oder des Berufsgeheimnisses [§ 300], Sachbeschädigung außer im Falle des § 304; vgl. ferner § 308).

Dagegen schließt die Einwilligung des verletzten Einzelnen die Rechtswidrigkeit nicht aus

a) bei Delikten gegen Rechtsgüter des Staates, z. B. Meineid, Münzfälschung, Kuppelei, gemeinschädliche Sachbeschädigung nach § 304;

b) wo nach dem im Tatbestand vorausgesetzten Sachverhalt die Einwilligung belanglos ist, z. B. § 302 (Wucher); §§ 176 [3]; 182 (Verführung);

c) bei Tötung; doch ist ernstliches Verlangen (nicht bloßes Einverständnis!) nach § 216 Grund zu milderer Bestrafung;

d) bei Körperverletzung, und zwar nach der bisherigen Praxis des Reichsgerichts ohne Unterschied zwischen schweren (§§ 223 a und 224) und leichten Körperverletzungen. Richtiger Ansicht nach dürfte aber bei leichter Körperverletzung (Antragsdelikt!) und gefährlicher Körperverletzung (Privatklagedelikt!) die Einwilligung die Rechtswidrigkeit ausschließen (vgl. Frank S. 136—138).

3. Die Einwilligung muß im Augenblick der Willensbetätigung des Täters vorliegen. Sie ist nicht in jedem Falle eine Willenserklärung im Sinne des BGB, vielmehr ist — abgesehen von den Fällen unter 2 b — im Einzelfall zu prüfen, ob der Einwilligende die nötige Urteilskraft hat.

4. Selbstverletzung ist schon deshalb grundsätzlich straflos, weil nach dem Tatbestand im allgemeinen das Interesse eines Andern Angriffsobjekt ist. Insbesondere ist Selbstmord straflos, daher auch Versuch und Anstiftung dazu; auch das sog. amerikanische Duell.

Selbstverstümmelung war nach § 142 (als Verletzung der Wehrpflicht) strafbar, vgl. hierüber unten § 26 Nr. 15.

II. Züchtigungsrecht. Es steht zu:

1. Eltern (§ 1631 BGB) und Vormündern (§ 1800 BGB);
2. Lehrern staatlicher Schulen gemäß landesrechtlicher Bestimmungen gegenüber ihren Schülern. Andern Leuten nur, wenn ihnen die Ausübung des Züchtigungsrechts von den Eltern übertragen ist.
3. Dem Lehrherrn gegenüber dem Lehrling (127 a GewO).

Nicht aber dem Dienstherrn gegenüber dem Gesinde, nicht dem Ehemann gegenüber der Frau.

Der Zweck der Erziehung bestimmt die Grenze des Züchtigungsrechts im einzelnen Falle (vgl. auch GewO. § 127 a Abs. II).

Unter Umständen kann ein Dritter das Züchtigungsrecht ausüben, wenn dies nach dem vernünftigen Willen der Erziehungsberechtigten angenommen werden darf: abgeleitetes Züchtigungsrecht (bestr.; vgl. Heimberger, Vergl. Darstellung Allg. Teil IV, 23).

III. Amtliche und Disziplinarbefugnisse.

Innerhalb der amtlichen Zuständigkeit oder des Dienstes pflichtgemäß vorgenommene Handlungen sind nicht rechtswidrig.

Beispiele: Handlungen von Vollstreckungs- und Vollzugsbeamten (Gerichtsvollzieher, Scharfrichter, Gefängnisbeamte), von Zoll-, Steuer-, Forst- und Polizeibeamten; von Heeresangehörigen während des Krieges oder in Ausübung der Befugnis zum administrativen Waffengebrauch.

Die Ausübung von Disziplinarbefugnissen, die einem Vorgesetzten gemäß reichs- oder landesgesetzlicher Bestimmung zustehen, ist ebenfalls keine rechtswidrige Handlung.

IV. Rechtlich verbindlicher Befehl.

1. Ist der Befehl formell und materiell rechtmäßig ergangen, so ist die Rechtswidrigkeit der Ausführungshandlung gemäß III. ausgeschlossen.

   Andernfalls, so insbesondere wenn die allgemeine Zuständigkeit der befehlenden vorgesetzten Behörde fehlt, ist die Handlung des gehorchenden Untergebenen rechtswidrig und Widerstand dagegen zulässig (vgl. Leipziger Zeitschr. 1923 S. 358).

2. Der unrechtmäßige Befehl ist grundsätzlich unverbindlich. Nimmt der Untergebene die ihm so befohlene strafbare Handlung vor, so ist er verantwortlich.

   Doch wird er häufig entschuldigt sein, wenn er sich nämlich im Irrtum über die Rechtmäßigkeit der Handlung befindet (außerstrafrechtlicher Irrtum, vgl. Grundr. § 11 IV 4 a, bb). Der untergebene Beamte hat ein Prüfungsrecht und bezüglich der formellen Rechtmäßigkeit (Zuständigkeit usw.) auch eine Prüfungspflicht (vgl. §§ 10, 13 des Reichsbeamtengesetzes vom 31. März 1873 in der Fassung der Bek. vom 17. Mai 1907, mit zahlreichen späteren Änderungen, vgl. hiezu Ziegler-Buchert, Verwaltungsgesetze.

3. Der militärische Befehl:
   a) in Privatangelegenheiten: Befehle mit gesetzwidrigem Inhalt hat der Soldat unbefolgt zu lassen;
   b) in Dienstsachen. Im allgemeinen hat der Soldat jeden Befehl in Dienstsachen zu befolgen.. Wird durch die Ausführung eines Befehls in Dienstsachen ein Strafgesetz verletzt, so ist dafür der befehlende Vorgesetzte allein verantwortlich. Der gehorchende Untergebene ist nur dann strafrechtlich verantwortlich, wenn er weiß (Zweifel genügt nicht), daß der Befehl eine Handlung bezweckt, die ein Verbrechen oder Vergehen (nicht bloß Übertretung) ist; in diesem Falle ist er verpflichtet, den Befehl nicht zu befolgen (§ 47 MStGB).

4. Ist ein unrechtmäßiger Befehl ergangen, so handelt der pflichtmäßig handelnde Untergebene nicht rechtswidrig (sei es, weil auch der unrechtmäßige Befehl verbindlich ist — vgl. § 47 MStGB; §§ 34, 41 der Seemannsordnung — sei es, weil der Untergebene von seinem Prüfungsrecht keinen Gebrauch gemacht hat); es ist also weder ein Recht zur Notwehr noch zum Widerstand gegeben.

V. Erlaubnis durch die zuständige Behörde

schließt die Rechtswidrigkeit aus, wenn die Behörde innerhalb ihrer Zuständigkeit handelt.

Beispiele: Erlaubnis zu einem gefährlichen Gewerbebetrieb, Zulassung von Kraftfahrzeugen, Zulassung von Bettelorden (§ 361 Nr. 4); auch Freimaurerlogen und Jesuitenorden werden hier (wegen § 128) zuweilen genannt.

Die contra legem erteilte Genehmigung einer Verwaltungsbehörde schließt die Rechtswidrigkeit nicht aus (die Verwaltung steht nicht über dem Gesetz).

Beispiel: Die polizeiliche Genehmigung eines Bordellbetriebs schließt die Bestrafung nach § 180 I nicht aus (trotz der bisherigen Fassung des § 361 Nr. 6); so RG. 1 S. 88 (sehr bestritten).

Eine Klarstellung wird neuestens durch das Gesetz zur Bekämpfung der Geschlechtskrankheiten vom 18. Februar 1927 herbeigeführt. Dieses fügt dem § 180 folgenden 2. und 3. Absatz bei:

„Als Kuppelei gilt insbesondere die Unterhaltung eines Bordells oder eines bordellartigen Betriebs.

Wer einer Person, die das achtzehnte Lebensjahr vollendet hat, Wohnung gewährt, wird auf Grund des Abs. 1 nur dann bestraft, wenn damit ein Ausbeuten der Person, der die Wohnung gewährt ist, oder ein Anwerben oder ein Anhalten dieser Person zur Unzucht verbunden ist."

VI. Ärztliches Operationsrecht.

Beim ärztlichen operativen Eingriff ist die Rechtswidrigkeit durch Gewohnheitsrecht ausgeschlossen. Die Beurteilung der strafrechtlichen Verantwortlichkeit des Arztes darf sich jedoch nicht in der Frage der Rechtswidrigkeit erschöpfen, es ist vielmehr in systematischer Ordnung zunächst die Tatbestandsmäßigkeit zu untersuchen, dann erst die Frage der Rechtswidrigkeit und der Schuld.

An Tatbeständen können in Betracht kommen: Tötung, Körperverletzung, Abtreibung, Freiheitsberaubung, Nötigung. Im Vordergrund des Interesses steht hiebei der Tatbestand der Körperverletzung (§§ 223 ff.). Nach der in der Literatur immer mehr überwiegenden Auffassung fällt der sachgemäße ärztliche Eingriff gar nicht unter den Tatbestand des § 223; denn darnach wird wegen Körperverletzung nur bestraft, „wer vorsätzlich einen andern körperlich mißhandelt oder an der Gesundheit beschädigt"(im Ggs. zu RTEntw. § 259: „am Körper verletzt"). Es widerspricht aber dem Rechtsempfinden des Volkes und dem objektiven Recht, einen zweckentsprechenden ärztlichen Eingriff als „Mißhandlung" anzusprechen; es wird wohl niemand einfallen hier von einem Arzte zu behaupten, er habe den Kranken mißhandelt. Aus welchem psychologischen Grunde man hier nicht von Mißhandlung eines Kranken spricht, kann für die rein juristische Behandlung gleichgültig bleiben; jedenfalls aber muß das Mißverständnis vermieden werden, als ob nur dann und allemal dann der Eingriff keine Mißhandlung wäre, wenn der Eingriff kunstgerecht ist, in dem Sinn, daß er den im Zeitpunkt der Tat gerade anerkannten Regeln der medizinischen Wissenschaft entspricht. Ob die Behandlung sachgemäß ist, wird in der Regel nach dem Erfolg zu beurteilen sein.

Gelingt der einzelne Eingriff, so liegt weder eine körperliche Mißhandlung noch eine Gesundheitsbeschädigung gegenüber dem Patienten vor; bei ungünstigem Ausgang ist aber der Patient tatsächlich an seiner

Gesundheit geschädigt, infolgedessen der Tatbestand des § 223 jedenfalls erfüllt.

Im Gegensatz hiezu erklärt der RTEntw. in § 263 allgemein, daß Eingriffe und Behandlungen, die der Übung eines gewissenhaften Arztes entsprechen, keine Körperverletzungen, also überhaupt keine tatbestandsmäßigen Handlungen sind, auch beim Mißlingen der Behandlung.

Erst wenn der Tatbestand an sich verwirklicht ist, taucht die Frage der Rechtswidrigkeit auf. Die Rechtswidrigkeit kann durch Einwilligung ausgeschlossen sein (s. o. I und Gesetz zur Bekämpfung der Geschlechtskrankheiten vom 18. 2. 1927 § 4 Abs. IV); ist Einwilligung nicht gegeben, so kann die Rechtswidrigkeit durch Gewohnheitsrecht ausgeschlossen sein. Manche (z. B. Binding) nehmen ein besonderes „Berufsrecht" an; diese Auffassung übersieht, daß infolge des positivrechtlichen Grundsatzes der Kurierfreiheit der Laie dem berufsmäßigen medizinisch vorgebildeten Arzt hinsichtlich des Operationsrechts gleichzustellen ist (Ausnahme jetzt nach § 7 des Gesetzes zur Bekämpfung der Geschlechtskrankheiten vom 18. Febr. 1927).

Schließlich kann der Arzt auch noch trotz Verwirklichung eines strafgesetzlichen Tatbestandes und objektiver Rechtswidrigkeit mangels des subjektiven Verbrechenserfordernisses der Schuld freizusprechen sein.

Im Gegensatz zu der hier vertretenen Anschauung ist der operative Eingriff nach der Praxis des Reichsgerichts immer tatbestandsmäßig: „mit dem ersten Messerschnitt" ist die „Körperverletzung" (als Verletzung des Körpers!) vollendet, doch kann die Rechtswidrigkeit durch Einwilligung und nur durch diese beseitigt werden; dabei hilft man sich unter Umständen, indem man die Einwilligung lediglich präsumiert (RG 25 S. 375; 38 S. 34). Eine solche gekünstelte Auslegung verkennt indessen sowohl den Sinn als auch den Wortlaut des Gesetzes. (Näheres bei Beling „Die strafrechtliche Verantwortlichkeit des Arztes" in der Zeitschrift für die gesamte Strafrechtswissenschaft, 44. Band, 1923, S. 220ff.).

In diesem Zusammenhang verdient noch ein Sonderfall hervorgehoben zu werden:

Wenn, um das Leben der Mutter zu retten, eine Abtreibung oder Perforation (Tötung des Kindes im Mutterleib) notwendig ist, so liegt Notstand vor (RG 36 S. 344). Der Arzt ist aber als Dritter nach § 54 nur dann straflos, wenn er Angehöriger der Mutter ist. In anderen Fällen läßt sich die Straflosigkeit nur auf Gewohnheitsrecht (insbes. ein über den eigentlichen Notstand hinausgehendes Notrecht) stützen (vgl. van Calker, Frauenheilkunde und Strafrecht, 1908).

De lege ferenda vgl. Entwurf von 1919 §§ 22, 288, 313; RTEntw. §§ 254, 263 u. die Begründung hiezu S. 128 u. S. 133.

§ 11. Die Schuld.

I. Bedeutung und allgemeiner Inhalt des Schuldbegriffes.

Der Schuldgedanke ist eine wichtige Grundlage für die Gestaltung des modernen Strafgesetzes. Es gilt heute der Grundsatz: Ohne Schuld keine Strafe. Im Entwurf von 1925 ist dieser Grundsatz auch ausdrücklich ausgesprochen (§ 12).

Der Inhalt des Schuldbegriffes ist in folgender Weise zu bestimmen: Von dem einzelnen Glied der Gemeinschaft wird eine Rücksichtnahme auf die (rechtlich anerkannten) Existenz- und Entwicklungsbedingungen der Nebenmenschen verlangt; die Gemeinschaft fordert, daß der Einzelne Verletzungen vermeiden will, daß er seinen Willen in dieser Richtung konzentriert. Wer dieser Forderung nicht entspricht, fordert die Reaktion des Rechts heraus. Grundlage aller Schuld ist demnach die Gleichgültigkeit gegen die Normen des Rechts. (Vgl. van Calker, Vervollkommnungsidee und Entwicklungsgedanke im Strafrecht, Festgabe für v. Liszt, Z. f. d. ges. Strafrechtswissenschaft Bd. 32 S. 157).

II. Wesen und Arten der Schuld.

Schuldhaft ist eine Handlung, wenn sie dem Täter vom Recht zum Vorwurf gemacht wird. Da der äußere Kausalverlauf dem Täter nicht zum Vorwurf gemacht werden kann, so muß die Schuld ein Vorgang im Innenleben des Täters sein, ein Willensvorgang.

Über den Begriff der Schuld herrscht lebhafter Streit (vgl. hierüber Beling, Schuld und Unschuld 1910; Karl Schmitt, Über Schuld und Schuldarten, Breslau 1910). Die Schuld ist wie die Rechtswidrigkeit ein Verbrechensmerkmal. Beide stellen sich jedoch nicht als selbständige Begriffselemente neben die Handlung. Bestraft wird weder das Unrecht noch die Schuld als solche, sondern die Handlung, die gewisse Eigenschaften aufweist: Tatbestandsmäßigkeit, Rechtswidrigkeit, Schuld. Die Schuld ist also eine Eigenschaft der verbrecherischen Handlung.

Die Eigenschaft der Rechtswidrigkeit bedeutet die Aussage über die Handlung, daß das äußere Geschehen sich mit der Rechtsordnung irgendwie in Widerspruch setzt. Die Eigenschaft der Schuld bedeutet die Aussage über die Handlung, daß der innere Willensvorgang sich mit der Rechtsordnung irgendwie in Widerspruch setzt und dem Täter zum Vorwurf gemacht werden muß.

Die Schuld ist ein rechtliches Werturteil entweder über den Willensinhalt oder über den Vorgang bei der Willensbildung des Täters: der Täter hat nicht das gewollt, was im konkreten Fall der Rechtsordnung entspricht, oder der Täter hat sich bei der Willensbildung nicht so verhalten, wie es seine Rechtspflicht erforderte.

Dieser Vorwurf ist dann begründet, wenn die Handlung dem freien Willen des Täters zurechenbar ist, d. h. wenn der Täter zur Zeit seiner Willensbetätigung zurechnungsfähig und die Handlung vorsätzlich oder fahrlässig ausgeführt ist.

III. Zurechnungsfähigkeit ist die Fähigkeit freier Willensbestimmung. Der psychisch reife und gesunde Mensch besitzt diese Fähigkeit; in ihm, in seiner Eigenart ruht die Wurzel seiner Taten. („Frei" ist nicht gleich „ursachlos"; Gegensatz von Determinismus und Indeterminismus!).

Strafrechtlich bedeutsame Merkmale der Zurechnungsfähigkeit: 1. die Fähigkeit, die Rechtswidrigkeit einer Handlung zu erkennen; 2. die Fähigkeit, die zu einer als rechtswidrig erkannten Handlung drängenden Triebe zu beherrschen. Diese zweite, die Willensseite betreffende Fähigkeit wird (im Gegensatz zur bisherigen Formulierung im StGB) im Jugendgerichtsgesetz vom 16. Februar 1923 (§ 3), und im § 13 des RTEntw. ausdrücklich verlangt.

Zurechnungsfähigkeit ist danach der Zustand körperlicher und geistiger Reife und Gesundheit, in dem der Mensch für sein Tun rechtlich verantwortlich gemacht werden kann. Zurechnungsfähigkeit ist Verantwortungsfähigkeit. Wenn die Zurechnungsfähigkeit fehlt, liegt eine strafbare Handlung nicht vor (wohl aber kann objektiv rechtswidriges Verhalten vorliegen; die vielfach gebrauchte Wendung, es fehle hier überhaupt die Handlung, trifft nicht alle Fälle).

Das Strafgesetzbuch definiert nicht die Zurechnungsfähigkeit, sondern gibt die Voraussetzungen an, unter denen Unzurechnungsfähigkeit (sprachlich richtiger wäre zu sagen: Zurechnungsunfähigkeit) vorliegt. Es ergibt sich aber daraus der Begriff der Zurechnungsfähigkeit in dem oben dargestellten Sinn.

1. Unzurechnungsfähig sind:
   a) Kinder bis zum vollendeten 14. Lebensjahr. Jugendgerichtsgesetz § 2; vgl. jedoch RG 57, 208.
   b) Geistesgestörte und Bewußtlose (sinnlose Betrunkenheit, Ohnmacht, Hypnose und andere höhere Grade der Bewußtseinsstörung: Dämmerzustände, § 51); vielfach wird es übrigens bei derartigen Seelenzuständen schon am Begriff der Handlung fehlen. Der RTEntw. § 13 spricht im Anschluß an die herrschende Rechtsprechung statt von Bewußtlosigkeit von Bewußtseinsstörung.
   c) Jugendliche von 14—18 Jahren und Taubstumme (§ 58) dann, wenn sie bei Begehung der Tat die zur Erkenntnis ihrer Strafbarkeit erforderliche Einsicht nicht besessen haben (relative Strafmündigkeit).

Die zur Erkenntnis der Strafbarkeit erforderliche Einsicht (aus dem code pénal: discernement) hat der Täter dann, wenn er nach seiner Verstandesentwicklung fähig war, die Strafbarkeit zu erkennen (er braucht sie nicht wirklich erkannt zu haben).

Die Bedeutung des jugendlichen Alters (d. i. der Fall, daß der Täter unter 14 Jahre alt ist, oder aber im Alter von 14—18 Jahren nicht die erforderliche Einsicht hatte) im StGB war streitig; es kommt nämlich, entgegen der hier angenommenen Auffassung, wonach das jugendliche Alter ein Fall der Unzurechnungsfähigkeit ist, in der Praxis des RG die andere Meinung zur Geltung, wonach das jugendliche Alter nur ein persönlicher Strafausschließungsgrund ist, neben dem die Unzurechnungsfähigkeit selbständig festgestellt werden kann. Die Tat des Jugendlichen wäre also, sofern nicht aus einem andern Grunde die Voraussetzungen des § 51 gegeben sind, nicht wie die des Geisteskranken überhaupt keine strafbare Handlung, sondern die Tat wäre strafbar und der Täter straffrei (vgl. § 12 III und § 17c II 3 b des Grundrisses). Nach dieser Auffassung waren schon auf Grund des bisherigen Rechtszustandes die Teilnehmer strafbar, wenn der jugendliche Haupttäter straflos ausging. Die Streitfrage ist jetzt wenigstens praktisch für die meisten Fälle durch die Gesetzgebung entschieden worden: § 4 des Jugendgerichtsgesetzes vom 16. Febr.

1923 (RGBl Teil I S. 135) bestimmt, daß die Strafbarkeit des Anstifters und Gehilfen, des Begünstigers und Hehlers dadurch nicht berührt wird, daß ein Strafunmündiger (§ 2) oder ein „Jugendlicher" (§§ 1 und 3) als Haupttäter nicht strafbar ist.

Ebenso wie nach dem bisherigen Rechtszustand auf Grund des StGB muß auch nach dem Jugendgerichtsgesetz in jenen Bestimmungen, welche die Strafbarkeit der Kinder und der Jugendlichen ausschließen, nicht ein persönlicher Straffreiheitsgrund, sondern ein Schuldausschließungsgrund, erblickt werden.

Der RTEntw. beseitigt erfreulicherweise diesen Streit durch die §§ 15 Abs. I u. 9 Ziff. 1: „Als nicht zurechnungsfähig gilt das Kind".

„Kind ist, wer noch nicht 14 Jahre alt ist".

d) Der RTEntw. hat im § 13 auch die Geistesschwäche, die die Zurechnungsfähigkeit aufhebt, in die Definition der Zurechnungsfähigkeit aufgenommen.

2. Gegen den Strafunmündigen sind durch Landesrecht besondere Erziehungsmaßnahmen vorgesehen. Das Jugendgerichtsgesetz hat hier eine reichsrechtliche Grundlage geschaffen (vgl. hiezu auch die Bestimmungen des Reichsgesetzes für Jugendwohlfahrt vom 9. Juli 1922, insbes. dessen §§ 57—76 über Schutzaufsicht und Fürsorgeerziehung).

Die fehlende Einsicht des Minderjährigen (nicht des Taubstummen) konnte früher nur im Urteil (nicht schon im Vorverfahren) festgestellt werden; erfolgte mangels dieser Einsicht Freisprechung, so mußte das Urteil sich über die Erziehungsmaßnahmen aussprechen; anders nach dem Jugendgerichtsgesetz (vgl. §§ 32, 5, 6).

Bei Verurteilung Jugendlicher Strafminderung gemäß § 9 Jugendgerichtsgesetz.

„§ 9. Hat ein Jugendlicher eine mit Strafe bedrohte Handlung begangen, so gelten für die Strafbemessung folgende Vorschriften:

Statt auf Todesstrafe oder auf lebenslanges Zuchthaus ist auf Gefängnis von einem bis zu zehn Jahren, statt auf lebenslange Festungshaft ist auf Festungshaft von einem bis zu zehn Jahren zu erkennen.

Sind andere Strafen angedroht, so ist die Strafe zwischen dem gesetzlichen Mindestbetrage der anzuwendenden Strafart und der Hälfte des Höchstbetrags der angedrohten Strafe zu bestimmen. Ist Zuchthausstrafe angedroht, so tritt an ihre Stelle Gefängnisstrafe.

Ist die Tat ein Vergehen oder eine Übertretung, so kann in besonders leichten Fällen von Strafe abgesehen werden.

Auf Verlust der bürgerlichen Ehrenrechte überhaupt oder einzelner bürgerlicher Ehrenrechte, auf Überweisung an die Landespolizeibehörde sowie auf Zulässigkeit von Polizeiaufsicht darf nicht erkannt werden."

3. Wenn eine Tätigkeit im unzurechnungsfähigen Zustand erfolgte, eine Bedingung aber bereits im zurechnungsfähigen Zustande gesetzt wurde, so kann trotzdem die strafrechtliche Verantwortung gegeben sein (actio libera in causa oder ad libertatem relata).

Beispiel: A will den B töten; er trinkt sich Mut an und tötet den B in sinnloser Betrunkenheit: vorsätzliche Tötung libera in causa;

oder: der Kraftwagenführer betrinkt sich vor Beginn der Fahrt; er überfährt in seiner Betrunkenheit einen Menschen: fahrlässige Tötung libera in causa.

RTEntw. § 367 enthält jetzt außerdem einen selbständigen Tatbestand, um auch diejenigen hierher gehörigen Fälle strafrechtlich zu erfassen, die nach geltendem Recht nicht verfolgbar waren: „Wer sich vorsätzlich oder fahrlässig durch den Genuß geistiger Getränke oder durch andere berauschende Mittel in einen die Zurechnungsfähigkeit ausschließenden Rausch versetzt, wird mit Gefängnis bis zu 2 Jahren oder mit Geldstrafe bestraft, wenn er in diesem Zustand eine mit Strafe bedrohte Handlung begeht."

4. Verminderte Zurechnungsfähigkeit ist im Strafgesetzbuch noch nicht anerkannt, sie kommt hienach nur für die Strafzumessung (§ 20 des Grundr.) in Betracht. Dagegen ist der Begriff neuerdings in die Entwürfe aufgenommen worden: RTEntw. § 13 II: „War die Fähigkeit zur Zeit der Tat aus einem dieser Gründe wesentlich gemindert, so kann die Strafe gemildert werden".

IV. Der Vorsatz (dolus).

Der Begriff des Vorsatzes ist im StGB nicht erklärt. § 59 StGB gibt nur einzelne Anhaltspunkte. Die nähere Bestimmung des Begriffes ist der Wissenschaft und Rechtsprechung überlassen.

Vorsatz ist Wissen und Wollen einer rechtswidrigen Handlung in ihren gesetzlichen Merkmalen. Vorsätzlich handelt, wer die Tat mit Wissen und Willen ausführt.

1. Begriff:

Vorsatz ist Wissen (Kenntnis, Vorstellung) der Tatumstände, die nach dem jeweiligen gesetzlichen Tatbestand erforderlich sind, verbunden mit der Einwilligung in die Verwirklichung der Vorstellung (Willenstheorie). Das Erfordernis der Einwilligung ist zwar im Strafgesetzbuch selbst nicht ausdrücklich erwähnt. Es herrscht daher über dieses Erfordernis Streit. Im Gegensatz zu obiger Definition bezeichnet die sog. Vorstellungs- (Wissens-) Theorie den Vorsatz lediglich als Kenntnis der Tatumstände und Voraussicht des Erfolges (v. Liszt, Frank).

Die Berücksichtigung des Wollens als Element des Vorsatzes folgt aber aus dem Begriff der Schuld. Die lückenhafte gesetzliche Formulierung steht der Anerkennung des Willenselementes im Vorsatz nicht entgegen, da der Gesetzgeber in § 59 gar keine erschöpfende Definition des Vorsatzbegriffes geben will. Der Vorwurf der Rechtsordnung richtet sich überhaupt nicht gegen das Wissen der Rechtswidrigkeit, sondern vielmehr ausschließlich gegen den verbrecherischen Willen, gegen den Entschluß eine rechtswidrige Handlung auszuführen. Übrigens muß auch die Wissenstheorie in bestimmten Fällen in Durchbrechung ihres Grundgedankens das Erfordernis der Einwilligung hereinziehen.

Im Sprachgebrauch des täglichen Lebens werden die Begriffe des Wollens und der Absicht und des Wunsches vielfach gleichbedeutend gebraucht. Für die juristische Terminologie sind indessen die genannten Begriffe streng zu scheiden.

Beim Wunsch wird im Gegensatz zum Wollen stets auf die Mitwirkung fremder Kräfte gehofft, die man nicht sicher berechnen und beeinflußen kann.

Beispiel: A wünscht sich den lästigen Konkurrenten B vom Halse zu schaffen und überredet ihn, eine schöne, aber sehr anstrengende Bergbesteigung zu machen. Er erteilt diesen Rat in der Hoffnung, daß der herzschwache B dabei infolge der Anstrengung einem Herzschlag erliegt.

Absicht (z. B. §§ 242, 263) liegt dann vor, wenn die Vorstellung vom Eintritt des Erfolges den Täter zu seiner Handlung bestimmte, wenn also der Täter es bei seiner Handlung gerade darauf „abgesehen" hatte.

Beispiel: Ein Deutscher, der während eines gegen das Deutsche Reich ausgebrochenen Krieges die Kriegsanleihe eines feindlichen Staates zeichnet, leistet *vorsätzlich* einer feindlichen Macht Vorschub (§ 89); er *beabsichtigt* aber nur seinen Vermögensvorteil.

Hier ist also wohl zu beachten, daß es sich um sog. Rechtsinhaltsbegriffe (rechtssatzmäßige Begriffe) handelt, die mit dem Sprachgebrauch des täglichen Lebens oder der Psychologie nicht immer in vollem Einklang stehen müssen.

In nahem Zusammenhang mit dem Begriff der Absicht stehen die Begriffe *Zweck* und *Motiv*.

Zweck (z. B. § 363) ist eine Vorstellung, die verwirklicht werden soll. Motiv (=Beweggrund) ist die Vorstellung eines zu erreichenden Zwecks, die infolge ihrer Gefühlsbetonung (Lust- oder Unlustgefühl) auf den Willen in einer bestimmten Richtung einwirkt (vgl. *van Calker* „Die Bestimmung der Strafart nach der Gesinnung, aus welcher die Handlung entsprungen ist" in der Vergl. Darstellung A. III, 176 [1908]).

2. *Arten des Vorsatzes.*

Von den zahlreichen von der älteren Theorie unterschiedenen „Vorsatzarten" sind heute von der Wissenschaft nur mehr die Begriffe des dolus principalis und des dolus eventualis beibehalten worden.

Dolus eventualis liegt vor, wenn der Täter den Erfolg als eventuell möglich vorausgesehen hat, trotzdem aber zur Tat entschlossen ist, den rechtswidrigen Erfolg also in Kauf nimmt und damit billigt. In diesem Fall handelt der Täter vorsätzlich. Entscheidend ist die innere Stellungnahme, der Entschluß des Täters. Der Grad der vorgestellten Wahrscheinlichkeit ist dabei unerheblich.

Beispiel: A nimmt ein Darlehen auf, das er nach 3 Monaten zurückbezahlen soll. Er weiß nicht, ob er dazu imstande sein wird. Ist er schon bei der Aufnahme des Darlehens mit der eventuellen Schädigung des Darlehensgebers einverstanden, die eintreten wird, wenn das Darlehen nicht zurückgezahlt wird, um sich selbst einen rechtswidrigen Vermögensvorteil zu verschaffen, so liegt der nach § 263 RStGB. erforderliche Vorsatz bereits vor. Die Vorstellung von der Wahrscheinlichkeit, nicht zurückzahlen zu können, allein, ohne die Einwilligung in den Eintritt dieses Erfolgs, genügt zum Vorsatz nicht.

Dolus principalis liegt vor, wenn der Täter bezüglich der Tatbestandsmäßigkeit seiner Handlung keinen Zweifel hatte.

Die übrigen Unterscheidungen der älteren Theorie sind heute alle aufgegeben worden. Von dolus subsequens sprach man, wenn im Augenblick der Handlung Wissen und Wollen der tatbestandsmäßigen Handlung noch nicht gegeben war, der Täter aber den ohne seinen Willen von ihm herbeigeführten Erfolg billigte.

Beispiel: A bringt, ohne sich dabei etwas zu denken, einen Stein ins Rollen. B, der weiter unten am Fuß des Berges spazieren geht, wird von dem

Stein tödlich getroffen. A bemerkt später, daß er auf diese Weise den Tod seines Feindes herbeigeführt hat und freut sich darüber: keine vorsätzliche Tötung. Dolus indirectus wurde angenommen, wenn jemand in einer allgemein schädlichen Absicht (mit dem animus nocendi) einen Erfolg herbeigeführt hatte, auch ohne ihn vorauszusehen (wer z. B. einem andern einen Liebestrank gibt und ihn dadurch tötet, begeht Tötung mit d. i.). Feuerbach rechnete die nur als wahrscheinlich vorausgesehenen Erfolge zur culpa, die er dann culpa dolo determinata nannte; war es jedoch dem Täter gleichgültig, ob er den Erfolg herbeiführte, so sollte nach F. dolus indeterminatus (generalis) vorliegen, der wieder zwei Unterarten hatte: d. alternativus und d. eventualis. Näheres über die Schuldlehre Feuerbachs in der Abhandlung Grünhuts in Heft 3 der Hamburger Schriften zur ges. StrafrWissenschaft (herausg. von Liepmann), 1922.

3. Inhalt des Vorsatzes.

a) Kenntnis der Tatumstände: Der Täter muß sämtliche Tatumstände, die zu dem jeweiligen gesetzlichen Tatbestand gehören, kennen (die strafbegründenden wie die straferhöhenden); kennt er eines dieser Merkmale nicht, so hat er den betreffenden gesetzlichen Tatbestand nicht vorsätzlich erfüllt § 59.

Wenn er also den Erfolg (z. B. bei § 212 die Tötung eines Menschen) nicht voraussieht — vielleicht weil er das Gewehr nicht für geladen hielt —, oder die begleitenden wesentlichen Tatumstände nicht kennt, z. B. nicht weiß, daß das, worauf er schießt, ein Mensch ist, so liegt keine vorsätzliche Tötung, höchstens fahrlässige Tötung vor. Ebenso tritt keine Straferhöhung nach § 215 ein, wenn der Täter nicht weiß, daß der Getötete ein Verwandter aufsteigender Linie ist (Ödipus).

Beispiel: A schießt in der Dunkelheit auf eine Gestalt, die er für einen Hund hält, in Wirklichkeit ist es ein Kind; keine vorsätzliche Tötung eines Menschen (§ 211), höchstens fahrlässige Tötung.

Außerhalb der Tatbestandsmerkmale liegende Momente wie Zurechnungsfähigkeit, Strafbarkeitsbedingungen (vgl. § 12 I des Grundr.), Voraussetzungen räumlicher Geltung des Strafgesetzes, Prozeßvoraussetzungen, vor allem aber die Strafbarkeit der Handlung braucht der Täter nicht zu kennen.

Beispiel: Die deutsche Staatsangehörige A begeht in Frankreich Ehebruch in der Meinung, dort sei der Ehebruch nicht strafbar. Sie kann trotzdem in Deutschland gemäß § 172 verurteilt werden (§ 4 Nr. 3 StGB).

b) Kenntnis der Rechtswidrigkeit:

Die Kenntnis der Rechtswidrigkeit ist im Strafgesetzbuch nicht ausdrücklich gefordert (vgl. dagegen z. B. Bek. vom 18. Jan. 1917 [RGBl. S. 58] § 1). Es ist daher umstritten, wie weit sie als allgemeines Verbrechenserfordernis betrachtet werden kann.

Richtiger Ansicht nach gehört zum Vorsatz Bewußtsein der (sozialethischen und moralischen) Pflichtwidrigkeit, die vorsätzliche Handlung geht dem Täter gegen das Gewissen; zur Fahrlässigkeit dagegen gehört nur die Möglichkeit dieses Bewußtseins (vgl. unten V, 5 und van Calker, Ethische Werte S. 30): wo die Norm nicht als Befehl wirken kann, kann sie auch nicht Beurteilungsnorm sein, d. h., wo nicht wenigstens die Möglichkeit des Bewußtseins der Pflichtwidrigkeit vorliegt, kann dem Täter aus der Verwirklichung des Tatbestandes (bei Erfolgsdelikten aus der Herbeiführung des Erfolges) kein Vorwurf gemacht werden.

Der Begriff der Pflichtwidrigkeit ist viel weiter als der der Rechtswidrigkeit. Der Täter braucht keineswegs zu wissen, ob das Recht seine Tat mißbilligt; es genügt, wenn er weiß, daß sie unsittlich und sozialschädlich ist. Vielfach wird nur das Bewußtsein der Rechtswidrigkeit als Begriffsmerkmal des Vorsatzes angenommen. (So Beling, Grundzüge S. 43, Lobe im Leipz. Komm. S. 48 ff. u. a.). Diese Auffassung ist aber zu eng, weil es für die Bejahung eines verbrecherischen Vorsatzes niemals darauf ankommen kann, ob der Täter zufällig weiß, daß sein Handeln durch eine Rechtsnorm verboten ist. Sein Handeln muß ihm in demselben Grad zum Vorwurf gemacht werden, wenn er wußte, daß er unsittlich handelt.

4. Der RTEntw. sieht im Gegensatz zum Entw. 1925 eine gesetzliche Definition des Vorsatzes (u. der Fahrlässigkeit) vor.

§ 17: „Vorsätzlich handelt, wer den Tatbestand der strafbaren Handlung mit Wissen und Willen verwirklicht oder die Verwirklichung zwar nur für möglich hält, jedoch für den Fall der Verwirklichung mit ihr einverstanden ist".

Damit folgt der RTEntw. der Begriffsstimmung, die das RG in ständiger Rechtsprechung vertritt.

Dabei wird vom RTEntw. weder das Bewußtsein der Pflichtwidrigkeit noch der Rechtswidrigkeit als Begriffsmerkmal des Vorsatzes verwendet: § 20 sagt ausdrücklich: „Handelt der Täter vorsätzlich, aber in einem entschuldbaren Rechtsirrtum". In der Begründung (S. 20 zu § 20) wird diese Tatsache noch besonders unterstrichen: „Der Entw. setzt ausdrücklich voraus, daß der im Rechtsirrtum Befangene vorsätzlich handelt".

5. Irrtum und Vorsatz.

Die strafrechtliche Bedeutung des Irrtums ergibt sich wie die des Vorsatzes zunächst aus dem § 59 Abs. I: „Wenn jemand bei Begehung einer strafbaren Handlung das Vorhandensein von Tatumständen nicht kannte, welche zum gesetzlichen Tatbestand gehören oder die Strafbarkeit erhöhen, so sind ihm diese Umstände nicht zuzurechnen". Dabei sind im einzelnen im engsten Anschluß an die gesetzliche Grundlage folgende Gesichtspunkte hervorzuheben:

Die Lehre vom Irrtum muß von ihrer gesetzlichen Grundlage, dem § 59 des Strafgesetzbuches ausgehen. Für die Beurteilung des Irrtums unter dem Gesichtspunkt des Vorsatzes ist der Abs. I maßgebend. Es soll nicht nur das äußere Geschehen, der in der Veränderung der Außenwelt zutage tretende Erfolg entscheidend sein, sondern auch die innere Einstellung des Täters. Der Irrtum bedingt das Vorhandensein oder den Grad seiner Schuld.

a) Voraussetzungen:

aa) Kenntnis der tatsächlichen Umstände („Tatumstände").

Das Gesetz erwähnt als Voraussetzung für das Vorliegen eines strafrechtlich relevanten Irrtums die Tatsache, daß „jemand bei Begehung einer strafbaren Handlung das Vorhandensein von Tatumständen nicht kannte, welche zum gesetzlichen Tatbestande gehören oder die Strafbarkeit erhöhen". Daraus ergibt sich im einzelnen:

Es genügt, daß der Täter das Vorhandensein der Tatumstände nicht kannte. Verzeihlichkeit des Irrtums ist hier nicht gefordert, wohl aber für die Frage, ob Fahrlässigkeit vorliegt, von Bedeutung.

Was der Täter an Stelle des nicht gekannten Merkmals sich vorgestellt hat, ist für den Vorsatz, nicht freilich für den Versuch gleichgültig. Die positive Vorstellung des Täters ist aber dann von Bedeutung, wenn er irrtümlich einen Rechtfertigungsgrund (Notwehr, Züchtigungsrecht usw., vgl. §§ 9 und 10 des Grundr.; daher kein Vorsatz bei Putativnotwehr), oder ein Tatbestandsmerkmal eines privilegierten Delikts (z. B. bei § 217 die Unehelichkeit des Kindes oder bei § 216 das ernstliche Verlangen) angenommen hat. Vgl. RG. 57, 269.

Praktisch empfiehlt es sich, in allen Fällen, in denen ein Irrtum des Täters vorkommt, immer sofort die Frage zu stellen: wie hat der Täter sich den Sachverhalt und den Kausalverlauf vorgestellt? Wie war in Wirklichkeit der Sachverhalt und der Kausalverlauf?

Nur die Unkenntnis solcher konkreter Tatumstände schließt den Vorsatz aus, die ihrem Begriff nach zum abstrakten gesetzlichen Tatbestand gehören.

1. Beispiel: A will den B töten; er hält in der Dunkelheit den C für den B und tötet den C; vorsätzliche Tötung eines Menschen nach §§ 211, 212, da Tatbestandsmerkmal in §§ 211, 212 schlechthin „ein Mensch" ist, also gleichgültig, ob B oder C. A will einen Menschen töten und tötet tatsächlich einen Menschen und zwar den Menschen, auf den er gezielt und geschossen hat.

In diesem Fall wird die Wichtigkeit des Zurückgreifens auf die gesetzliche Formulierung besonders deutlich. Bei einer vom Wortlaut des Gesetzes sich entfernenden, rein begrifflichen Konstruktion gelangt man leicht zu falschen Ergebnissen; denn man kann sehr wohl formulieren: A tötet den C nicht vorsätzlich, weil er den B töten will. Aber die allgemeine Fassung des gesetzlichen Tatbestandes trägt einem Irrtum solcher Art keine Rechnung.

2. Beispiel: A begeht einen Diebstahl an einer Uhr, von der er glaubt, sie gehöre seiner Ehefrau; in Wirklichkeit gehört sie einem Dritten; Diebstahl gemäß § 242, da die Person des Eigentümers für den Tatbestand des Diebstahls unwesentlich ist und § 247 nur einen persönlichen Strafausschließungsgrund darstellt, nicht aber ein Tatbestandsmerkmal. Ob die Uhr der Ehefrau gehört oder einem Dritten — sie bleibt eine „fremde Sache".

Beim ersten Beispiel liegt ein (unbeachtlicher) error in persona vor. Würde im 2. Beispiel A einen Kasten entwenden, von dem er meint, er enthalte die Uhr, während er in Wirklichkeit einen Ring enthält, so läge (unbeachtlicher) error in objecto vor. Error in persona und error in objecto sind gleichgültig, solange der vorgestellte wie der wirkliche Sachverhalt unter denselben Tatbestand fallen (tatbestandliche Gleichwertigkeit der Objekte).

Bei der sog. aberratio ictus irrt der Täter nicht über das Objekt, sondern über den Kausalverlauf, und zwar insofern, als ein anderer Erfolg eintritt und der Angriff fehl geht. Bei aberratio ictus liegt regelmäßig Versuch mit Fahrlässigkeit vor (bestr.).

Beispiel: A schießt mit Tötungsabsicht auf den B, trifft aber den danebenstehenden C. Da der Täter gerade den B töten will, den er deutlich erkennt (keine Verwechslung des Angriffsobjekts wie beim error in persona!) und diesen Entschluß auch äußerlich durch eine Ausführungshandlung betätigt, liegt darin jedenfalls ein Tötungsversuch (§ 43). Wäre niemand in der Nähe gestanden und von der abgeirrten Kugel getroffen worden, dann würde sich die rechtliche Qualifikation der Tat darin auch erschöpfen. Der ungewollte Erfolg (Tod des C) ist vom Täter fahrlässig oder ev. schuldlos herbeigeführt.

Zu den konkreten Tatumständen, deren Nichtkenntnis den Vorsatz ausschließt, können auch **rechtliche Eigenschaften** einer Person, Sache oder Handlung gehören. Der Vorsatz braucht sich demnach nicht notwendig auf bloße sinnfällige Äußerlichkeiten zu beziehen, sondern kann auch die tatsächlichen Unterlagen einer rechtlichen Bewertung oder Subsumption betreffen. (Der reine Subsumtionsirrtum selbst ist jedoch unbeachtlich; vgl. RG. 57, 205.)

Solche rechtlichen Eigenschaften sind z. B. die Eigenschaft einer Person als Beamter (§§ 113, 117, 174), oder Verwandter (§§ 173, 215); einer Sache als „fremde" Sache (§ 242).

Der RTEntw. steht auf demselben Standpunkt, § 17 Abs. 2: „Wegen vorsätzlicher Begehung wird nicht bestraft, wer irrtümlich einen Sachverhalt annimmt, der die Tat rechtfertigen oder ihn straffrei machen würde."

Der Tatirrtum und der Rechtsirrtum, die sich auf ein Tatbestandsmerkmal beziehen, schließen grundsätzlich den Vorsatz aus.

bb) Kenntnis der Rechtswidrigkeit.

Da diese Materie im Gegensatz zu der Frage der Kenntnis der Tatumstände im StGB nicht ausdrücklich geregelt ist, erhebt sich hier die Frage: Wie weit schließt der Rechtsirrtum den Vorsatz aus?

Nach der Auffassung des Reichsgerichts besteht der Vorsatz bei der Begehung strafbarer Handlungen ausschließlich in dem Wissen und Wollen der Tatumstände, die die gesetzlichen Merkmale (den sog. gesetzlichen Tatbestand i. e. S.) ausmachen; das RG nimmt danach an, daß die Begriffserfordernisse des Vorsatzes in § 59 StGB restlos umschrieben seien. Das Bewußtsein der Rechtswidrigkeit bildet also keine allgemeine Voraussetzung der Strafbarkeit oder des Vorsatzes (RG 55 S. 96). Das RG will dabei zwischen einem strafrechtlichen und einem außerstrafrechtlichen Irrtum unterscheiden; der strafrechtliche soll rechtlich bedeutungslos sein, der außerstrafrechtliche aber den Vorsatz aufheben (error juris criminalis nocet). So soll der Irrtum darüber, ob eine Sache eine fremde ist (§ 242), ob ein Tier jagdbar (§ 292), sowie der Irrtum über besondere Amts- und Berufspflichten (z. B. § 348) außerstrafrechtlicher Irrtum sein und daher den Vorsatz ausschließen. Dagegen wird z. B. ein Irrtum darüber, ob eine Sache eine Waffe im Sinne des § 223a, oder ob eine Handlung Unzucht (§ 180), Glückspiel (§ 285) oder Lotterie (286) ist, als strafrechtlicher Irrtum angesehen, der den Vorsatz nicht beseitigt.

Die Unterscheidung zwischen strafrechtlichem und außerstrafrechtlichem Irrtum ist aber willkürlich, unsicher und widerspruchsvoll. Das Reichsgericht erklärt z. B. von vielen Begriffen, sie seien durch Aufnahme in das Strafgesetz strafrechtliche Begriffe geworden (z. B. die handels- und konkursrechtlichen Begriffe), nicht aber der staatsrechtliche Begriff „Beamte", obwohl doch auch der Begriff der fremden Sache (§ 242) in das Strafgesetz aufgenommen ist. Auch soll sogar bei Blankettgesetzen (z. B. § 9b des Kriegszustandsgesetzes) die Berufung auf Unkenntnis der Norm zulässig sein, obwohl hier die ausfüllende Norm doch sicher Bestandteil eines Strafgesetzes geworden ist. (RG 36, 362; 45, 394; 47, 143; 50, 332; 51, 228; 57, 15). Vgl. die eingehenden Nachweisungen über die Judikatur des RG bei Olshausen (1916) § 59 A. 31.

Nach einer ebenfalls in der Praxis des Reichsgerichts vertretenen (vgl. RG. 58, 249), auch von Liszt anerkannten Ansicht gehört das Bewußtsein der Rechtswidrigkeit, d. h. das Bewußtsein, daß die Handlung rechtlich verboten ist, nur dann zum Vorsatz, wenn das Wort „Rechtswidrigkeit" im Tatbestand des Strafgesetzes ausdrücklich genannt ist, z. B. §§ 123, 239, 303; diese Unterscheidung ist aber ganz äußerlich, und übersieht, daß die Rechtswidrigkeit einer Handlung niemals Tatbestandsmerkmal sein kann, daß sie aber immer Verbrechensmerkmal ist, auch wenn sie im Gesetz nicht ausdrücklich erwähnt ist. Jene äußerliche Unterscheidung hätte eine bewußt technische Begriffsbildung des Strafgesetzbuches zur Voraussetzung; im Strafgesetzbuch ist jedoch im Gegensatz zum BGB die technische Gesetzessprache nicht planvoll in alle Einzelheiten durchgeführt. Infolgedessen finden alle derartigen subtilen Auslegungsversuche im Gesetz keinen Rückhalt. In Wahrheit berücksichtigt übrigens das Reichsgericht auch in jenen Fällen immer nur den „außerstrafrechtlichen" Irrtum.

b) Wirkungen: Der Irrtum wirkt

aa) strafaufhebend: wenn jemand bei Begehung einer strafbaren Handlung das Vorhandensein von Tatumständen nicht kannte, welche zum gesetzlichen Tatbestand gehören.

Beispiel: A verführt ein unbescholtenes Mädchen, von dem er annimmt, daß es schon 20 Jahre alt sei, während es tatsächlich noch nicht einmal das 16. Lebensjahr vollendet hat, zum Beischlaf (§ 182).

bb) strafmindernd: wenn jemand bei Begehung einer strafbaren Handlung das Vorhandensein von Tatumständen nicht kannte, welche die Strafbarkeit erhöhen.

Beispiel: X erschlägt bei einem nächtlichen Raufhandel seinen Vater ohne Wissen, daß der Angegriffene gerade sein Vater ist. Hier ist nur Bestrafung wegen einfachen Totschlages, nicht dagegen wegen Aszendententotschlags (§ 215) möglich.

Im RTEntw. ist erfreulicherweise auch eine eingehende Regelung bezüglich des Rechtsirrtums vorgesehen, der sich nicht auf den Tatbestand, sondern auf die Rechtswidrigkeit der Handlung bezieht. Der RTEntw. lehnt die Auffassung des RG vom strafrechtlichen und nichtstrafrechtlichen Irrtum ausdrücklich ab und erklärt den Täter in allen Fällen für straffrei, in denen er in einem entschuldbaren Rechtsirrtum handelt, „der ihn das Unrechtmäßige seiner Tat nicht erkennen läßt" (§ 20).

Damit soll jeder Irrtum gedeckt sein, auf Grund dessen der Täter sich nicht bewußt wird, daß die jeweilige Handlung dem Sinn und Zweck der Rechtsordnung widerspricht, ganz gleichgültig, um welches Rechtsgebiet es sich im einzelnen handelt. Wohl zu unterscheiden davon aber ist die auch nach dem RTEntw. vollkommen unerhebliche Kenntnis der S t r a f b a r k e i t einer Handlung!

Ist der Rechtsirrtum verschuldet, so tritt nach dem RTEntw. nicht Verurteilung wegen Fahrlässigkeit ein, wie es der Entw. 1925 vorsah (in § 13), sondern es bleibt bei der Verurteilung wegen vorsätzlicher Begehung; die Strafe kann aber gemildert werden (§ 20 RTEntw.). Der Grund dieser eigenartigen Lösung liegt darin, daß auch der RTEntw. nur wenige Delikte kennt, die bei fahrlässiger Begehung strafbar sind, darunter kein einziges Verbrechen. Auf diese Weise würde praktisch der fahrlässige Rechtsirrtum meistens straflos bleiben, vor allem in den schwersten Fällen. (Vgl. Begr. S. 20.)

6. W a h n v e r b r e c h e n und V e r b r e c h e r w a h n:

Von einem W a h n v e r b r e c h e n spricht man dann, wenn der Täter mit einer Handlung, die überhaupt nicht verboten ist, ein Delikt zu begehen vermeint. Er glaubt, gegen ein Strafgesetz zu verstoßen, das in Wahrheit nicht existiert. Hier ist der Täter straflos. Der Irrtum kann die Strafbarkeit nicht begründen.

Das ergibt sich mit Notwendigkeit aus dem Prinzip der äußeren Rechtsverletzung als einem Grundgedanken des Strafrechts (vgl. oben § 1 IV). Die bloße verbrecherische Gesinnung kann objektiv rechtmäßiges Verhalten nicht strafbar erscheinen lassen, weil auch nach dem heute geltenden Strafrecht „Irrtum und Wahn nicht Recht in Unrecht zu wandeln vermag" (vgl. E n g e l m a n n, Irrtum und Schuld, 1922, § 17).

B e i s p i e l: A vollzieht mit seiner Nichte den Beischlaf, in der Meinung Inzest (§ 173) zu begehen; oder eine Frau treibt mit einer andern widernatürliche Unzucht und glaubt nach § 175 strafbar zu sein; oder jemand schmuggelt Waren ein, deren Einfuhr nicht verboten und zollfrei ist.

(Beispiele nach Kriegsmann, Wahnverbrechen und untauglicher Versuch, Breslau 1904).

V e r b r e c h e r w a h n ist die (gewöhnlich krankhafte) Überzeugung des Täters zu einem Verbrechen auf Grund eines besondern über der Rechtsordnung stehenden Berufes berechtigt zu sein. Hier ist der Täter strafbar, wenn nicht etwa Unzurechnungsfähigkeit nach § 51 vorliegt oder Irrtum über die Rechtswidrigkeit anzuerkennen ist.

1. B e i s p i e l: Der Tonkünstler A hält sich als Genie für berechtigt, Wechsel zu fälschen und Kreditbetrug zu treiben.

2. Beispiel: Ein wegen Diebstahls Angeklagter erklärte bei seiner Vernehmung, daß er die Diebstähle aus innerem Trieb ausgeführt habe; eine Stimme habe zu ihm gesagt: „Bestehle die Reichen und gib die Beute den Armen!"

Nicht identisch, aber verwandt mit dem Begriff des Verbrecherwahns ist der des sog. Überzeugungsverbrechers; vgl. hierüber Radbruch in der Zeitschr. f. d. ges. Strafrechtswissensch. Bd. 44 S. 34 ff.; vgl. ferner RTEntw. § 72. Nach geltendem Recht wird eine Sonderstellung des Überzeugungsverbrechers durch die Ausgestaltung des Strafvollzugs gewährleistet.

V. Fahrlässigkeit.

1. Begriff:

Fahrlässigkeit (culpa, luxuria, lascivia; in der CCC: Geilheit) liegt dann vor, wenn der Täter, ohne vorsätzlich zu handeln, einen voraussehbaren Erfolg herbeiführt, den er bei gehöriger Aufmerksamkeit hätte vermeiden sollen und können.

Maßgebend für dies Sollen und Können sind die Umstände des Falles und die persönlichen Verhältnisse.

Bei der strafrechtlichen Bewertung, wo dem Einzelnen der Vorwurf des schuldhaften und daher strafbaren Verhaltens gemacht wird, ist also nicht eine objektive, abstrakte Bewertung zulässig, wie im Zivilrecht, wo es sich lediglich um die Schadensersatzpflicht handelt und wo infolgedessen die „im Verkehr erforderliche Sorgfalt" (§ 276 BGB) bzw. die des diligens pater familias, oder die Sorgfalt des „ordentlichen Kaufmanns" maßgebend ist.

Beispiel: Der Lokomotivführer A übersieht ein Signal; es wird festgestellt, daß er bereits 36 Stunden im Dienst und übermüdet war: keine Fahrlässigkeit, Verschulden fehlt vielmehr überhaupt.

2. Arten.

Eine gesetzliche Abstufung der Fahrlässigkeit nach Graden der vom Recht erforderten Sorgfalt ist dem Strafrecht grundsätzlich fremd; es wird also nicht wie im Zivilrecht nach römischem Vorbild unterschieden:

1. culpa lata,
2. culpa levis (entsprechend summa diligentia = diligentia diligentis patris familias),
3. culpa in concreto (entsprechend diligentia quam suis rebus adhibere solet).

Wohl aber gibt es im Strafrecht eine sog. qualifizierte Fahrlässigkeit; sie beruht auf der Verletzung der durch Amt, Beruf oder Gewerbe geforderten Aufmerksamkeit: § 222 Abs. 2 und § 230 Abs. 2 (vgl. MStGB § 148).

3. Inhalt.

Die Fahrlässigkeit tritt als Schuldart neben den Vorsatz. Die tatbestandsmäßige, rechtswidrige Handlung kann vorsätzlich oder fahrlässig begangen sein. Doch sind dies nicht die beiden einzigen Möglichkeiten: es ist keineswegs so, daß eine tatbestandsmäßige, rechtswidrige Handlung, die aus irgend einem Grunde (etwa wegen eines strafrechtlich relevanten Irrtums) nicht vorsätzlich ausgeführt wurde, deshalb allein schon fahrlässig begangen sein müßte. Es ist vielmehr in solchen Fällen stets zu prüfen, ob überhaupt Schuld gegeben ist. Diese kann fehlen, weil ihre generelle Voraussetzung, die Zurechnungsfähigkeit, ausgeschlossen ist oder aber aus einem speziellen Schuldausschließungsgrunde, z. B. weil der Täter zu der Handlung durch unwiderstehliche Gewalt oder gegenwärtige und sonst nicht abwendbare Gefahr für Leib und Leben (seiner selbst oder seiner Angehörigen) genötigt ist (§ 52). Hier kann man weder von Vorsatz noch von Fahrlässigkeit sprechen; den Täter trifft überhaupt kein Vorwurf; er handelt schuldlos. Vgl. Leipz. Zeitschr. 1923, S. 654 und RG 57, 172.

4. Irrtum und Fahrlässigkeit.

Fahrlässigkeit kann gegeben sein, wenn der Vorsatz wegen unentschuldbaren Irrtums des Täters fehlt, namentlich, wenn die irrige Annahme eines Rechtfertigungsgrundes den Vorsatz ausschloß (vgl. oben IV 4a). (§ 59 Abs. 2 StGB);

Beispiel: A verletzt in Putativnotwehr den B, obwohl er hätte erkennen können und müssen, daß der Angriff des B nicht ernst gemeint war: fahrlässige Körperverletzung, —

oder wenn der Täter den Erfolg zwar als möglich voraussah, ihn aber unter keinen Umständen herbeiführen wollte, also bezüglich der Berechnung der Wahrscheinlichkeit des Erfolgseintritts leichtsinnig war, so daß auch kein eventueller Vorsatz vorliegt (bewußte Fahrlässigkeit, luxuria).

Beispiel: Aufforderung zu einer lebensgefährlichen Bergbesteigung mit unglücklichem Ausgang.

5. Abgrenzung der Fahrlässigkeit.

Die Abgrenzung der Fahrlässigkeit einerseits gegenüber der Schuldlosigkeit, anderseits gegenüber dem Vorsatz (insbesondere dem dolus eventualis) ergibt sich auf folgender Grundlage: Für die Fahrlässigkeit ist Möglichkeit der Erkenntnis des voraussichtlichen Geschehensablaufes und der Rechtswidrigkeit erforderlich (Abgrenzung gegenüber der Schuldlosigkeit); Voraussetzung des Vorsatzes ist, daß diese Erkenntnis nicht nur möglich, sondern vielmehr wirklich gegeben ist; dazu kommt als weiterer Gesichtspunkt für die Grenzziehung zwischen Vorsatz und Fahrlässigkeit die Einwilligung, der Entschluß. Die Abgrenzung läßt sich also durch die kurze Formel kennzeichnen: Möglichkeit der Erkenntnis — Erkenntnis der Möglichkeit.

6. Der RTEntw. definiert die Fahrlässigkeit, ebenfalls nach den Ergebnissen der Rechtsprechung des RG, im § 19: „Fahrlässig handelt, wer die Sorgfalt außer acht läßt, zu der er nach den Umständen und nach seinen persönlichen Verhältnissen verpflichtet und fähig ist und deshalb nicht voraussieht, daß sich der Tatbestand der strafbaren Handlung verwirklichen kann, oder, obwohl er dies für möglich hält, darauf vertraut, daß es nicht geschehen wird."

Dasselbe soll für den Tatirrtum gelten (§ 19 Abs. 2), wenn fahrlässig ein Sachverhalt angenommen wird, der die Tat rechtfertigen oder den Täter straffrei machen würde.

VI. Feststellung der Schuld.

1. Wenn eine Handlung einen gesetzlichen Tatbestand erfüllt, und deren Rechtswidrigkeit festgestellt ist, muß immer die Frage nach der sub-

jektiven Schuld aufgeworfen werden; dabei ist aber nicht gleich zu fragen: Liegt Vorsatz oder Fahrlässigkeit vor? Dadurch kommt nämlich leicht der Fehler zustande, daß man immer sofort Fahrlässigkeit annimmt, wenn der Vorsatz aus irgend einem Grund sicher ausgeschlossen ist. Die erste Frage bei der Beurteilung der inneren Tatseite muß vielmehr sein: Ist die Handlung überhaupt schuldhaft begangen? Auch wenn die allgemeinen Voraussetzungen der Schuldfähigkeit (Zurechnungsfähigkeit) gegeben sind, kann man nämlich im Einzelfall oft zu dem Ergebnis kommen, daß die Handlung weder vorsätzlich noch fahrlässig, sondern schuldlos begangen ist (vgl. oben V, 3).

Bei der Beurteilung der Schuld als eines Verbrechensmerkmals sind daher grundsätzlich für die systematische Würdigung des einzelnen Falles folgende Fragen aufzuwerfen:

I. Ist schuldhaftes Handeln im vorliegenden Falle überhaupt möglich? Bei Unzurechnungsfähigkeit wird bereits diese Frage verneint und eine weitere Untersuchung damit unnötig gemacht. Ist dagegen die Frage der Möglichkeit der Schuld generell bejaht, so gelangen wir zur zweiten Frage:

II. Ist die Schuld im Einzelfall wirklich vorhanden?

1. Erst jetzt taucht als nächste Frage auf:
   a) Vorsatz oder
   b) Fahrlässigkeit?
2. Beides ist zu verneinen, wenn ein sog. Schuldausschließungsgrund vorliegt, z. B. vis compulsiva.

Beispiel: Ein Knecht wird auf dem einsamen Hof seines Herrn von Räubern überfallen und unter der Drohung des Erschießens gezwungen, selbst an die Scheuer Feuer anzulegen.

2. Bei Verbrechen oder Vergehen ist im allgemeinen nur die vorsätzliche Begehung strafbar; fahrlässige nur dann, wenn das Gesetz es ausdrücklich anordnet. Daher ist z. B. fahrlässige Beleidigung (§ 185) oder Sachbeschädigung (§ 303) nicht strafbar.

Über die Durchführung dieses Grundgedankens im Musterschutzrecht vgl. Elster, Strafrechtl. Gedanken zum Musterschutzrecht, Z. f. d. ges. StrafrW. Bd. 44 (1923) S. 511 ff.

Als Vorsatz genügt im allgemeinen dolus eventualis. Wenn das Gesetz jedoch absichtliche Begehung (§§ 242, 263; oft umschrieben mit „um zu" [§§ 146, 257, 87] oder „Zweck" § 363) verlangt, so genügt dolus eventualis nicht. Ausnahme: §§ 43 und 266 (hier Absicht = Vorsatz). Der Vorsatz wird oft als Wissentlichkeit bezeichnet (z. B. §§ 153, 353; doch ist, wo „wider besseres Wissen" verlangt wird [§§ 164, 187] ebenfalls dolus eventualis ausgeschlossen).

Der RTEntw. stellt in dieser Beziehung einen begrüßenswerten Fortschritt dar. Es wurden im § 18 die Begriffe „wissentlich" und „absichtlich" klar bestimmt und folgerichtig im ganzen Entwurf angewendet. Durch diese Festlegung der Begriffe gelingt es dem RTEntw. auf einfache Weise, zahlreiche Streitfragen des geltenden Rechts über die Schulderfordernisse des einzelnen Tatbestands zu beseitigen.

Bei Übertretungen ist grundsätzlich sowohl die vorsätzliche wie die fahrlässige Begehung strafbar. Ebenso jetzt ausdrücklich RTEntw. § 378.

3. Der Satz „keine Strafe ohne Schuld" bedeutet nur: Es soll nur dann gestraft werden, wenn der Erfolg entweder vorsätzlich oder fahrlässig herbeigeführt ist. Dieser Grundsatz ist im geltenden Strafrecht im allgemeinen anerkannt. Er erleidet aber folgende de lege ferenda zu bekämpfende Ausnahmen:

a) in den Fällen der sog. Erfolgshaftung (§§ 206, 221, 224, 226, 227, 229, 307, 312, 315, 322—325 RStGB, § 95 des Sprengstoffgesetzes von 1884): der schwere Erfolg, der hier die Strafe erhöht (sog. qualifizierender Erfolg) braucht weder vorsätzlich noch fahrlässig herbeigeführt zu sein; doch ist adäquater Zusammenhang erforderlich (vgl. Grundr. § 7 I 4c); diese Ausnahme vom Schuldprinzip ist durch RTEntw. § 21 beseitigt, der verlangt, daß der qualifizierende Erfolg wenigstens fahrlässig herbeigeführt wurde;

b) bei Übertretung von Gesetzen über Entrichtung öffentlicher Abgaben (aus rein fiskalischen Gründen!);

c) Zuweilen werden hier die Fälle der subsidiären Haftung Dritter genannt, die in manchen landesgesetzlichen Bestimmungen, namentlich Feld- und Forstpolizeigesetzen, sowie neuerdings in der Reichsabgabenordnung §§ 381, 382 sich finden (z. B. Haftung der Eltern oder Aufsichtspersonen für die Übertretungen der Kinder oder des Gesindes). Hier handelt es sich jedoch nur um eine zivilrechtliche Haftung oder einen verwaltungsrechtlichen Anspruch des Staates (nach anderer Ansicht soll präsumiertes Verschulden oder culpa in eligendo vorliegen, nach Oetker ein Fall der „Tätergarantenhaftung").

4. Der Satz aus dem Strafprozeßrecht „Ohne Beweis der Schuld keine Verurteilung" bedeutet: wie jedes wesentliche Verbrechenselement, so muß auch der Vorsatz oder die Fahrlässigkeit dem Täter nachgewiesen werden.

Ausnahmen:

die sog. Schuldvermutungen (Schuldpräsumtionen):

a) § 20 Abs. 2 des Preßgesetzes (Verantwortlichkeit des Redakteurs); so jetzt auch das RG und Liszt, a. A. Oetker, der „Garantenhaftung" annimmt;

Vgl. Kitzinger, Kommentar zum Preßgesetz (1920).

b) der dolus ex re in § 259 StGB („den Umständen nach annehmen muß"): nur gesetzl. Vermutung des Wissens! Vgl. RG 55, 204.

Weitere Beispiele finden sich in §§ 5, 6, 14 des Gesetzes zur Bekämpfung der Geschlechtskrankheiten vom 18. Februar 1927 (RGBl. I 61).

§ 12. Strafbarkeitsbedingungen, Prozeßvoraussetzungen (insbesondere Antrag) und persönliche Strafausschließungsgründe.

I. Materielle Strafbarkeitsbedingungen und formelle Prozeßvoraussetzungen.

1. Allgemeines.

Sobald eine mit Strafe bedrohte Handlung rechtswidrig und schuldhaft begangen ist, ist der staatliche Strafanspruch (das konkrete jus puniendi des Staates) entstanden. Die Strafdrohung ist im allgemeinen nur an die Bedingung geknüpft, daß die Tat rechtswidrig und schuldhaft begangen wird. Zuweilen aber macht das Strafgesetz die Strafdrohung außerdem von dem Eintritt einer besonderen außerhalb der Handlung liegenden Bedingung abhängig. Hier genügt es also nicht, daß der Täter eine tatbestandsmäßige und nicht durch einen besonderen Rechtfertigungsgrund gerechtfertigte Handlung schuldhaft begeht (oder nach § 43 versucht), sondern es muß außerdem die besondere Strafbarkeitsbedingung erfüllt sein.

Eine solche Strafbarkeitsbedingung gehört nicht zu den Tatbestandsmerkmalen: auf sie brauchen sich Vorsatz oder Fahrlässigkeit des Täters nicht zu beziehen, wie umgekehrt auch die irrige Annahme des Nichtvorliegens einer Strafbarkeitsbedingung (im Gegensatz zu irrigen Annahme eines Rechtfertigungsgrundes) den Vorsatz nicht ausschließt. Da der Eintritt der Strafbarkeitsbedingung außerhalb der Handlung liegt, so ist trotz Nichteintritts der Bedingung Notwehr zulässig (die Handlung bleibt ja rechtswidrig).

Anderseits ist die Strafbarkeitsbedingung eine Bedingung des materiellen Strafanspruchs, sie ist nicht bloße Prozeßvoraussetzung, nicht nur formelle Bedingung der Strafverfolgung. Sie betrifft nämlich das jus puniendi selbst, nicht seine Geltendmachung. Beim Nichteintritt der Strafbarkeitsbedingung erfolgt daher Freisprechung des Angeklagten (der Angeklagte ist kein Verbrecher), beim Mangel einer Prozeßvoraussetzung Einstellung des Verfahrens. (Der Verbrecher kann nicht verfolgt werden!)

2. Strafbarkeitsbedingungen sind:

a) Verbürgung der Gegenseitigkeit in §§ 102, 103;

b) Begehung des nicht angezeigten Verbrechens oder Vergehens in § 139 (vgl. auch Gesetz zum Schutz der Republik vom 21. Juli 1922, [RGBl S. 585] § 5 Ende);

c) Stattfinden des Zweikampfes in § 210;

d) Eintritt des Todes oder einer schweren Körperverletzung in § 227 (Raufhandel);

e) Strafdrohung im Ausland nach § 4 Nr. 3.

Vielfach wird hier noch genannt:

f) Zahlungseinstellung und Konkurseröffnung beim Bankrott § 239 KO, § 11 Depotgeſ. 1896 (nach RG — vgl. z. B. 27, 316 und 34, 328 — ist sie dagegen

Tatbestandsmerkmal; vgl. über die Streitfr. die ausführl. Zusammenstellung bei Frank StGB 17. Aufl., 1926, S. 619 ff.

Einige rechnen hierher auch die Nichterweislichkeit der behaupteten Tatsache nach § 186, sowie den Eintritt des schweren Erfolges bei den durch den Erfolg qualifizierten Delikten.

3. Prozeßvoraussetzungen im weiteren Sinn sind z. B.

a) Zuständigkeit des Gerichts,

b) Vorentscheidung der Behörde oder des Gerichts bei Verfolgung von Beamten (EGGVG § 11), soweit sie auf Grund des Art. 131 der jetzigen RV. noch zulässig ist.

c) zivilgerichtliche Ehescheidung nach § 172 und Auflösung der Ehe bei Ehebetrug § 170 (so RG; vielfach wird hier Strafbarkeitsbedingung angenommen), ferner § 238,

d) Genehmigung des Reichstags oder Landtags, bei Verfahren gegen seine Mitglieder (Art. 31 alte RV, Art. 37 neue RV),

e) Ermächtigung in den Fällen der §§ 93, 101, 197,

f) Strafantrag §§ 61 ff.

Der RTEntw., der Vorschriften prozeßrechtlicher Art grundsätzlich ausscheidet, kennt zwar ebenfalls die Willenserklärung des Verletzten als Prozeßvoraussetzung („Verlangen", „Zustimmung"), überläßt jedoch die nähere Regelung (insbes. der Fristen) der StPO.

II. Strafantrag.

Bei einzelnen Delikten ist die Einleitung eines Strafprozesses an die besondere Bedingung eines Strafantrages geknüpft. Die hauptsächlichsten Gründe hiefür sind das Interesse des Verletzten an der Strafverfolgung oder an dem Unterbleiben eines Strafverfahrens und die meist geringfügige Natur der Rechtsverletzung, die das Einschreiten staatlicher Organe dann nicht rechtfertigen würde, wenn nicht einmal der Verletzte ein Interesse an der Strafverfolgung bekundet, sowie ferner die Beweisschwierigkeiten, die sich bei mangelnder Bereitwilligkeit des Verletzten in solchen Fällen ergäben. Aber auch bei den Antragsdelikten bleibt der Staat der alleinige Inhaber des materiellen Strafanspruchs.

Der Strafantrag ist nach der herrschenden Meinung und der Praxis des Reichsgerichts Prozeßvoraussetzung, nicht Strafbarkeitsbedingung.

Liegt der erforderliche Antrag nicht vor, so kann deshalb nur die Einstellung des Verfahrens ausgesprochen, nicht aber auf Freisprechung erkannt werden (§ 260 StPO).

1. Der Antrag ist nur in den vom Gesetz ausdrücklich vorgesehenen Fällen erforderlich (z. B. §§ 102—104, 123 Hausfriedensbruch; 194 Beleidigung; 247 Diebstahl gegen Angehörige, Lehr- oder Dienstherrn; 248a Notdiebstahl; 264a Notbetrug; 232 leichte Körperverletzung; 303 Sachbeschädigung; ferner Delikte gegen Urheber- und Patentrechte; unlauterer Wettbewerb usw.).

Die Antragsdelikte sind entweder absolute oder relative, je nachdem das Delikt immer Antragsdelikt ist, oder nur dann, wenn der Täter zur Zeit der Tat zum Verletzten in einem besondern persönlichen Verhältnis stand (z. B. § 247).

2. Befugt, den Antrag auf Bestrafung zu stellen, ist der Verletzte, sofern das Gesetz nichts anderes bestimmt (z. B. § 182; vgl. auch § 22 des Gesetzes gegen den unlauteren Wettbewerb in der Neufassung vom 21. März 1925 RGBl II 115.

Von mehreren Verletzten hat jeder ein selbständiges Antragsrecht. Verletzt ist derjenige, der zur Zeit der Tat Träger des angegriffenen Rechtsguts war, (z. B. Eigentümer bei Diebstahl, Unterschlagung, Sachbeschädigung; Inhaber der Wohnung bei Hausfriedensbruch, usw.).

Der Verletzte muß (im Zeitpunkt der Antragstellung) 18 Jahre alt sein. Statt des Geschäftsunfähigen oder unter 18 Jahre alten Verletzten übt der gesetzliche Vertreter die Antragsbefugnis aus; ebenso bei juristischen Personen § 65 II (nötigenfalls ist ein Pfleger nach § 1909 BGB zu bestellen).

In folgenden Fällen steht die Antragsbefugnis neben dem Verletzten noch andern Personen zu:

a) wenn der Verletzte über 18 Jahre alt, aber noch minderjährig ist, auch dem gesetzlichen Vertreter, § 65 I,

b) bei Beleidigungen und leichten Körperverletzungen einer Ehefrau auch dem Ehemann, §§ 195, 232;

c) bei Beleidigungen und leichten Körperverletzungen eines Beamten oder Soldaten auch dem Vorgesetzten, §§ 196, 232.

3. Der Antrag wird dadurch gestellt, daß der Antragsberechtigte oder sein Bevollmächtigter der zuständigen Behörde (Gericht, Staatsanwaltschaft, Polizeibehörde) in der vorgeschriebenen Form (schriftlich oder zu Protokoll: § 158 II StPO) eine (nicht bedingte) Erklärung abgibt, aus der zu entnehmen ist, daß er wegen dieser bestimmten Tat die Strafverfolgung will (die Person des Täters braucht er nicht zu kennen. Erhebung der Privatklage oder Anschluß als Nebenkläger ist als eine Antragsstellung anzusehen).

4. Das Antragsrecht erlischt, wenn der Berechtigte den Antrag nicht binnen 3 Monaten stellt (Präklusivfrist), § 61. Beginn der Frist: mit dem Tage, an dem der Antragsberechtigte von der Handlung und der Person des Täters oder eines Beteiligten Kenntnis erhält. Vgl. § 62.

5. Der Antrag ist unteilbar, d. h. wenn gegen einen an der Tat Beteiligten oder gegen den Begünstiger (§ 257) Strafantrag gestellt wird, so findet die Strafverfolgung gegen alle statt, ebenso erfolgt umgekehrt, wenn der Antrag gegen einen zurückgenommen wird, Einstellung des ganzen Verfahrens, § 63.

Ausnahme: Bei den relativen Antragsdelikten wird der Antrag nur gegen diejenige Person gestellt oder zurückgenommen, bei der ein Antrag erforderlich ist. Gegen die übrigen Beteiligten geht das Verfahren unabhängig von dieser Antragstellung weiter, auch wenn der Strafantrag zurückgenommen wird.

Beispiel: Der Lehrherr stellt bei einem Diebstahl, an dem außer seinem Lehrling auch andere beteiligt sind, Strafantrag nur gegen den Lehrling (§ 247).

6. Zurücknahme des Antrags ist nur dann möglich, wenn das Gesetz sie ausdrücklich zuläßt (z. B. §§ 194, 247; nicht aber z. B. 172, 182; beschränkte Zurücknahme: 232 II, 303). § 64. Der einmal zurückgenommene Antrag kann nicht erneuert werden.

Privatrechtlicher Verzicht auf das Antragungsrecht ist strafrechtlich ohne Bedeutung, doch ist ein auf Zurücknahme des Antrags gerichteter Vertrag privatrechtlich gültig.

7. Das Antragsrecht ist nicht vererblich. Doch kann auch der Erbe selbst der Verletzte und deshalb antragsberechtigt sein.

8. Militärische Delikte sind niemals Antragsdelikte §§ 51, 127 MStGB.

9. Unterschied von Antrag und Ermächtigung (§§ 99, 101, 197): die Ermächtigung ist nicht an eine Frist gebunden, teilbar und nie zurücknehmbar.

10. Antragsdelikte sind meist zugleich Privatklagedelikte, d. h. Delikte, bei denen die Strafverfolgung nicht der Staatsanwaltschaft, sondern dem Verletzten übertragen ist. Vgl. Strafprozeßordnung § 374.

III. **Persönliche Straffreiheits- (Strafausschließungs)gründe** liegen dann vor, wenn eine mit Strafe bedrohte, rechtswidrige, schuldhafte Handlung gegeben ist, der Täter aber aus einem besondern, in seiner Person liegenden Grund straffrei bleibt. (Trotz strafbarer Tat strafloser Täter.) Man spricht in solchen Fällen von strafloser strafbarer Handlung. Mittäter, Anstifter oder Gehilfen, in deren Person der Straffreiheits(ausschließungs)grund nicht zutrifft, bleiben strafbar.

Persönliche Straffreiheitsgründe sind:

a) Überschreitung der Notwehr (§ 53 III);

b) Alter unter 18 Jahren bei Blutschande (§ 173);

c) Verwandtschaftsverhältnis bei Diebstahl, Unterschlagung (§ 247 Abs. 2); Begünstigung (§§ 257 Abs. 2); Notdiebstahl, Notbetrug (§§ 248a Abs. 2 und 264a Abs. 2);

d) Bemühung um Verhinderung des Zweikampfes (§ 209);

e) Retorsion (vgl. unten § 13 A VI und B);

f) nach der Auffassung des RG auch das jugendliche Alter; vgl. hierüber nunmehr § 4 des Jugendgerichtsgesetzes (s. oben S. 40).

§ 13. Strafaufhebungsgründe.

Die Strafaufhebungsgründe (auch Straftilgungsgründe genannt) beseitigen nachträglich den aus der strafbaren Handlung bereits entstandenen materiellen Strafanspruch des Staates; dadurch unterscheiden sie sich von den Strafausschließungsgründen, die das Entstehen des Strafanspruchs selbst verhindern; sie bilden ferner einen Gegensatz zu den Prozeßvoraussetzungen, welche die Vorbedingung für die Entstehung des Strafklagerechts bilden (vgl. oben § 12).

Die Strafaufhebungsgründe heben regelmäßig die Strafe ganz auf. In einzelnen Fällen kommt das geltende Recht auch partielle Strafaufhebungsgründe, z. B. beim freiwilligen Widerruf eines Meineids § 158 RStGB.

Die allgemeinen Strafaufhebungsgründe:

I. Verjährung: Die Verjährung (§§ 66 ff.) beseitigt den bereits entstandenen Strafanspruch; sie ist daher Strafaufhebungsgrund. Da aber

§ 66 auch die Strafverfolgung untersagt, ist sie im Strafprozeß auch Prozeßhindernis und es erfolgt daher bei Verjährung Einstellung des Verfahrens, nicht Freisprechung.

Die Verjährung ist entweder Strafverfolgungs- oder Strafvollstreckungsverjährung, je nachdem noch kein rechtskräftiges Urteil ergangen ist oder ein solches vorliegt.

1. Verfolgungsverjährung:

a) Dauer der Fristen:

Es verjährt die Verfolgung

aa) von Verbrechen, je nach der angedrohten Strafe in 20, 15 oder 10 Jahren § 67 Abs. 1;

bb) von Vergehen, bei Strafandrohung von mehr als 3 Monaten Gefängnis in 5, sonst in 3 Jahren; § 67 Abs. 2;

cc) von Übertretungen in 3 Monaten.

Bei Versuch und Beihilfe sind nach der herrschenden Meinung die reduzierten Strafandrohungen maßgebend (a. A. v. Liszt); vgl. jedoch unten § 15 I und oben § 6 II 1.

Die besondere Verjährungsfrist für Preßdelikte beträgt nach § 22 des Preßgesetzes sechs Monate.

b) Beginn der Verfolgungsverjährung: mit dem Tage der Willensbetätigung (nicht des Eintritts des Erfolges) § 67 Abs. 3, jedoch kann (nach RG) die Frist nicht eher beginnen, als eine strafbare Handlung vorliegt (bestr.); daher beginnt die Verjährung der Anstiftungs- oder Gehilfenhandlung nicht vor der strafbaren Haupthandlung — akzessorische Natur der Teilnahme —.

Beispiele:

1. A stiftet am 1. Januar den B an, Eier von Rebhühnern auszunehmen (§ 368 Nr. 11); B tut das am 20. Januar. Beginn der Verjährung beider Handlungen: mit dem 20. Januar.

2. Die von dem Ingenieur A fahrlässig falsch konstruierte, im Jahre 1900 erbaute Eisenbahnbrücke stürzt 1910 ein, wodurch mehrere Menschen getötet oder verletzt werden. Beginn der Verjährung: (nach RG) erst 1910.

Besonderheit: § 171 III. (Beginn der Verjährung bei Bigamie).

c) Unterbrechung der Verfolgungsverjährung durch jede Handlung des Richters, die wegen der begangenen Tat gegen den Täter gerichtet ist. (§ 68).

Wirkung der Unterbrechung: mit dem unterbrechenden Ereignis beginnt die Verjährungsfrist von neuem zu laufen.

Nur solche Verfügungen, die vom Strafrichter vorgenommen und wegen eines bestimmten Delikts angeordnet sind und die einen Akt der Strafverfolgung zum Zweck haben, unterbrechen die Verjährung; nicht bloße Wiedervorlageverfügungen oder Verfügungen, die nichts anderes als eine Unterbrechung der Verjährung bezwecken (das wäre eine Umgehung der gesetzlichen Bestimmungen über die Verjährung).

d) Ruhen der Verfolgungsverjährung (§ 69):

aa) während der Zeit, in der die Strafverfolgung auf Grund gesetzlicher Vorschrift nicht begonnen oder fortgesetzt werden kann (z. B. Art. 30/31 a. RV; Art. 36/37 n. RV: Strafverfolgung gegen Abgeordnete während der Sitzungsperiode);

bb) bis zur Entscheidung einer Vorfrage, wenn die Entscheidung in einem andern Verfahren zu erfolgen hat (z. B. § 164 Abs. 2).

Mangel des erforderlichen Antrags oder der Ermächtigung bewirken kein Ruhen der Verjährung, § 69 Abs. 2.

2. Vollstreckungsverjährung:

a) Dauer der Fristen: Je nach der Höhe der erkannten Strafen verjährt die

Strafvollstreckung in 30 bis 2 Jahren; § 70, in der Fassung der VO vom 6. Febr. 1924 (RGBl I S. 45).

b) Beginn der Vollstreckungsverjährungsfrist: Mit dem Tage der Rechtskraft des Urteils. Vollstreckungsverjährung bei kummalativ auf Geld- und Freiheitsstrafe ergangenem Urteil; § 71.

c) Unterbrechung: § 72, jede auf Vollstreckung der Strafe gerichtete Handlung einer Vollstreckungsbehörde, sowie Festnahme zum Zweck der Vollstreckung durch eine solche Behörde (z. B. Erlaß eines Steckbriefs, Aufforderung zum Strafantritt) unterbricht die Vollstreckungsverjährung.

II. Begnadigung: Die Begnadigung ist völliger oder teilweiser Erlaß der Strafe durch den strafberechtigten Staat (Verzicht auf den staatlichen Strafanspruch). Der Sinn der Begnadigung ist eine Korrektur der nur auf den Regelfall zugeschnittenen und deshalb im Einzelfall mitunter zu unbilligen Ergebnissen führenden Strafbestimmungen. Die Tat selbst wird aber nicht ungeschehen gemacht: sie behält Rückfallwirkung — § 244 —; auch die zivilrechtlichen Folgen bleiben unberührt.

Tritt eine Begnadigung bereits vor rechtskräftig erkannter Strafe ein, so spricht man von Abolition, die aber nicht materieller Verzicht auf den Strafanspruch, sondern nur (prozessual) Niederschlagung der Strafverfolgung ist. (Die Einzelheiten sind im Strafprozeßrecht zu behandeln.)

Bei der Begnadigung im weiteren Sinn ist zu unterscheiden:

Begnadigung im engeren Sinn (mit der Untergliederung Einzelbegnadigung—Amnestie) und Abolition.

1. Die Begnadigung im engeren Sinn:

Sie erfolgt für den Einzelfall (Einzelbegnadigung) oder für größere Gruppen oder alle bestraften Personen (Amnestie).

a) Einzelbegnadigung.

Das Begnadigungsrecht steht demjenigen Staat zu, der im Einzelfall den Strafanspruch hat; das Begnadigungsrecht wird ausgeübt durch das verfassungsmäßig berufene Organ desjenigen Staats, dessen Gerichte in erster Instanz erkannt haben.

Zur Ausübung des Begnadigungsrechts berechtigt ist entweder der Reichspräsident für das Deutsche Reich (nämlich in den Sachen, in denen ein Gericht des Reiches [z. B. Reichsgericht, Reichsdisziplinargericht] erkannt hat, § 134 GVG, § 18 Spionagegesetz von 1914, § 484 StPO, Art. 49 n. RV) oder die Regierungen der Länder (in allen andern Sachen, da grundsätzlich der Einzelstaat Träger des Strafanspruchs ist). Der Reichspräsident bzw. die Landesregierungen können die Ausübung des Begnadigungsrechts auch andern Behörden übertragen (vgl. z. B. bayer. Verf. § 51; bayer. VO vom 10. Okt. 1919 [GVBl. 692] und bayer. JMBek. vom 7. Nov. 1919 [GVBl 796]).

Bezieht sich ein Gnadengesuch auf eine Gesamtstrafe, bei der die Einzelstrafe von Gerichten des Reichs und eines Landes oder mehrerer Länder, oder von den Ländern verschiedener Länder festgesetzt sind, so gilt für die Begnadigung eine Vereinbarung des Reichs und der Länder: Reichsministerialblatt (Zentralblatt für das Deutsche Reich) 1923 S. 1033 ff.; vgl. auch preuß. AV. vom 28. Nov. 1923 (JMBl. S. 737).

Im übrigen vergleiche über die Begnadigung:

in Preußen: Verfassung vom 30. Nov. 1920, Art. 54; ferner AV vom 19. Juni 1919 (JMBl. S. 341), 28. Aug. 1919 (405), 30. März 1921 (239), 10. Jan. 1923 (21), 27. April 1923 (353);

in Bayern vor allem die Bek. der Staatsministerien der Justiz und der Finanzen vom 5. März 1922 (JMBl. S. 67—118).

Bedingte Strafaussetzung, insbesondere bei erstmaliger Verurteilung Jugendlicher zu Freiheitsstrafen, geknüpft an die Bedingung guter Führung: also zunächst nur Strafaussetzung mit Aussicht auf Begnadigung bei guter Führung. Diese Strafaussetzung ist in den deutschen Einzelstaaten während der letzten drei Jahrzehnte als Einzelgnadenerweisung (bedingte Begnadigung) eingeführt worden. Die Gewährung lag ausschließlich in den Händen der Justizverwaltung: administrative Strafaussetzung. Die Regierungen der deutschen Einzelstaaten vereinbarten 1903 Grundsätze für die Ausübung der bedingten Begnadigung. Seit 1919 (zuerst in Bayern durch Bekanntmachung vom 11. Juli 1919) wurde die Handhabung als Verwaltungsakt im materiellen Sinn dem erkennenden Gericht übertragen („Bewilligung von Bewährungsfristen, deren Verlängerung oder Abkürzung, der Widerruf der Bewilligung und der Erlaß der Strafe im Falle guter Führung während der Bewährungsfrist"); richterliche Strafaussetzung.

Vgl. jetzt die preuß. Allgemeinen Verfügungen vom 19. Okt. 1920, 15. und 29. Juni 1921; die bayer. Bekanntmachung vom 5. März 1922; die Hamburgische Verordnung vom 24. Nov. 1924; das thüringische Gesetz über die Ausübung des Begnadigungsrechts durch Gerichte und Strafvollstreckungsbehörden vom 27. Jan. 1923 (Gesetzsammlung für Thüringen S. 59).

In allen Ländern, welche die bedingte Strafaussetzung als administrative oder richterliche Strafaussetzung eingeführt haben, bedeutet sie eine Gnadenerweisung („bedingte Begnadigung") und stellt sich sohin als eine auf dem Gnadenrechte der Länder beruhende Verwaltungseinrichtung dar.

Demgegenüber werden de lege ferenda 3 Forderungen erhoben:

a) Umwandlung des bisherigen Gnadenakts in einen Rechtsakt,
b) Regelung als materiellen Justizakt durch formelles Gesetz,
c) Einheitliche Normierung von Rechts wegen.

Das Jugendgerichtsgesetz vom 16. Febr. 1923 hat in §§ 10—15 für sein Anwendungsgebiet eine reichsgesetzliche Regelung getroffen.

§ 10: „Das Gericht kann die Vollstreckung einer Freiheitsstrafe im Urteil aussetzen, damit der Verurteilte sich durch gute Führung während einer Probezeit Straferlaß verdienen kann. Dies soll insbesondere dann geschehen, wenn der sofortige Strafvollzug eine Erziehungsmaßregel gefährden würde.

Wird die Vollstreckung der Strafe nicht ausgesetzt, so müssen die Urteilsgründe sich darüber aussprechen, ob die Strafe vollstreckt oder die Entscheidung über die Aussetzung vorbehalten werden soll."

§ 15: Nach Ablauf der Probezeit wird die Strafe erlassen, wenn sich der Verurteilte bewährt hat.

Hat der Verurteilte sich nicht bewährt, so wird die Vollstreckung der Strafe angeordnet."

Damit ist die früher nur im Verwaltungsweg mögliche Strafaussetzung nunmehr bezüglich der Jugendlichen zu einer Rechtseinrichtung geworden. Eine allgemeine gesetzliche Regelung enthält der RTEntw. in §§ 40 ff.

Dadurch wird die Ausübung des Gnadenrechts der Länder nicht ausgeschlossen, wohl aber auf Ausnahmefälle beschränkt, während die bedingte Strafaussetzung als regelmäßige Rechtseinrichtung der Gnadenpraxis der Justizverwaltung entzogen wird.

Von der bedingten Strafaussetzung ist wohl zu unterscheiden:

aa) die sog. bedingte oder vorläufige Entlassung (§§ 23—26 StGB) nach Verbüßung eines Teiles der Strafe und guter Führung. Diese Einrichtung beruht auf ganz anderen Gedankengängen (fällt in den Rahmen des sog. Progressiv-Systems bei Vollstreckung längerer Freiheitsstrafen) und verfolgt einen ganz anderen Zweck (nicht Fernhaltung von der Strafanstalt, sondern allmähliche Wiedereinführung in die Freiheit),

bb) der sog. Strafaufschub: Aussetzung der Vollstreckung einer Freiheitsstrafe nach §§ 455, 456 StPO aus besonderen Gründen (z. B. Krankheiten): der Strafaufschub betrifft nicht das Ob, sondern nur das Wann der Strafvollstreckung; er macht die Strafvollstreckung nicht etwa von schlechter Führung während einer Probezeit abhängig; der Antritt der Freiheitsstrafe ist nicht bedingt, sondern nur befristet.

cc) Die sog. bedingte Verurteilung des englischen und amerikanischen Rechts: hier wird nicht nur der Strafvollzug bedingt ausgesetzt, sondern schon die Entscheidung über die Strafhöhe (ev. sogar über den Schuldspruch). Der Täter bleibt also während der Probezeit in Ungewißheit über den Inhalt des bei Nichtbewährung zu erwartenden Strafurteils. Die Bewertung des begangenen Rechtsbruches bleibt ebenfalls zunächst ungewiß. Wenn es zur Bestrafung kommt, erscheint in erster Linie die schlechte Führung als Strafgrund und als Grundlage des Strafmaßes.

dd) Der sog. bedingte Straferlaß des RTEntw. §§ 40 ff.; hier wird der Strafvollzug nicht nur bedingt ausgesetzt, während die endgültige Entscheidung über die Erlassung der Strafe noch aussteht (vgl. z. B. § 15 JugendgerGes.). Die Strafe wird vielmehr gleich bei der Verurteilung unter der Bedingung guter Führung erlassen: es genügt sohin der negative Umstand, daß die Vergünstigung nicht widerrufen wird. Eine Entscheidung nach Ablauf der Probezeit entfällt also. (§ 45 RTEntw.)

b) Die Amnestie.

Diese ist verfassungsmäßig der formellen Gesetzgebung vorbehalten; so nach RV Art. 49 Abs. 2; preuß. Verf. Art. 54 Abs. 3; bayer. Verf. § 51 Abs. 1 (vgl. z. B. Reichsgesetze vom 8. Mai 1920, 4. August 1920, 21. Juli 1922, 17. August 1925).

2. Abolition.

Das Abolitionsrecht ist in den meisten Staaten durch die Verfassung beseitigt und beschränkt (neue preuß. Verf. Art. 54 Abs. 3: Abolition nur durch Gesetz). Abolition wird vielfach gleichzeitig mit Amnestie angeordnet (vgl. z. B. Reichsgesetz vom 17. August 1925, RGBl I, 313, § 2).

Ein Anwendungsfall der Begnadigung liegt auch vor bei der sog. Rehabilitation (sc. judiciaire); d. i. die nach Strafverbüßung erfolgende Wiedereinsetzung in die bürgerlichen Ehrenrechte und Löschung des Strafvermerks im Strafregister.

Das StGB selbst kennt die Rehabilitation als gesetzliches Institut nicht (wohl aber die Entwürfe); sie erfolgte daher im Gnadenwege (vgl. den Bundesratsbeschluß vom 17. April 1913, Zentralblatt f. d. Deutsche Reich 1913 Nr. 22); der Gedanke hat jedoch in dem Reichsgesetz „über beschränkte Auskunft aus dem Strafregister und die Tilgung von Strafvermerken" vom 9. April 1920 (RGBl S. 507) wenigstens teilweise eine praktische Verwirklichung erfahren; vgl. hiezu auch die Strafregisterverordnung in der Fassung der Bekanntmachung vom 8. März 1926 (RGBl 1926 I 157). Die Tilgung beseitigt insbesondere auch die Rückfallwirkung.

Das Problem der Wiedereinsetzung in verlorene Ehrenrechte hat dagegen bis heute auch außerhalb des StGB noch keine gesetzliche Lösung gefunden; vgl. hiezu Gegenentwurf von 1911 §§ 110ff.

Näheres über die Rehabilitation s. bei Liszt-Schmidt, Lehrbuch S. 296 bis 305. Vgl. ferner insbes. Delaquis, Die Rehabilitation Verurteilter (1906) und die Rehabilitation im Strafrecht (1907) sowie die Materialien bei Delaquis-Polec.

III. Strafvollziehung:

1. Die inländische Strafvollziehung stellt immer einen Strafaufhebungsgrund dar (Ausnahme § 37).

2. Die ausländische dagegen nur im Fall des § 4, Nr. 3 nach § 5 des Strafgesetzbuchs.

IV. Freiwilliger Rücktritt vom nicht beendigten Versuch, § 46 Nr. 1 (vgl. § 16 VI des Grundr.), ist persönlicher Strafausschließungsgrund.

V. Tätige Reue:

1. beim beendigten Versuch: § 46 Nr. 2 (vgl. § 16 VI des Grundr.);

2. beim vollendeten Delikt:

Tätige Reue nach vollendetem Delikt ist kein allgemeiner Strafaufhebungsgrund; sie bewirkt nur bei einzelnen Delikten Tilgung des Strafanspruchs, nämlich bei folgenden:

a) Fahrlässiger Falscheid, § 163 Abs. II,

b) Herausforderung zum Zweikampf und Annahme einer solchen, § 204,

c) Kartelltragen, §§ 204, 209,

d) Brandstiftung, § 310,

e) einzelne Steuerdelikte, § 374 Reichsabgabenordnung.

Ein neuer Fall der tätigen Reue ist durch das Republikschutzgesetz vom 21. Juli 1922 als § 49b in das StGB. eingefügt worden. Nach § 49b Abs. 1 macht sich derjenige strafbar, der mit einem anderen einen Mord verabredet (sog. Mordkomplott); er bleibt jedoch nach § 49b Abs. 2 straffrei, wenn er nach der Verabredung in tätiger Reue der bedrohten Person oder der Behörde von der Verabredung Kenntnis gibt, bevor der Mord begangen oder versucht worden ist (vgl. unten § 17 E 2); ferner ist zu vgl. § 3 des Republikschutzgesetzes.

VI. Kompensation. Bei der Retorsion, d. h. sofortigen Erwiderung von Beleidigungen und leichten Körperverletzungen, §§ 199, 233; jedoch handelt es sich nur in einem Teil der in den beiden Paragraphen erwähnten Fälle um totale Strafaufhebung durch Kompensation.

§ 14. Zusammenfassender Rückblick auf die Voraussetzungen der Strafbarkeit.

Nach den bisherigen Darlegungen können folgende Gründe die Strafbarkeit des Täters im Einzelfall ausschließen:

I. Es liegt überhaupt kein Verbrechen (= strafbare Handlung) vor.

1. weil keine Handlung gegeben ist.

   Beispiel: A stößt den B in das Schaufenster eines Ladens; B handelt nicht, da die Körperbewegung nicht auf seinen Willen beruht.

2. weil die Handlung keinen Tatbestand verwirklicht.

   Beispiel: Der Schneider A geht mit dem ihm zur Umarbeitung übergebenen Pelzmantel des B am Sonntag spazieren; furtum usus ist nicht strafbar.

3. weil die tatbestandsmäßige Handlung ausnahmsweise durch einen Rechtfertigungsgrund gedeckt ist.

   Beispiel: A tötet den B (Tatbestand des § 211); aber er handelt in Notwehr (§ 53).

4. weil die objektiv tatbestandsmäßige und rechtswidrige Handlung subjektiv nicht verschuldet ist.

   Beispiel: Der Geisteskranke A ohrfeigt den Nervenarzt B.

5. weil die tatbestandsmäßige rechtswidrige schuldhafte Handlung nicht unter eine passende Strafdrohung fällt.

   Beispiel: Der Sonntagsreiter A reitet das ihm von B geliehene Pferd zu Tode; aber er hat vom Reiten keine Ahnung. Die Handlung fällt unter den Tatbestand der Beschädigung einer fremden Sache (§ 303). Sie ist durch keinen Rechtfertigungsgrund ihrer Rechtswidrigkeit entkleidet, zweifellos auch schuldhaft begangen, aber nicht vorsätzlich, sondern nur fahrlässig; und fahrlässige Sachbeschädigung ist nicht strafbar.

6. weil die Handlung zwar den allgemeinen Verbrechenserfordernissen genügt, weil aber die Strafdrohung vom Gesetz außerdem noch an eine besondere außerhalb der Handlung liegende Bedingung geknüpft wird, die im konkreten Fall nicht erfüllt ist.

   Beispiel: Der Bauernbursche A hat sich in rechtswidriger und schuldhafter Weise an einem Raufhandel beteiligt und so den Tatbestand des § 227 verwirklicht; die Handlung ist vollendet; aber es ist bei dem Raufhandel niemand getötet oder schwer verletzt worden.

II. Der Täter hat zwar ein Verbrechen (= strafbare Handlung) begangen, aber die Strafbarkeit ist nachträglich weggefallen (Strafaufhebungsgrund).

   Beispiel: A führt einen Demonstrationszug in den befriedeten Bannkreis eines Landtags (Ges. vom 8. Mai 1920 RGBl S. 909), aber er fällt unter einen Amnestieerlaß.

III. Der Täter hat ein Verbrechen begangen, dessen Strafbarkeit nicht erloschen ist, aber er bleibt für seine Person straffrei (persönlicher Straffreiheitsgrund).

Beispiel: Auf den Rat seines Freundes B nimmt A, um seine Spielschulden bezahlen zu können, die goldene Uhr seines Sohnes, die dieser kürzlich von einem Verwandten geerbt hatte, und verkauft sie an einen Schieber. Die Handlung ist tatbestandsmäßig („Wegnahme einer fremden beweglichen Sache"), rechtswidrig und schuldhaft begangen: sie ist also ein Vergehen; B wird daher auch wegen Anstiftung zu diesem Vergehen tatsächlich bestraft. A bleibt jedoch auf Grund des § 247 Abs. 2 straffrei.

Zu den persönlichen Straffreiheitsgründen gehören auch die sog. höchstpersönlichen Strafaufhebungsgründe.

Beispiel: Tätige Reue, vgl. unten § 16 VI 4 d. Grundr.

§ 15. Erscheinungsformen.

Die Erscheinungsformen des Verbrechens sind allgemeine Nebenformen (Modifikationen) des gesetzlichen Tatbestandes. Sie bewirken entweder eine Ausdehnung der Strafdrohung auf solche Fälle, in denen der gesetzliche Tatbestand nicht voll verwirklicht ist, oder eine Veränderung der Strafbarkeit in solchen Fällen, in denen ein gesetzlicher Tatbestand an sich erfüllt und daher eine Strafdrohung anwendbar ist; nicht dagegen eine veränderte Qualifikation der Tat unter dem Gesichtspunkt der Trichotomie (auch der Mordversuch ist ein Verbrechen, § 211 und § 1 StGB). In dem Begriff der Erscheinungsform ist die gemeinsame Grundlage und der Sinn für die in den folgenden Paragraphen des Grundrisses entwickelte Lehre von Versuch und Teilnahme gegeben.

Die Erscheinungsformen wirken entweder strafbegründend oder strafändernd.

1. Strafbarkeitsbegründende Erscheinungsformen (Strafausdehnungsgründe).

   a) Begriff: Unter diesem Begriff werden allgemeine Erweiterungen der besonderen gesetzlichen Tatbestände zusammengefaßt, durch welche auch solche Handlungen unter Strafe gestellt werden, bei denen das Verbrechenserfordernis der Tatbestandsmäßigkeit nicht voll verwirklicht ist. In diesen Fällen ist also der gesetzliche Tatbestand, wie er im Besonderen Teil des Strafgesetzbuchs formuliert ist, durch die konkreten Tatumstände nicht restlos erfüllt. Würden daher besondere Bestimmungen fehlen, so müßte wegen Mangels am Tatbestand Freisprechung erfolgen. Nach dem Willen des Gesetzgebers soll jedoch in gewissen Fällen auch dann Strafe eintreten, wenn der Täter den Tatbestand zwar nicht selbst voll verwirklicht hat, aber entweder mit der Ausführung begonnen (ein Teilstück der gesamten Ausführungshandlung vorgenommen) hat oder bei der Ausführung des gesetzlichen Tatbestandes durch einen anderen mitgewirkt hat. Der „Strafausdehnungsgrund" (M. E. Mayer) bewirkt also, daß die Strafbarkeit auf das Vorliegen einer bloß modifizierten Tatbestandsmäßigkeit ausgedehnt wird.

b) Anwendungsfälle: Versuch und Teilnahme (Anstiftung und Beihilfe); auch Versuch und Teilnahme sind „strafbare Handlungen".

2. Strafändernde Erscheinungsformen.

a) Begriff: Diese Art von Erscheinungsformen berührt nicht das Ob, sondern nur das Maß der Strafe; der Tatbestand ist voll verwirklicht, es würde also ohne weiteres die jeweils daran geknüpfte Strafdrohung Platz greifen; die Besonderheit liegt bei den strafändernden Erscheinungsformen nun darin, daß die zunächst im Besonderen Teil des Strafgesetzbuches für das einzelne Delikt aufgestellte Strafdrohung durch eine allgemeine Bestimmung ersetzt wird: An Stelle der ursprünglichen Strafdrohung tritt eine schärfere oder mildere gesetzliche Strafdrohung. Durch eine derartige Vertauschung der Strafdrohungen wird somit eine Straferhöhung (Qualifikation) oder Strafminderung (Privilegierung) herbeigeführt.

b) Anwendungsfälle: Jugendgerichtsgesetz vom 16. Febr. 1923 (RGBl 1923 Teil I, S. 135 ff.) § 9 (an Stelle des aufgehobenen § 57 StGB): ersetzt die nach dem Besonderen Teil für die einzelnen Delikte aufgestellten Strafdrohungen, wenn die darin mit Strafe bedrohten Handlungen von einem Jugendlichen begangen sind (s. oben S. 41). — Vgl. ferner MStGB. § 55.

§ 16. Der Versuch.

Vollendung ist die Verwirklichung sämtlicher Tatbestandsmerkmale. Versuch ist die teilweise Verwirklichung des Tatbestandes (vgl. o. § 15, 1).

I. Merkmale.

Nach § 43 gehören zum strafbaren Versuch folgende Merkmale:

1. Entschluß, ein Verbrechen oder Vergehen zu verüben;
2. Betätigung dieses Entschlusses durch Handlungen;
3. diese Handlungen müssen objektiv einen Anfang der Ausführung des beabsichtigten Verbrechens oder Vergehens enthalten;
4. das beabsichtigte Verbrechen oder Vergehen darf nicht vollendet sein.

zu 1. Entschluß hier = Vorsatz: dolus eventualis genügt; es gibt also keinen strafbaren Versuch einer fahrlässigen Handlung; auch keinen fahrlässigen Versuch einer vorsätzlichen Handlung. Ebenso beim Versuchsbegriff des RTEntw. Das Erfordernis des Entschlusses betrifft das subjektive Merkmal des Versuchsbegriffes.

zu 2. Handlung = bewußte körperliche Tätigkeit oder Unterlassung (sowohl bei echten wie bei unechten Unterlassungsdelikten).

zu 3. „Anfang der Ausführung" (aus dem code pénal: commencement d'execution) bedeutet 1. im Gegensatz zum Entschluß das objektive Merkmal des Versuchs und bestimmt 2. den

Zeitpunkt, in dem die Tätigkeit als „Ausführungshandlung" strafrechtliche Bedeutung gewinnt im Gegensatz zur bloßen „Vorbereitungshandlung".

Ausführungshandlung ist die durch den Tatbestand des Strafgesetzes bezeichnete Handlung; bei mehreren solchen Handlungen (z. B. § 268) eine von ihnen.

Es genügt also **nicht**, daß die feste Absicht oder der bestimmte Entschluß, ein Delikt zu begehen, auf irgend eine Weise unzweideutig erkennbar geworden ist (etwa durch Herbeischaffen der nötigen Mittel und Werkzeuge).

Beispiel: A ist entschlossen, den B zu töten. Er hat eine Waffe gekauft, ist bereits bis zu der Stelle gegangen, wo er B erwartet; noch kein strafbarer Versuch des Mords.

C hat das Haus, das er in Brand setzen will, bereits an einer Stelle mit Petroleum begossen: ebenfalls nur **Vorbereitungshandlung** der Brandstiftung.

Vielmehr muß der Täter mit der eigentlichen Handlung des Tatbestands (Töten, Fälschen der Urkunde, Wegnehmen usw.) begonnen haben. Es ist also immer der Wortlaut des gesetzlichen Tatbestandes genau zu beachten und die Merkmale des § 43 sind damit in Zusammenhang zu bringen.

Beispiel: A hat das Gewehr auf den gegenüberstehenden B bereits angelegt, er zielt oder drückt schon ab. — Der Brandstifter steckt das Streichholz an, um es an das Haus zu werfen. — Der Dieb stellt die Leiter ans Haus, um einzusteigen (§ 243 Nr. 2). — Der Meineidige hat bereits mit dem Nachsprechen der Eidesformel begonnen.

Die genaue Abgrenzung zwischen Vorbereitungshandlung und Beginn der Ausführung kann nur im einzelnen Falle festgestellt werden und ist oft schwierig. (So liegt z. B. Anfang der Handlung nach § 171, Bigamie, nicht schon dann vor, wenn der Täter mit der neuen Verlobten zum Standesamt geht, sondern frühestens dann, wenn der Standesbeamte an ihn die Frage richtet, ob er die Ehe eingehen wolle (RG 9 S. 84/5). Entscheidend ist in jedem Falle die Formulierung des Tatbestandes im Besonderen Teil: Man hat z. B. zu fragen: Hat der Täter im vorliegenden Fall bereits mit dem „Wegnehmen", „Töten" usw. angefangen? (Anfang der Ausführung eines bestimmten Verbrechens oder Vergehens des Besonderen Teils.) Vgl. über den Begriff der Ausführungshandlung auch die grundsätzlichen Darlegungen in § 1 IV des Grundr.

Der RTEntw. folgt im Gegensatz zum geltenden Recht auch hier der subjektiven Theorie. Vgl. die Ausführungen unter III am Ende.

zu 4. Das Delikt darf noch nicht vollendet sein, d. h. es darf entweder die Tätigkeit selbst noch nicht abgeschlossen oder der Erfolg noch nicht eingetreten sein. Liegt vollendetes Delikt vor, so kann nicht mehr Bestrafung wegen Versuchs dieses Delikts eintreten (Subsidiarität der Versuchsstrafdrohung).

Beispiel: A schießt mit Tötungsvorsatz auf B; das Gewehr versagt: versuchte Tötung. Jetzt kehrt A das Gewehr um und tötet B durch Kolbenschlag: vollendetes Tötungsdelikt. Hier wird nur wegen des vollendeten Delikts bestraft.

II. Abgrenzung des Begriffes.

Aus den erwähnten Begriffsmerkmalen (I) ergibt sich der strafrechtliche Begriff des Versuches im eigentlichen technischen Sinn. Fehlt eines dieser Merkmale, so liegt ein Versuch im eigentlichen Sinn nicht vor. Immerhin wird auch heute noch der Begriff des Versuches bei verschiedenen Fällen in einem erweiterten Sinn verwendet, namentlich bei der Darstellung des sogenannten absolut untauglichen Versuchs.

III. Mangel am Tatbestand.

Versuch liegt nach der Praxis des Reichsgerichts auch beim sogenannten Mangel am Tatbestand vor.

Mangel am Tatbestand im allgemeinen Sinn bedeutet Fehlen irgend eines Tatumstandes im konkreten Verbrechensfalle, der zu dem vom Gesetz formulierten Tatbestand gehören würde. Bei Zugrundelegung dieses Begriffes stellt sich der Versuch immer als ein Unterfall des Mangels am Tatbestand dar, der vom Gesetz auf Grund von § 43 unter Strafe gestellt wird (vgl. oben § 15, 1).

In einem engeren Sinne spricht man vom Mangel am Tatbestand dann, wenn ein Tatbestandsmerkmal, das der Täter als gegenwärtig vorliegend erachtet, fehlt.

Beispiele: A nimmt eine Sache fort, die er für eine fremde hält, die aber in Wahrheit seine eigene ist: nach RG versuchter Diebstahl (§ 242). Oder: Die B tötet ihr Kind, das sie für ein eheliches hält, gleich nach der Geburt, in Wirklichkeit aber ist das Kind ein uneheliches (§ 217). Oder: Der Täter beschwört eine Aussage, von der er annimmt, daß sie falsch sei, die jedoch der Wahrheit entspricht (§ 153). Ferner Mordversuch an einer Leiche, namentlich Kindsmordversuch an einem totgeborenen Kinde.

In all diesen Fällen fehlt irgend ein Tatbestandsmerkmal, so daß auf keinen Fall von einem vollendeten Delikt gesprochen werden kann. Für die Frage, ob strafbarer Versuch vorliegt, ist es nach den Begriffserfordernissen des § 43 entscheidend, ob eine Ausführungshandlung objektiv vorliegt oder nicht. Eine Ausführungshandlung kann deshalb fehlen, weil im Einzelfall überhaupt das Objekt einer strafbaren Handlung fehlt („objektloser Versuch"; vgl. van Calker, Ethische Werte, S. 33). Da beim Fehlen des Objekts eine Ausführungshandlung überhaupt nicht möglich ist, so kann auch keine teilweise Verwirklichung des Tatbestandes (Versuch) vorliegen. Auch hier zeigt sich übrigens, wie wichtig es ist, bei der Beurteilung des Versuchs die Formulierung des gesetzlichen Tatbestandes genau ins Auge zu fassen.

Der Umstand, daß der Täter irrtümlich ein nicht wirklich vorliegendes Verbrechensmerkmal als gegeben annimmt, kann die Strafbarkeit nicht begründen (Frank, Allfeld, Graf Dohna): cogitationis poenam nemo patitur! Richtiger Ansicht nach liegt also im Gegensatz zu der Auffassung des Reichsgerichts in solchen Fällen keine strafbare Handlung vor. Maßgebend ist dabei, daß der Irrtum des Täters sich auf etwas bezieht, was er wissen (Gegensatz: durch seine kausale Tätigkeit herbeiführen) muß. Das Alter des verführten Mädchens (§ 182), z. B., oder seine Eigenschaft als Beamter weiß der Täter als einen im Zeitpunkt der Tat gegenwärtig vorliegenden Tatumstand, den Erfolg dagegen, der im Zeitpunkt der Willensbetätigung erst zukünftig ist, will er; bezieht sich der Irrtum des Täters auf diese künftigen Umstände, so liegt Versuch vor.

Im Gegensatz zum geltenden Recht fordert der RTEntw. § 26 nicht objektives Gegebensein einer Ausführungshandlung; er läßt vielmehr auch Handlungen als Versuch gelten, die nur nach dem Sachverhalt, den der Täter sich vorstellt, den Anfang einer Tatbestandsverwirklichung bilden würden. Demnach wäre der äußere Mangel am Tatbestand stets durch die subjektive Vorstellung des Täters ersetzbar. Es würde also trotz eines derartigen Mangels am Tatbestand jede Handlung strafbar sein, wenn der Täter sich nur das einem strafgesetzlichen Tatbestande Entsprechende vorstellt; wo hier die Grenze liegen soll gegenüber einer Handlung, die objektiv überhaupt nicht in Beziehung zu einem gesetzlichen Tatbestande steht, die nicht einmal rechtswidrig ist, ist unerfindlich. Obwohl Beling (in seiner „Methodik der Strafgesetzgebung") u. a. eindringlich auf diese Folgen hingewiesen haben, schweigt sich auch der RTEntw. darüber aus mit der Begründung (S. 25), daß der RTEntw. diese Fragen für noch nicht ausreichend geklärt hält. Damit ist die vornehmste Aufgabe des Gesetzgebers verkannt, Klarheit zu schaffen. Der Gesetzgeber darf grundsätzlich keine Frage der Wissenschaft zur Entscheidung überlassen, bei der die Wissenschaft doch nur feststellen kann, was der Gesetzgeber gewollt haben mag. Der Gesetzgeber, nicht die Wissenschaft muß feststellen, was Recht sein soll.

Praktisch können unerfreuliche Konsequenzen, die sich aus dem § 26 RTEntw. ergeben, dadurch beseitigt werden, daß der Richter „in besonders leichten Fällen" nicht strafwürdige Fälle straffrei lassen kann.

IV. Der sog. untaugliche Versuch.

1. Begriff des untauglichen Versuchs.

Untauglich wird der Versuch dann genannt, wenn die vom Täter begangene Handlung nicht geeignet war, den tatbestandsmäßigen Erfolg herbeizuführen. Die Untauglichkeit kann ihren Grund im Mittel haben,

Beispiel: A gibt in Tötungsabsicht dem B Natron statt Gift: untaugliches Mittel,

oder im Objekt.

Beispiel: A gibt einen Schuß auf den gegenüberliegenden B ab; B war aber schon kurz vorher gestorben: also Mordversuch an einer Leiche.

Beim untauglichen Objekt ist der Sonderfall hervorzuheben, daß das Objekt nicht nur qualitativ untauglich ist, sondern, daß überhaupt kein Objekt für das einzelne Delikt vorhanden ist: sog. objektloser Versuch. Vgl. oben unter III. und vorstehendes Beispiel.

Ferner wird zwischen absoluter und relativer Tauglichkeit unterschieden, und zwar ist beim absolut untauglichen Versuch der Eintritt des Erfolges im allgemeinen immer ausgeschlossen, während beim relativ untauglichen Versuch nur im konkreten Falle (etwa infolge falscher Anwendung eines an sich geeigneten Mittels) der Erfolg nicht eingetreten ist.

Beispiele:

1. Eine schwangere Frau will ihre Leibesfrucht mit einem harmlosen gefärbten Wasser abtreiben, das sie für ein Abtreibungsmittel hält: Versuch mit absolut untauglichem Mittel § 218 (jetzt in Neufassung vom 18. Mai 1926, RGBl. I, 239).
2. eine nur vermeintlich schwangere Frau nimmt ein wirksames Abtreibungsmittel: Versuch am absolut untauglichen Objekt;
3. die nur vermeintlich schwangere Frau will mit einem harmlosen, gefärbten Wasser die Frucht abtreiben: Versuch mit absolut untauglichem Mittel am absolut untauglichen Objekt;
4. A gibt dem B, um ihn zu vergiften, eine Dosis Gift, nimmt aber zu wenig, so daß B nicht davon stirbt: Versuch mit relativ untauglichem Mittel.
5. A gibt dem B Gift; B ist zufällig gegen dieses Gift immun: Versuch am relativ untauglichen Objekt.

2. Strafbarkeit des untauglichen Versuchs.

a) Die subjektive Theorie bestraft den untauglichen Versuch (gleichgültig, ob absolute oder relative Tauglichkeit vorliegt), immer, da hier stets eine Betätigung des verbrecherischen Willens vorliege. (So die Praxis des Reichsgerichts; v. Buri; nach der Praxis des RG. liegt demnach in allen 5 Beispielen strafbarer Versuch vor.)

b) Nach der objektiven Theorie (die in der Literatur überwiegt) liegt ein strafbarer Versuch dann nicht vor, wenn das geschützte Rechtsgut nicht gefährdet war. Der absolut untaugliche Versuch ist nach dieser Auffassung nicht strafbar. (Beispiel 1—3 nicht strafbar; 4 und 5 strafbar.) Die objektive Theorie kann gegenüber der subjektiven geltend machen, daß beim absolut untauglichen Versuch überhaupt keine Ausführungshandlung (Begriffserfordernis nach § 43; vgl. oben I 3) vorliege (eine nicht schwangere Frau kann nicht den Anfang der Ausführung einer Abtreibung machen); ferner führt die subjektive Theorie wenigstens bei ihrer Anwendung auf das geltende Strafrecht zu der absurden Konsequenz einer Bestrafung des Versuchs mit abergläubischen Mitteln (z. B. A will dem B durch Totbeten das Leben nehmen). Das RG. hält trotz seiner subjektiven Theorie den abergläubischen Versuch nicht für strafbar, mit der allerdings bedenklichen Begründung, hier liege keine reale Wirkung und überhaupt kein Mittel vor, weder ein taugliches noch ein untaugliches (RG. 33 S. 321). Schwierigkeiten ergeben sich für die objektive Theorie durch die Unsicherheit der Begriffe absolute und relative Untauglichkeit, z. B. dann, wenn es sich um einen Angriff auf ein Objekt handelt, das zwar existiert und ein generell geeignetes Angriffsobjekt bildet, sich aber nicht an der Stelle befindet, wo der Täter es vermutete. Trotzdem ist der objektiven Theorie der Vorzug zu geben.

1. Beispiel: A gibt im Schlafzimmer des B einen Schuß auf das Kopfende des Bettes von B ab, wo er den B vermutet, B ist aber nicht im Bett, oder er ist in einem andern Zimmer, oder überhaupt nicht im Haus, oder nicht in der Stadt.

2. Beispiel: Der Taschendieb greift in eine leere Tasche.

In beiden Fällen kann auch von der objektiven Theorie strafbarer Versuch angenommen werden; denn es handelt sich hier nicht nur um die Bekundung eines verbrecherischen Willens, sondern auch um eine Handlung, die sich ihrer generellen Bedeutung und ihrem Sinngehalt nach als Ausführungshandlung charakterisiert (vgl. oben § 1 IV).

c) Die sog. vermittelnden Theorien suchen die Gesichtspunkte der subjektiven und der objektiven Theorie zu vereinigen. So geht z. B. v. Liszt von der objektiven Gefährlichkeit aus, beurteilt diese aber nach der subjektiven Vorstellung des Täters und stellt danach die Frage nach der Gefährlichkeit (nachträgliche Prognose). Frank dagegen geht von der subjektiven Theorie aus, schränkt sie aber dadurch ein, daß er beim Mangel am Tatbestand (trotz subjektiv vorgestellter Tatbestandsverwirklichung) keine strafbare Handlung annimmt und außerdem (nach dem Vorgang von Finger) unterscheidet, ob der Täter sich über eine tatsächliche Wesenseigenschaft oder über die Gesetze des Geschehens irrte (ontologischer — nomologischer Irrtum):

Beispiel: A nimmt statt des Giftes irrtümlich Natron: ontologischer Irrtum — strafbarer Versuch;

A hält Natron für Gift; nomologischer Irrtum — strafloser Versuch (ebenso die Fälle des sog. abergläubischen Versuchs).

d) Das Gesamtbild der Lehre vom untauglichen Versuch zeigt, wie leicht auf dem Weg über abstrakte Hilfsbegriffe die gesetzliche Grundlage verloren geht. Für die Entscheidung der Frage nach der Strafbarkeit des absolut untauglichen Versuches muß wie bei der Beurteilung des Versuches überhaupt immer ausschließlich die Formulierung des besonderen Tatbestandes und die gesetzliche Begriffsbestimmung des Versuchs in § 43 in Zusammenhang gebracht werden.

Beispiel: A gibt dem B Natron statt Gift: betätigt hier A den Entschluß B zu töten, durch eine Handlung, welche einen Anfang der Tötung enthält? Darauf ist zu antworten: Zwar betätigt A den Entschluß B zu töten, aber nicht durch eine Handlung, welche sich als Anfang einer Tötung darstellt. Verabreichung von Natron kann niemals zu einer Tötung führen, enthält daher auch keinen Anfang der Ausführung des Tötens. Der absolut untaugliche Versuch bleibt also straflos.

Damit ist noch nichts gesagt über evtl. Sicherheitsmaßnahmen, die der Gesetzgeber gegen einen derartigen gefährlichen Mann, dem Vorschlag Belings folgend, vorsehen könnte.

e) Der RTEntw. entscheidet sich in Anlehnung an die Rechtsprechung des RG für die grundsätzliche Strafbarkeit des untauglichen Versuchs (RTEntw. § 26 III), sucht jedoch den sich aus der subjektiven Versuchstheorie ergebenden Härten dadurch zu begegnen, daß er dem

Gericht das Recht der Strafmilderung nach freiem Ermessen einräumt, außerdem „in besonders leichten Fällen" die Befugnis von Strafe ganz abzusehen.

Voraussetzung ist für diese Strafmilderung stets, daß der Versuch „schon wegen der Art des vom Täter ausersehenen Mittels oder Gegenstandes überhaupt nicht zur Vollendung führen konnte."

Für die versuchte Abtreibung läßt der RTEntw. diese Einschränkung fallen. (§ 253 Abs. 3 S. 2 RTEntw.)

V. Bestrafung des Versuchs.

1. Der Versuch eines **Verbrechens** ist immer, der eines **Vergehens** nur in den vom Gesetz vorgesehenen Fällen (z. B. §§ 240, 303 II, 246 III, 242 II), der einer **Übertretung** niemals strafbar § 43 Abs. 2.

   Ebenso RTEntw. § 26 I und § 379, allerdings mit dem Unterschied, daß der RTEntw. nicht dieselbe Liste von Vergehen aufweist, in denen der Versuch ausdrücklich für strafbar erklärt wird, wie das geltende Recht: Der RTEntw. verzichtet z. B. auf die Strafbarkeit des Versuchs der Sachbeschädigung (§ 326 RTEntw. im Gegensatz zu § 303 RStGB), während er umgekehrt abweichend vom geltenden Recht öfter den Versuch für strafbar erklärt, z. B. in § 108 RTEntw. Wahlfälschung (§ 108 RStGB); § 121 RTEntw. Auswanderungsbetrug (§ 144 RStGB), § 185 I RTEntw. falsche Versicherung an Eides Statt (§ 156 RStGB); § 195 RTEntw. Parteiverrat (§ 356 I RStGB); §§ 218, 219 Wertzeichenfälschung (§§ 275, 276 RStGB); § 247 RTEntw. Tötung auf Verlangen (§ 216 RStGB); § 275 RTEntw. Freiheitsberaubung (§ 239 RStGB). (Vgl. die Zusammenstellung in der Begründung S. 24.)

2. Der Versuch eines Delikts wird milder bestraft als die Vollendung § 44:

   An Stelle der Todes- oder lebenslänglicher Zuchthausstrafe (z. B. § 88) tritt Zuchthaus von 3—15 Jahren (daneben Polizeiaufsicht zulässig), an Stelle lebenslänglicher Festungshaft solche von 3—15 Jahren, im übrigen kann die Strafe bis auf $\frac{1}{4}$ des Mindestbetrags der Strafe des vollendeten Delikts ermäßigt werden.

   Ist lebenslängliche Zuchthausstrafe **neben** der zeitlichen Zuchthausstrafe angedroht (z. B. §§ 214, 215), so hat der Richter die Wahl zwischen dem Strafrahmen von 3—15 Jahren (der an Stelle der lebenslänglichen Zuchthausstrafe tritt) und dem gemäß § 44 Abs. 4 reduzierten Strafrahmen.

   Auf die beim vollendeten Delikt mögliche Nebenstrafe (z. B. Aberkennung der bürgerlichen Ehrenrechte, Zulässigkeit von Polizeiaufsicht) kann auch beim versuchten Delikt erkannt werden, § 45.

Der Entw. 1925 hatte für den Versuch nur fakultative Strafminderung vorgesehen. Der RTEntw. ist zum Grundsatz des geltenden

Rechts zurückgekehrt und schreibt die Strafmilderung ebenfalls zwingend vor (§ 26 II).

Der Rahmen, auf den die Versuchsstrafe reduziert wird, entspricht im allgemeinen dem geltenden Recht. Bei Delikten, bei denen eine zeitige Freiheitsstrafe angedroht ist, darf nur auf 3/4 des angedrohten Höchstmaßes erkannt werden. § 73 RTEntw.

3. Begeht ein **Jugendlicher** einen strafbaren Versuch, so tritt doppelte Strafherabsetzung ein: zunächst die des Versuchs, dann die nach § 9 des Jugendgerichtsgesetzes.

Beispiel: Ein 17jähriger versucht Brandstiftung nach § 307 Nr. 3 Strafdrohung: Zuchthaus, lebenslänglich oder 10—15 Jahre (§ 14 II StGB).

Hier zunächst Reduktion nach § 44 (und § 19 II) auf 2½ bis 14 Jahre 11 Monate Zuchthaus; dann Reduktion nach JugendgerGes. § 9 III 1 („gesetzlicher Mindestbetrag der anzuwendenden Strafart") und nach § 14 II RStGB auf 1 Jahr bis 7 Jahre 5 Monate 15 Tage (Zuchthaus und nach § 9 III 2 statt Zuchthaus:) Gefängnis.

4. Ausnahmsweise ist für die Versuchshandlung dieselbe Strafe angedroht wie für die vollendete Tat, z. B. in dem jetzt gegenstandslos gewordenen § 80 (Hochverrat), im § 107a Abs. 2 RStGB, im § 117 MStGB.

5. In §§ 81, 82 ist das Wort „**Unternehmen**" gebraucht; es ist dort enger als Versuch und umschließt nur diejenigen Handlungen, die das Delikt unmittelbar zur Ausführung bringen sollen (vgl. RG 56, 174). Die Definition in § 82 gilt nur für das Unternehmen des Hochverrats. In den anderen Fällen, in denen das Wort „Unternehmen" gebraucht ist (z. B. RStGB §§ 105, 114, 159, 357; MStGB §§ 58 Nr. 8, 96, 97, 102, 106, 112b, 116; Gesetz über den Verkehr mit Kraftfahrzeugen vom 3. Mai 1909 [RGBl S. 437] in der Fassung d. Gesetzes vom 21. Juli 1923 [RGBl I, 743] § 22; UWG § 20; Sprengstoffgesetz § 9; Vereinszollgesetz §§ 134/135) bedeutet es eine Erweiterung des Tatbestandes, wobei Versuch und Vollendung unter denselben Tatbestand fallen und gleich bestraft werden (so im wesentlichen RG). Nach anderer Auffassung (Liszt, Allfeld) umfaßt das Wort auch die vorbereitenden Handlungen; diese Theorie ist jedoch mit Rücksicht auf die geschichtliche Entstehung des Begriffes (vgl. hiezu code pénal art. 88) abzulehnen.

Der RTEntw. hat erfreulicherweise den Begriff des „Unternehmens" in keinem Tatbestand verwendet. Er verwendet nur in einzelnen Paragraphen die Formulierung: „Wer einen andern zu bestimmten Straftaten zu verleiten sucht". Für die zahlreichen Nebengesetze ist eine ausdrückliche Klärung dieser Streitfragen durch das Einführungsgesetz zum zukünftigen neuen StGB vorgesehen. Vgl. Begründung S. 5.

6. Ausnahmsweise sind **vorbereitende Handlungen** unter Strafe gestellt in §§ 83—86 (Hochverrat), 151, 201, 49a; Spionagegesetz von 1914 § 5; vgl. z. B. auch die polizeilichen Vorschriften in § 360 Nr. 2—5 und § 1 des Gesetzes zum Schutz der Republik vom 21. Juli 1922 (RGBl Teil I S. 585).

VI. Rücktritt zum Versuch.

1. Es ist zwischen beendigtem und unbeendigtem Versuch zu unterscheiden.

a) Beendigt ist der Versuch dann, wenn der Täter alles getan hat, was von seiner Seite erforderlich war, um den Erfolg herbeizuführen, dieser Erfolg aber noch nicht eingetreten ist. Maßgebend ist dabei für die subjektive Theorie des RG, daß der Täter seiner Vorstellung nach alles Erforderliche getan hat; nach objektiver Auffassung ist die tatsächliche Beendigung entscheidend.

Beispiel: Der Täter hat den beleidigenden Brief zur Post gegeben; oder: er hat die vergiftete Speise seinem Gegner hingestellt.

b) Nicht beendigt ist der Versuch dann, wenn der Täter die Ausführungshandlung, mit der er begonnen hatte, nicht zu Ende führt.

Beispiel: Er hat die Leiter angesetzt, um einzusteigen, nimmt sie aber wieder fort; oder: er läßt die zum Schlag erhobene Hand sinken; oder: die Schwangere, die bereits einige Schlucke des Abtreibungsmittels genommen hat, gibt (etwa wegen des schlechten Geschmacks der Flüssigkeit) ihr Vorhaben auf.

2. Steht der Täter beim nicht beendigten Versuch ab, so liegt Rücktritt vom unbeendigten Versuch vor. Freiwillig ist dieser Rücktritt dann, wenn der Täter nicht durch ein wirkliches oder vermeintliches, von seinem Willen unabhängiges Hindernis zum Rücktritt veranlaßt wurde; die Handlung des Täters darf also hier noch nicht beendigt sein (§ 46 Nr. 1).

1. Beispiel: A, der das Gewehr auf B angelegt hat, glaubt — irrigerweise — ein Geräusch zu hören, er erschrickt und läuft davon: kein freiwilliger Rücktritt.

2. Beispiel: Im vorigen Fall läßt A von seinem Versuch deshalb ab, weil ihm plötzlich einfällt, wie leicht er entdeckt werden könnte; freiwilliger Rücktritt; (moralische Qualität des Motivs ist gleichgültig).

3. Beispiel: A hat eine Frauensperson zur Erde geworfen, um sie zu vergewaltigen; infolge der Erregung tritt bei ihm psychische Impotenz ein, er läßt von der Fortsetzung seines Vorhabens ab; kein freiwilliger Rücktritt.

3. Ist der Versuch beendigt und wendet der Täter durch eigene Tätigkeit den Eintritt des Erfolges ab, so liegt tätige Reue vor (§ 46 Nr. 2).

Beispiel: A veranlaßt die Post, den an B abgesandten beleidigenden Brief nicht zuzustellen; oder: er nimmt das Gift, das er aufgestellt hatte, wieder fort.

4. Die Wirkung des freiwilligen Rücktritts und der tätigen Reue ist, daß der Täter persönlich straflos wird; die Tat selbst bleibt strafbar; Teilnehmer (Mittäter, Anstifter, Gehilfen), die nicht freiwillig zurückgetreten sind oder tätige Reue bewiesen haben, bleiben also strafbar (ebenso das RG 56, 209; nach einer noch aus dem gemeinen Recht stammenden, aber abzulehnenden Ansicht verliert die Tat selbst die Strafbarkeit). Es handelt sich also richtiger Ansicht nach nur um einen höchstpersönlichen Strafaufhebungsgrund.

Die gesetzliche Formulierung („der Versuch als solcher bleibt straflos") ergibt sich in ihrer Bedeutung aus dem doppelten Gegensatz:

a) ein konkurrierendes vollendetes Delikt bleibt strafbar, gleichgültig ob Idealkonkurrenz oder Gesetzeskonkurrenz vorliegt; z. B. ein Tötungsversuch erscheint zugleich als vollendete Körperverletzung. (Man spricht in solchen Fällen von „qualifiziertem Versuch"),

b) bei einem zum delictum sui generis erhobenen Versuchsfall ist strafbefreiender Rücktritt ausgeschlossen;

Beispiel: Der gegenstandslose, aber noch nicht formell aufgehobene § 80 RStGB.

5. Ist der Erfolg eingetreten, das Delikt also vollendet (z. B. der Beleidigte hat die Beleidigung vernommen), so ist tätige Reue grundsätzlich unerheblich. Auch späterer Ausgleich des Schadens macht nicht straflos. Beides kann nur in der Strafzumessung berücksichtigt werden. Tätige Reue bei vollendetem Delikt ist nur in besonderen Fällen Strafaufhebungsgrund (s. darüber oben § 13 A V).

6. In § 46 ist nur vom Täter die Rede; analog muß aber der Strafaufhebungsgrund auch auf Teilnehmer (Anstifter, Gehilfen) ausgedehnt werden, ebenso auf den nach § 139 Anzeigepflichtigen (vgl. oben § 4 V 2).

7. Der RTEntw. unterscheidet ebenfalls zwischen dem Rücktritt vom beendigten und nicht beendigten Versuch. § 27 RTEntw. spricht nicht vom „Täter" allein, sondern gebraucht das Wort „wer". Damit ist klargelegt, daß der Rücktritt als persönlicher Strafaufhebungsgrund nur dem tatsächlich Zurücktretenden zugute kommen soll. Für Mittäter, Anstifter und Gehilfen ist ausdrücklich vorausgesetzt, daß sie die Ausführung verhindern.

Im Gegensatz zum geltenden Recht soll nicht mehr entscheidend sein, ob die Handlung zur Zeit der Abwendung des Erfolges schon entdeckt war oder nicht. Nach dem RTEntw. soll nur ausschlaggebend sein, ob der Täter „aus freien Stücken" gehandelt hat. Maßgebend wird also de lege ferenda, ob der Täter die Entdeckung gewußt hat.

Nach geltendem Recht ist bei untauglichem und fehlgeschlagenem Versuch tätige Reue ausgeschlossen, weil bei ausgebliebenem Erfolg eine Erfolgsabwendung unmöglich ist. Um diese Härte zu mildern, läßt der RTEntw. das ernstliche Bemühen der Erfolgsabwendung des Zurücktretenden als Voraussetzung für die Strafbefreiung genügen.

§ 17. Teilnahme.

A. Allgemeines.

Täter ist derjenige, der die im gesetzlichen Tatbestand bezeichnete Ausführungshandlung vornimmt.

Dies ist bei schlichten Tätigkeitsdelikten (Formaldelikten in diesem Sinn), wer die mit Strafe bedrohte Handlung selbst vornimmt (z. B. in eigener Person den Meineid schwört), bei Erfolgsdelikten, wer zur Herbeiführung des Erfolgs derart tätig wird, daß „seine Handlung mit dem im Tatbestand gebrauchten Ausdruck bezeichnet werden kann, von dem man also, ohne der Sprache Gewalt anzutun, sagen kann, er selbst habe ‚getötet', ‚beschädigt' oder ‚weggenommen'." (So durchaus zutreffend die Formulierung der Begründung zum RTEntw. S. 27.)

Teilnehmer ist derjenige, der dabei bewußt mitwirkt.

Der Sinn der Unterscheidung ist der, daß der Gesetzgeber den Grad der Strafbarkeit gesetzlich abstufen will mit Rücksicht auf die Intensität der Mitwirkung. Dabei ist vom Gesetzgeber entsprechend dem Wesen des Rechts und dem Geist des heutigen Strafrechts der entscheidende Nachdruck auf die objektive Tatseite gelegt (vgl. oben S. 3 und S. 64, 65).

1. Begriff und Bedeutung der Teilnahme.

Die Teilnahme bedeutet Beteiligung mehrerer Personen an ein und derselben strafbaren Handlung; ihre Strafbarkeit beruht auf der Kausalität, d. h. wer nicht eine (durch physische oder psychische Kausalität vermittelte) Bedingung für den tatbestandsmäßigen Erfolg setzt, ist nicht Teilnehmer.

Daraus folgt: eine erst nach dem Eintritt des Erfolges vorgenommene Handlung, z. B. Begünstigung oder Hehlerei (§§ 257, 259) ist nicht Teilnahme. Ebensowenig Mitwissen oder Billigung (ratihabitio), sofern darin nicht eine psychische Mitwirkung liegt (vgl. aber § 139 StGB).

Beispiel: Ein Brief, in dem B dem Täter A Instruktionen für die Ausführung des Verbrechens gibt, erreicht den A erst nach Vollendung des Delikts: keine strafbare Teilnahmehandlung (also auch der Versuch der Teilnahme ist nicht strafbar).

Erfordernis der Teilnahme: bewußtes (vorsätzliches) Zusammenwirken; also Kenntnis der konkreten Tatumstände, die sowohl die Teilnahmehandlung wie die Handlung, an der teilgenommen wird, ausmachen. Daher keine fahrlässige Teilnahme.

2. Arten der Teilnahme.

Das Strafgesetzbuch kennt in seiner ursprünglichen Fassung drei Fälle der echten Teilnahme (Teilnahmeformen): Mittäterschaft (§ 47), Anstiftung (§ 48), Beihilfe (§ 49). Dabei unterscheidet man nun prinzipale und akzessorische Teilnahme (das Nähere s. unter C). Die prinzipale Teilnahme (Mittäterschaft) ist nur eine Form der Täterschaft. Wenn man daher die Teilnahme in einem engeren Sinn der Täterschaft gegenüberstellt, bleiben eigentlich nur zwei Teilnahmeformen als Arten der akzessorischen Teilnahme übrig, nämlich Anstiftung und Beihilfe.

3. Die sogenannte notwendige Teilnahme (unechte Teilnahme).

Einzelne Delikte verlangen ihrem Tatbestand nach ein Vorhandensein mehrerer Personen, z. B. Ehebruch, Aufruhr, Vornahme unzüchtiger Handlungen nach § 174: sog. notwendige Teilnahme. Hier ist nur der mit Strafe bedrohte Beteiligte (z. B. beim Stimmkauf nach § 243 RO nur der Verkäufer, nicht der Käufer) strafbar. Auch ist derjenige, dessen Schutz die Strafandrohung bezweckt, z. B. der Jugendliche im § 174[1], nicht strafbar, auch nicht als Anstifter oder Gehilfe (a. A. mit Unrecht: RG).

Diese notwendige Teilnahme ist nicht Teilnahme im technischen Sinne, sondern sog. unechte Teilnahme (weil, soweit eine Strafe eintritt, Täterschaft vorliegt; auch braucht die außer dem Täter vorhandene Person nicht notwendig eine den Erfolg bedingende Handlung vorzunehmen).

4. Da sowohl der Täter wie der Teilnehmer eine Bedingung für den Erfolg setzt, so fragt es sich, welcher Unterschied zwischen Täterschaft und Teilnahme besteht.

a) Nach der objektiven Theorie liegt der Unterschied in der Verschiedenheit der Wirksamkeit für die Herbeiführung des Erfolges, namentlich wird häufig (z. B. von Birkmeyer) unterschieden: der Täter setzt eine Ursache, der Gehilfe oder Anstifter nur eine Bedingung; ein Gegensatz, der jedoch wegen der Unsicherheit dieser Begriffe (vgl. Grundr. § 7 I 4) unbrauchbar ist. Nach anderer Auffassung kommt es darauf an, daß der Täter die tatbestandsmäßige Handlung vornimmt, der Gehilfe dagegen den Angriff des Täters nur vorbereitet oder fördert.

b) Nach der subjektiven Theorie (RG) ist dagegen das subjektive Interesse und die Willensrichtung des Beteiligten maßgebend; der Täter will die Tat als seine eigene, er handelt animo auctoris; der Teilnehmer dagegen animo socii.

Das RG geht (schon wegen seiner Kausalitätstheorie) von der subjektiven Theorie für die Täterschaft oder Mittäterschaft aus, verlangt aber außer dem animus auctoris Mitwirkung im Augenblick der Ausführung. Welche tatsächliche Wichtigkeit der Mitwirkung zukommt, ist dabei gleichgültig; es genügt irgend ein Verhalten, das der Ausführung dienen soll; unter Umständen bloße Anwesenheit. Auch Wachestehen, Aufpassen u. dgl., das nach der objektiven Theorie nur Beihilfe ist, kann nach der subjektiven Mittäterschaft sein (vgl. unten B III 2).

1. Beispiel: A, B und C wollen gemeinschaftlich den D verprügeln und seine Fenster einwerfen. A und B treffen den D vor seinem Hause und verprügeln ihn; C, der gerade einen Stein gefunden hat, wirft zu gleicher Zeit die Fenster ein. Nach RG liegt sowohl für die Körperverletzung wie die Sachbeschädigung bei A, B und C Mittäterschaft vor (E. 26, 345). Nach der objektiven Theorie haben A und B den D körperlich mißhandelt, C nur seine Sachen beschädigt; soweit die Täter sich durch ihre Anwesenheit gegenseitig gefördert haben, liegt höchstens Beihilfe vor.

2. Beispiel: A, B und C verabreden die Tötung des D. Die Tötung wird dem Plane entsprechend in der Art ausgeführt, daß A dem im Kraftwagen fahrenden D mit einem zweiten Kraftwagen folgt und dann seinen Wagen solange mit der gleichen Geschwindigkeit neben dem Wagen des D fahren läßt, bis die im Rücksitz befindlichen B und A den D durch Revolverschüsse getötet haben. Auch hier wird man die Frage, ob A den D getötet hat, verneinen müssen. A hat weiter nichts getan, als einen Kraftwagen gesteuert und Kraftwagensteuern ist nicht „Töten". Bei ungenauer Fragestellung könnte man zwar auch hier behaupten, daß A, B und C nach einem gemeinschaftlich verabredeten Plan gemeinschaftlich den Tod des D herbeigeführt haben; die genaue Beobachtung der gesetzlichen Begriffsbestimmungen läßt jedoch ein derartiges Resultat als unrichtig erscheinen.

c) Stellungnahme: Bei der Teilnahmelehre ist wie beim Versuch von der gesetzlichen Formulierung des Tatbestandes im Zusammenhang mit der gesetzlichen Festlegung der Teilnahmebegriffe auszugehen. Die Einführung konstruktiver Hilfsbegriffe darf nur zur wissenschaftlichen Erfassung, nicht aber zu selbständigen, im Gesetz nicht zum Ausdruck gebrachten Kriterien führen. In jedem Falle ist zunächst ohne Zwischenschaltung von theoretischen Hilfsbegriffen konkret, z. B. in folgender Weise zu fragen: „Mißhandeln (§ 223) A, B, C gemeinschaftlich den D körperlich?“ Hier kann niemand die Antwort geben: Auch C, der nur die Fenster einwirft, mißhandelt den D körperlich. Durch Hereinziehung erst noch zu bestimmender Hilfsbegriffe wie „Mittäterschaft“ oder „Körperverletzung“ in die Fragestellung gelangt man dagegen vielfach zu falschen Ergebnissen. So, wenn man im obigen Beispiel die Frage abstrakt stellt: Begehen A, B und C in Mittäterschaft eine Körperverletzung und Sachbeschädigung?

Nach dem Gesetz ist das entscheidende Kriterium weder die objektive Wirksamkeit für die Herbeiführung des Erfolges, noch das subjektive Interesse, noch die Willensrichtung der Beteiligten; das Gesetz bezeichnet vielmehr als Kriterium für die Abgrenzung von Beihilfe und Mittäterschaft nur folgende Merkmale:

Mittäterschaft: Gemeinschaftliche Ausführung § 47; in dem Hauptwort Ausführung ist auf die äußere Tatseite hingewiesen; das spricht für die objektive Theorie; für den Begriff des animus auctoris ergibt sich dagegen hierin kein gesetzlicher Anhaltspunkt.

Beihilfe: Wissentliche Hilfeleistung durch Rat oder Tat (der Gehilfe „führt“ nicht „gemeinschaftlich“ mit dem Haupttäter eine strafbare Handlung „aus“, sondern nur der Haupttäter „begeht“ das Verbrechen oder Vergehen). Sowohl der Wortlaut als auch der Sinn des Gesetzes sprechen sohin für die objektive Theorie; die Anwendung der objektiven Theorie ist auch insofern innerlich gerechtfertigt, als einerseits der Teilnehmer die vom Gesetz unter Strafe gestellte Handlung selbst nicht begeht und vielfach bei Wegfall des Haupttäters an dessen Stelle nicht eintreten würde und anderseits der Haupttäter gerade das tut, was das Gesetz unter Strafe stellt.

d) Der Entw. 1925 hatte sich bezüglich der Unterscheidung zwischen Mittäterschaft u. Beihilfe ebenfalls auf das objektive Kriterium der Ausführungshandlung festgelegt. Die innerliche Einstellung des Handelnden sollte gleichgültig sein.

Der RTEntw. hat diesen Standpunkt verlassen, „um eine Grundlage zu finden, auf der die deutsche und österreichische Wissenschaft und Praxis, die bisher verschiedene Wege gegangen sind, sich allmählich zusammenfinden können“.

Es wird deshalb weder die subjektive noch die objektive Theorie im Gesetzeswortlaut d. RTEntw. besonders unterstrichen und in der Begründung betont (S. 29 zu § 30), daß weder rein subjektive noch rein objektive Merkmale allein maßgebend sein können.

Für die Frage, ob der Handelnde den animus auctoris hatte, soll die tatbestandsmäßige Ausführungshandlung ein Indiz sein; dafür, ob eine tatbestandsmäßige Ausführungshandlung anzuerkennen sei, soll der animus auctoris ein Indiz abgeben. Vermutlich soll nur, wenn beide Momente für Mittäterschaft sprechen, sie im Einzelfalle bejaht werden. Also stets eine Lösung ad hoc, nicht generell.

So sehr das ideelle Ziel dieses Kompromisses zu begrüßen ist, so fraglich erscheint es, ob diese Einstellung des Gesetzgebers überhaupt zu einer brauchbaren Lösung hier führen kann. Letzten Endes ist damit auch diese Streitfrage weiterhin der Wissenschaft und Praxis überlassen!

B. Die einzelnen Teilnahmeformen (Arten der echten Teilnahme).

I. Mittäterschaft (sogenannte prinzipale Teilnahme). § 47.

1. Erfordernis: „gemeinschaftliche Ausführung" (oder strafbarer Versuch) einer strafbaren Handlung, d. h. bewußtes und gewolltes Zusammenwirken, (nach RG außerdem animus auctoris; vgl. 56, 330; 57, 308) Bestrafung: jeder Mittäter wird wie der Alleintäter bestraft.

1. Beispiel: A und B versetzen dem C je einen Messerstich; jeder der Stiche wäre an sich nicht tödlich; durch ihr Zusammentreffen führen sie den Tod des C herbei.

Würde das Gesetz für diese Art der Tatbestandsverwirklichung keine besondere Bestimmung treffen, so könnte man weder den A noch den B wegen vollendeter Tötung bestrafen. Weder A noch B tötet den C; vielmehr bewirkt erst ihr gemeinschaftlicher Angriff den Tod des C; die Tötung des C ist eine strafbare Handlung, die gemeinschaftlich ausgeführt wird.

2. Beispiel: A und B nehmen einen Marktdiebstahl in der Weise vor, daß A die Ware wegnimmt, während B die Aufmerksamkeit des Verkäufers ablenkt: nach RG Mittäterschaft (Beispiel v. Buri).

3. Beispiel: A stiehlt, B leuchtet dem Dieb A während der Tat; nach RG kann B Mittäter sein, während er, wenn er etwa vorher ein Licht hinstellte, nur Gehilfe wäre.

Richtiger Ansicht nach ist im zweiten und dritten Beispiel B nicht Mittäter, sondern nur Gehilfe, da er in keinem der beiden Fälle eine Ausführungshandlung vornimmt. § 47 sagt ausdrücklich „Wenn mehrere eine strafbare Handlung gemeinschaftlich ausführen"; im Zusammenhalt mit § 242 bedeutet dies, daß die Mittäter gemeinschaftlich wegnehmen müssen (vgl. dagegen z. B. RG 57, 145).

4. Beispiel: Die Wegelagerer A und B überfallen den mit dem Fahrrad vorbeifahrenden Kassenboten X. A hält ihn fest und bedroht ihn mit dem Revolver, B nimmt ihm die Aktentasche mit den Lohngeldern ab; der Überfall erfolgt nach einem bis ins einzelne hinein überlegten Plane in bewußtem und gewolltem Zusammenwirken.

In diesem Falle sind A und B Mittäter. Die Ausführungshandlung des Raubes setzt sich zusammen aus Wegnahme einerseits, Gewaltübung und Drohung anderseits. Jeder der Beteiligten nimmt in unserem Beispiel im Gegensatz zum vorigen Beispiel eine Ausführungshandlung vor; ihr bewußtes und gewolltes Zusammenwirken ergibt ein vollendetes Verbrechen des Raubes: mehrere nehmen gemeinschaftlich eine fremde Sache mit Gewalt und unter Anwendung von Drohungen weg (§§ 249 und 47).

5. Beispiel: A und B verabreden ein Verbrechen der Notzucht in folgender Weise: A versetzt die X durch Hypnose in tiefen Schlaf, damit B sie in diesem Zustand zum außerehelichen Beischlaf mißbrauchen kann. B tut dies.

Wie im vorigen Beispiel gehören zur Ausführungshandlung dieses Tatbestandes mehrere Teilhandlungen; jeder der beiden Beteiligten nimmt ein Teilstück des Gesamtkomplexes der Ausführungshandlung vor; jeder ist also an der Ausführungshandlung beteiligt; durch ihr bewußtes und gewolltes Zusammenwirken kommt die eine strafbare Handlung der Notzucht zustande. Also wie im vorigen Beispiel Mittäterschaft (§§ 177 und 47).

Der Entwurf 1925 hielt eine ausdrückliche Bestimmung bezüglich der Mittäterschaft überhaupt für unnötig. Der RTEntw. nahm eine dem § 47 RStGB fast gleichlautende Bestimmung wieder auf, um ausdrücklich festzulegen, daß dem einen Täter, der nicht alle Tatbestandsmerkmale erfüllt hat, auch die Handlungen des anderen, mit dem er zusammengehandelt hat, zugerechnet werden können.

Wenn z. B. A und B gemeinsam den C durch Schüsse töten wollen, dann ist A auch dann wegen vollendeten Mordes strafbar, wenn nicht sein Schuß, sondern der Schuß des B den C getötet hat. (Vgl. Begründg. S. 27 zu § 28).

2. Mehr- (Neben-) Täterschaft liegt vor, wenn mehrere Personen, ohne bewußt zusammenzuwirken, also ohne Mittäter oder Teilnehmer zu sein, gemeinschaftlich den Erfolg herbeiführen.

1. Beispiel: A gibt dem B in Tötungsabsicht Gift; C, der von der Tat des A nichts weiß, ebenfalls; infolge der Wirkung der beiden Giftmengen stirbt B: Mehrtäterschaft; ebenso, wenn A vorsätzlich, B aber nur fahrlässig handelte (da fahrlässige Teilnahme nicht möglich).

2. Beispiel: Zwei Bauarbeiter tragen gemeinschaftlich einen Balken, sie lassen ihn fahrlässigerweise fallen und töten dadurch einen Vorübergehenden: Mehrtäterschaft.

3. Komplott und Bande: Komplott ist die Verabredung mehrerer Personen, ein bestimmtes Delikt zu begehen; Bande ist die Verbindung mehrerer zu dem Zweck, irgendwelche Delikte zu begehen. Beides sind an sich nur vorbereitende Handlungen (vgl. oben § 16 I zu 3 und § 16 V 6 des Grundr.), die erst, wenn es zu einer strafbaren Handlung gekommen ist, bei der Strafzumessung berücksichtigt werden.

Ausnahmen: das hochverräterische Komplott (§ 83); Komplott oder Bande zur Begehung von Dynamitverbrechen (§ 6 des Sprengstoffgesetzes von 1884) und zu Spionageverbrechen (§ 5 des Spionagegesetzes); ferner Teilnahme an einer „Verabredung, zu deren Bestrebungen es gehört, Mitglieder einer republikanischen Regierung des Reichs oder eines Landes durch den Tod zu beseitigen" (§ 1 des Republikschutzgesetzes von 1922).

Straferhöhungsgrund: 243 [6] und 250 [2] (Bandendiebstahl und Raub).

II. Anstiftung. § 48.

1. Anstifter ist, wer vorsätzlich mit irgendwelchen Mitteln (z. B. den im § 48 genannten) in einem andern den Entschluß zu einer bestimmten, von dem andern begangenen vorsätzlichen Handlung (Verbrechen oder Vergehen oder Übertretung) geweckt hat.

Beispiel: A gibt der Kupplerin B Geld, damit sie ihm ein Mädchen verschafft; Anstiftung zur Kuppelei (nicht etwa notwendige Teilnahme des A) RG 4, 752; 25, 369.

Theoretische Schwierigkeiten bietet die Kausalitätsfrage bei Anstiftung, da der Haupttäter vorsätzlich handeln muß und dadurch nach allgemeinen Grundsätzen (vgl. oben § 7 I 6) der Kausalzusammenhang unterbrochen wird.

Der Vorsatz des Anstifters umfaßt also

1. die Anstiftungstätigkeit,

2. das vom Angestifteten auszuführende Delikt.

Geht die Tat des Angestifteten über den Vorsatz des Anstifters hinaus, so liegt Exzeß des Täters vor, für den der Anstifter nicht bestraft wird. Doch gelten auch hier die Grundsätze von der Gleichwertigkeit der Objekte (oben § 11 III 4 a, aa); wenn A also den B anstiftet, den C zu töten und B tötet irrtümlich D, den er mit C verwechselt, so ist strafbare Anstiftung gegeben.

2. Anstiftung zur Anstiftung oder zur Beihilfe ist denkbar und unter den allgemeinen Voraussetzungen strafbar.

3. Agent provocateur heißt derjenige, der einen anderen anstiftet, um ihn zu überführen. Er ist, wenn es zu einer strafbaren Handlung kommt, strafbar, es sei denn, daß sein Vorsatz nicht auf die Vollendung des Delikts gerichtet war (er es also nur zu einem strafbaren Versuch kommen lassen wollte).

Beispiel: Die A geht zur Hebamme B mit der fälschlichen Angabe sie sei schwanger, um die B zu veranlassen einen Abtreibungsversuch vorzunehmen und sie dann anzuzeigen.

4. Strafe: § 48 II. Der Anstifter wird wie der Täter bestraft. Ebenso der RTEntw.

III. Beihilfe. § 49.

1. Beihilfe ist die vorsätzliche Unterstützung des von einem andern begangenen Verbrechens oder Vergehens. Mittel der Unterstützung: Rat oder Tat; also psychische, intellektuelle oder physische; positive Tätigkeit oder Unterlassen.

Bezüglich des Unterschieds zwischen Beihilfe und Mittäterschaft siehe oben § 17 unter A 4.

Beispiel: Das Dienstmädchen A läßt des Nachts die Haustür offen, um dem B einen Diebstahl zu ermöglichen.

2. Auch die Beihilfe ist eine „strafbare Handlung".

3. Bestrafung der Beihilfe: Strafreduktion wie beim Versuch § 49 II (siehe oben § 16 V).

Der RTEntw. schreibt ebenfalls die Strafmilderung im Sinne des § 73 RTEntw. (vgl. oben S. 72 unter V 2) zwingend vor.

Der Entw. 1925 hatte nur fakultative Strafmilderung vorgesehen.

C. Die akzessorische Teilnahme im besonderen.

I. Die Teilnahmehandlung im engeren Sinn (Anstiftung und Beihilfe) hat nach geltendem Strafrecht immer akzessorischen Charakter, d. h. strafbare Teilnahmehandlung liegt nur dann vor, wenn der Haupttäter selbst eine strafbare Handlung rechtswidrig und schuldhaft vorgenommen hat.

1. Beispiel: Anstiftung und Beihilfe zum Selbstmord nicht strafbar.

2. Beispiel: A stiftet den B an, das Vorhaben des Mordes, von dem B glaubhafte Kenntnis erhalten hat, nicht anzuzeigen. Zufällig kommt es nicht zu dem Mord. Nach § 139 fehlt eine Strafbarkeitsbedingung (vgl. § 12 I 2), also keine Strafbarkeit der Unterlassung des B; deshalb ist auch A nicht strafbar.

Auch bemißt sich die Strafe des Teilnehmers nach der Strafe der Täterhandlung. Ist es nur zu einem strafbaren Versuch gekommen, so erfolgt demnach bei Beihilfe eine doppelte Herabsetzung des Strafrahmens: erst nach § 44, sodann nach § 49 Abs. II also bis auf 1/16! Aus der akzessorischen (unselbständigen, abhängigen) Natur der Teilnahme wird auch (namentlich vom RG) gefolgert, daß Ort und Zeit der Teilnahmehandlung gleich dem Ort und Zeit der Täterhandlung sind (wichtig wegen der Zuständigkeit und § 4; Beginn der Verjährung). Der erfolglose Versuch zur Beihilfe oder Anstiftung (zu unterscheiden von der Teilnahme an einem im Versuchsstadium stehen gebliebenen Delikt) ist nicht strafbar. (Ausnahme: §§ 49 a, 85, 110, 111, 112).

Für die Anstiftung wird die akzessorische Natur auch de lege lata zuweilen bestritten (Kohler, Höpfner); namentlich um eine Bestrafung der Anstiftung zum Selbstmord zu ermöglichen.

II. 1. Der Grundsatz der Abhängigkeit der Teilnahme gilt auch für die strafbegründenden Momente, d. h. fehlt es beim Täter an einem solchen und liegt infolgedessen keine strafbare Handlung vor, so bleibt auch die Teilnahmehandlung straflos. Das gilt namentlich bei sog. echten Sonderdelikten, die nur von bestimmten Personen (etwa Beamten oder Soldaten oder bestimmten Berufsangehörigen) begangen werden können, z. B. § 336 Rechtsbeugung; § 300 Verrat von Berufsgeheimnissen; § 94 MStGB Gehorsamsverweigerung; die Delikte, die nur von Betriebsunternehmern begangen werden können (§§ 135, 146 RGewO usw.): hier ist die Beamten- oder Soldaten- oder Unternehmerqualität strafbegründend.

1. Beispiel: Der Rechtsanwalt A veranlaßt den Kunstmaler B, der keine Schweigepflicht wie der Anwalt A hat, ein Privatgeheimnis des C zu offenbaren, das der Anwalt A in Ausübung seines Berufes erfahren hat, das aber zufällig auch der Kunstmaler B kennt: keine strafbare Anstiftungshandlung des Anwalts A, weil er den B zu keiner für B strafbaren Handlung anstiftet.

2. Beispiel: Der Maler B stiftet den Anwalt A an, das Berufsgeheimnis zu verraten. B ist wegen Anstiftung zu einem Delikt nach § 300 StGB strafbar.

3. Beispiel: Der Soldat S veranlaßt einen von der Militärverwaltung eingestellten Arbeiter zum rechtswidrigen Ungehorsam: keine strafbare Anstiftung.

4. Beispiel: Der Arbeiter A veranlaßt den Soldaten S zur militärischen Gehorsamsverweigerung: A ist strafbar wegen Anstiftung zu dem Delikt nach § 94 MStGB.

2. Hier geht der RTEntw. gegenüber dem geltenden Recht weiter: alle die Personen, die an sich wegen besonderer Eigenschaften als Täter eines Sonderdelikts bestraft werden können, werden auch als Anstifter oder Gehilfen solcher Personen bestraft, bei denen diese Eigenschaften (Beamtenqualität usw.) nicht vorliegen, die daher selbst nicht strafbar sind. (§ 32 RTEntw.)

Nach dem RTEntw. ist also auch im Beispiel 1 der Anwalt A, im Beispiel 3 der Soldat S wegen Anstiftung strafbar: (vgl. Begr. S. 30).

3. Zu beachten ist, daß ein persönlicher Straffreiheitsgrund (vgl. oben § 12 III) nicht die Strafbarkeit der Handlung aufhebt, sondern nur den Täter straffrei macht. Hier ist also strafbare Teilnahme möglich.

Beispiel: A stiftet die Frau B an, ihren Mann zu bestehlen; Frau B ist nach § 247 Abs. 2 straflos; A nach §§ 242, 48 strafbar.

III. Ausnahmen von der Abhängigkeit (akzessorischen Natur) der Teilnahme.

1. § 50 StGB (vgl. auch § 146 BZG): Die persönlichen straferhöhenden und strafmindernden Merkmale (im Gegensatz zu den strafbegründenden Merkmalen) kommen nur demjenigen Täter oder Teilnehmer zugute, in dessen Person sie vorliegen. Das gilt auch dann, wenn der Grund, der die Strafe beeinflußt, in einem besonderen Tatbestand berücksichtigt ist (vgl. unten § 35, 3 und 4; im Gegensatz zu § 32, 9c).

1. Beispiel: A erschlägt seinen Vater mit Hilfe des B. Die Straferhöhung des § 215 (Aszendententotschlag) tritt nur bei A ein; B wird nach §§ 212, 49 bestraft.

2. Beispiel: Der A stiftet die B an, ihr uneheliches Kind gleich nach der Geburt zu töten. B ist nach § 217, A dagegen nach § 211, 48 strafbar.

Solche persönliche straferhöhenden Umstände sind: das Verhältnis [zum eigenen Landesherrn: §§ 80, 94—97;] zu den Eltern: § 223 Abs. 2; der Eltern zu den Kindern: § 221 Abs. 2; Rückfall §§ 244, 250, 261, 264; Gewerbs- und Gewohnheitsmäßigkeit bei Hehlerei, Wildern und Kreditwucher; Beamteneigenschaft beim unechten Sonderdelikt als qualifizierender Umstand: Gegensatz zur Beamteneigenschaft als strafbegründendem Umstand beim echten Sonderdelikt (vgl. oben II 1) in §§ 339 Abs. 3, 340—342.

Persönlicher Strafminderungsgrund ist z. B. § 157 Nr. 1 und 2 (unechter Strafminderungsgrund).

2. § 4 Jugendgerichtsgesetz vom 16. Februar 1923 (RGBl Teil I S. 135): Dieser bestimmt: „die Strafbarkeit des Anstifters und Gehilfen, des Begünstigers und Hehlers wird durch die Vorschriften der §§ 2, 3 nicht berührt".

(§ 2: Wer eine mit Strafe bedrohte Handlung begeht, ehe er vierzehn Jahre alt geworden ist, ist nicht strafbar. § 3: Ein Jugendlicher, der eine mit Strafe bedrohte Handlung begeht, ist nicht strafbar, wenn er zur Zeit der Tat nach seiner geistigen und sittlichen Entwicklung unfähig war, das Ungesetzliche der Tat einzusehen oder seinen Willen dieser Einsicht gemäß zu bestimmen.)

3. Der RTEntw. sieht eine weitere Ausnahme von der Akzessorietät insofern vor, als die Strafbarkeit des Anstifters u. des Gehilfen für unabhängig von der Strafbarkeit des Ausführenden erklärt wird (§ 31). Anstiftung u. Beihilfe bleiben nur insoweit unselbständige Begehungsform, als sie weiterhin die Begehung einer tatbestandsmäßigen, rechtswidrigen Handlung durch den Täter voraussetzen. Nach dem RTEntw. gibt es also Anstiftung und Beihilfe zur Tat eines Wahnsinnigen, eines Kindes usw.

D. **Die mittelbare Täterschaft** (fingierte Täterschaft).

Der Täter braucht die Tat nicht notwendig eigenhändig vorzunehmen; es ist möglich, daß er sie durch einen andern vornehmen läßt, ohne dadurch bloß Teilnehmer zu werden, also ohne aufzuhören Täter (wenn auch nur mittelbarer Täter) zu sein. Das ist praktisch wichtig für den Fall, daß infolge der akzessorischen Natur der Teilnahme eine strafbare Anstiftung nicht vorliegt, weil der Angestiftete, etwa wegen seiner Unzurechnungsfähigkeit, keine strafbare Handlung begeht.

Beispiel: A stiftet den Geisteskranken X an, den B zu ermorden; keine strafbare Anstiftung, sondern mittelbare Täterschaft des A.

I. Mittelbarer Täter (intellektueller Urheber) ist, wer vorsätzlich eine strafbare Handlung durch einen andern vornehmen läßt, wenn dieser andere wegen der Tat nicht als vorsätzlicher Täter rechtlich verantwortlich gemacht werden kann (vgl. Entwurf von 1919 § 26).

Fälle der mittelbaren Täterschaft:

Benützung:

1. eines Menschen, der im rechtlichen Sinne überhaupt nicht handelt;

2. eines schuldlos Handelnden, also eines Unzurechnungsfähigen (§ 51) oder sonst schuldlos Handelnden (§ 52);
3. eines fahrlässig Handelnden;
4. eines zur Begehung eines Sonderdelikts nicht fähigen, vorsätzlich handelnden Gehilfen (vgl. dazu auch Beispiel unter C II 1);
5. nach RG auch eines bewußt für den mittelbaren Täter handelnden Gehilfen (sogenanntes doloses Werkzeug); diese Konstruktion ist nur auf der Grundlage der subjektiven Teilnahmetheorie möglich und ist daher wie die letztere abzulehnen. (Vgl. RG 57, 274.)

Beispiele:

1. A stößt den ahnungslosen B in die Scheibe eines Schaufensters; nur A ist (mittelbarer) Täter der Sachbeschädigung.
2. A läßt sich von einem 4jährigen Kind aus dem Eßzimmer eines Hotels ein silbernes Besteck holen und eignet es sich an; oder: A gibt dem Geisteskranken X, den er wutschnaubend auf B zustürzen sieht, ein Messer, oder verhindert die Flucht des B, so daß X den B tötet.
3. A, der weiß, daß das Gewehr geladen ist, sieht den B unvorsichtig damit hantieren; er fordert scheinbar im Scherz, in Wahrheit um den X zu töten, den B auf, einen Schuß auf den X abzugeben. B tut das und tötet den X; fahrlässige Handlung des B; mittelbare Täterschaft (Mord) des A.
4. der Gerichtsvollzieher A läßt durch B, der nicht Beamter ist, ein Pfändungsprotokoll falsch aufnehmen: A ist mittelbarer Täter, B Gehilfe.
5. A veranlaßt die Köchin B eines Hotels, für ihn mehrere Stücke des wertvollen Geschirrs zu entwenden und ihm, während er auf der Straße wartet, herauszureichen. A ist mittelbarer Täter (Dieb); B Gehilfe (doloses Werkzeug). Bestritten, ob die B nicht selbst Täterin ist, weil sie wenigstens einen Augenblick den entwendeten Gegenstand selbst hatte. (Wie hier RG).

Das Reichsgericht hat anscheinend mittelbare Täterschaft auch in dem Falle angenommen, daß der Täter unter Anwendung eines nicht unter § 52 fallenden Zwanges die Handlung von dem Verletzten selbst vornehmen läßt.

Beispiel: A zwingt seinen Lehrling B, ein Stück schlechtes Fleisch zu essen; B erkrankt. A wäre mittelbarer Täter der Körperverletzung des B, doch wird man ihn eher als unmittelbaren Täter betrachten können (RG 26, 242).

II. Fraglich ist, ob es Delikte gibt, bei denen ihrer Natur nach eine mittelbare Begehung ausgeschlossen ist. Dazu gehören

a) die sog. reinen Tätigkeits- (Formal-) Delikte, z. B. Meineid, § 153 (vgl. oben § 6 II 2b);

b) solche, die aus physischen Gründen eine mittelbare Begehung ausschließen, weil sie eigenhändige Begehung verlangen, z. B. §§ 173, 175, 176 Nr. 1 und 2; 177, 179, 181a, 182.

Beispiel: Die A veranlaßt den Geisteskranken X, mit seiner Schwester Blutschande zu treiben (§ 173). Ist die A mittelbare Täterin?

Die Frage zu b) wird vielfach bejaht (so v. Liszt, Allfeld, Finger; a. A. Binding, Frank, Olshausen; zu a) ist sie jedenfalls zu verneinen.

III. Durch die im vorausgehenden erwähnte Erweiterung des Teilnahmebegriffes im RTEntw. werden die Hilfsbegriffe der mittelbaren Täterschaft und des dolosen Werkzeugs zukünftig vollkommen entbehrlich. Damit fallen künftig auch die unter II angedeuteten Streitfragen erfreulicherweise fort: die A z. B. ist im vorausgehenden Fall wegen Anstiftung zur Blutschande strafbar.

E. Die neueren Teilnahmeformen der §§ 49a und 49b.

I. Der **§ 49a** (Duchesne-Paragraph, nach dem Belgier Duchesne, der sich zur Ermordung Bismarcks erbot) hat neben die in der ursprünglichen Fassung des StGB ausschließlich aufgezählten drei Formen der echten Teilnahme noch verschiedene andere Mitwirkungsarten durch Eingliederung in den dritten Abschnitt des Allgemeinen Teils als weitere Teilnahmearten eingefügt.

1. Strafbar ist
   a) das Auffordern,
   b) das Erbieten,
   e) die Annahme der Aufforderung zu einem Verbrechen (nicht Vergehen oder Übertretung) oder zur Teilnahme daran

   unter der Voraussetzung, daß die Aufforderung bzw. das Erbieten oder die Annahme entweder schriftlich erfolgt oder an die Gewährung von irgendwelchen Vorteilen geknüpft ist.
2. Die Strafdrohung des § 49a gilt aber nur subsidiär, d. h. soweit nicht eine andere Strafe angedroht ist, z. B. § 85, oder strafbare Teilnahme i. e. S. vorliegt.
3. Strafe: siehe § 49a.

II. Der **§ 49b** (Mordkomplott) ist durch § 25 des Gesetzes zum Schutze der Republik vom 21. Juli 1922 (RGBl Teil I S. 585) in das Strafgesetzbuch eingefügt worden. Durch diese systematische Eingliederung schafft er — ebenso wie § 49 — eine neue Teilnahmeform im Sinne des Strafgesetzbuchs, wodurch der allgemeine Teilnahmebegriff als Rechtsinhaltsbegriff (rechtssatzmäßiger Begriff) gegenüber der ursprünglichen Begriffsfassung ausgedehnt wird: er umfaßt jetzt auch die Verabredung des Mordes als solche. Diese wäre ohne den § 49b straflos, da sie keinen Beginn der Ausführung des Mordes enthält.

III. Der RTEntw. hat diese Vorschriften teils als Delikte gegen die öffentliche Ordnung unter besondere Strafe gestellt, analog den bisherigen §§ 110, 111 RStGB: öffentliche Aufforderung zur Auflehnung gegen ein Gesetz in § 169 RTEntw.; öffentl. Aufforderung zu strafbaren Handlungen in § 171; Geheimbündelei § 175; Feme § 176; teils sind diese Tatbestände in einen eigenen Abschnitt des besonderen Teils über Vorbereitung, Begünstigung und Strafvereitelung als selbständige Delikte aufgenommen worden (§§ 196 Verleiten und Erbieten zu Verbrechen; 197 Verabredung eines Verbrechens; 198 Bandenbildung).

§ 18. Einheit und Mehrheit der Verbrechen (Konkurrenz).

A. Allgemeines.

Es kann sein, daß die Verwirklichung mehrerer Tatbestände oder die mehrfache Verwirklichung eines Tatbestandes durch denselben Täter gleichzeitig zur Aburteilung gelangt. Dabei ist von folgenden Grundlagen auszugehen:

I. Handlung = Willensbetätigung (+ Erfolg): eine Willensbetätigung — eine Handlung.

Einheit der Handlung im natürlichen Sinne = Einheit der Willensbetätigung d. h., wo nur eine Willensbetätigung vorliegt, liegt auch nur eine Handlung vor, auch wenn mehrere Erfolge eintreten; (a. A. v. Buri, nach dem so viele Handlungen vorliegen, wie Erfolge eintreten).

II. Da die Handlung wie für die natürliche so auch für die juristische Betrachtungsweise als Willensbetätigung durch den Willen zur Einheit zusammengefaßt wird, sind ihre einzelnen Teilstücke (Muskelinnervationen) weder für die natürliche noch für die juristische Betrachtung selbständige Handlungen. Die Art der gedanklichen Zusammenfassung ist veranlaßt durch die Formulierung des gesetzlichen Tatbestandes. Wenn z. B. der Tod eines Menschen durch zahlreiche Hiebe und Stiche herbeigeführt ist, so liegt doch nur eine strafbare Handlung vor: Tötung eines Menschen (§§ 211 ff.) (vgl. auch oben § 7 I 1 a).

III. Unter Festhaltung dieser Grundlagen können wir im einzelnen folgende Fälle unterscheiden:

Verbrechensmehrheit:

1. Realkonkurrenz: mehrere Handlungen — mehrfache Tatbestandsverwirklichung — aber eine Aburteilung — eine Gesamtstrafe;

Verbrecheneinheit:

2. Idealkonkurrenz: eine Handlung — mehrfache Tatbestandsverwirklichung — gleichwertige Tatbestände;
3. Gesetzeskonkurrenz: eine Handlung — mehrere konkurrierende ungleichwertige Tatbestände;
4. Fortgesetztes Verbrechen: eine Handlung — ein Tatbestand (also keine Konkurrenz) — Zusammenfassung der Teilhandlungen durch deren objektiven Sinn;
5. Gesamtverbrechen: eine Handlung — ein Tatbestand (also keine Konkurrenz) — Zusammenfassung der Teilhandlungen durch die subjektive Einstellung des Täters.

IV. Der RTEntw. verzichtet nach einem österreichischen Vorschlag darauf, grundsätzlich verschiedene Regeln für die Strafbemessung bei Ideal- und Realkonkurrenz aufzustellen, (§§ 65—68) mit der sehr beachtenswerten zutreffenden Begründung, daß die Schwierigkeiten, die bei der oft zweifelhaften Abgrenzung der beiden Konkurrenzformen voneinander zu überwinden sind, meist in keinem Verhältnis zu dem praktischen Wert der Unterscheidung stehen. Es soll in beiden Fällen stets nur eine Strafe verhängt werden, so daß es künftig nicht mehr wie bisher bei der Realkonkurrenz nötig wird, auch miteinander unvereinbare Strafen nebeneinander festzusetzen: mehrfache Verurteilung zum Tode, eine zeitliche Freiheitsstrafe neben lebenslänglicher usw. Trotzdem wird durch diese geplante Neuregelung die nachstehend entwickelte Problemstellung auch für das neue Strafrecht keineswegs gegenstandslos.

B. Die einzelnen Fälle:

I. Realkonkurrenz. (Sachliches Zusammentreffen.)

1. Realkonkurrenz (§ 74) liegt vor, wenn infolge mehrerer Handlungen mehrere Verbrechen begangen sind, bevor eine Verurteilung erfolgt.

Beispiel: A begeht am 1. Juni eine schwere Körperverletzung, am 2. Juni einen Diebstahl, am 10. Juni einen andern Diebstahl; erst am 30. Juni erfolgt seine Verurteilung: hier sind eine Körperverletzung und zwei Diebstähle in Realkonkurrenz begangen.

2. Behandlung der Realkonkurrenz: die durch die einzelnen Handlungen verwirkten Strafen werden einzeln festgestellt, dann aber nicht addiert (nicht „kumuliert"), sondern es wird eine Gesamtstrafe gebildet in der Weise, daß diejenige Strafe, die die schwerste ist (also nicht die der Strafdrohung nach, sondern die im konkreten Falle schwerste Strafe) erhöht wird („asperiert", daher: Asperationsprinzip). Der Gesetzgeber geht dabei von der Annahme aus, daß eine Freiheitsstrafe im unmittelbaren Anschluß an eine bereits verbüßte frühere Strafe härter empfunden wird als eine gleichlange aus der Freiheit angetretene Strafe.

Handelt es sich um gleichartige Strafen, so ist die schwerste Strafe die der Dauer nach schwerste, also die längste; bei ungleichartigen Strafen (z. B. Zuchthaus neben Gefängnis) ist die der Art nach schwerste Strafe maßgebend (§ 74 Abs. 2).

Beispiel: Gegen A wird nach dem vorigen Beispiel wegen der Körperverletzung vom 1. Juni eine Gefängnisstrafe von 1 Tag, wegen des Diebstahls vom 2. Juni eine Gefängnisstrafe von 1 Monat und wegen des Diebstahls vom 10. Juni Gefängnisstrafe von 3 Wochen für angemessen erachtet. Gesamtstrafe etwa: 1 Monat und 2 Wochen Gefängnis (Erhöhung der Gefängnisstrafe von 1 Monat [gleichartige Strafen]).

Auf eine Gesamtstrafe wird aber nur dann erkannt, wenn

a) mehrere selbständige Verbrechen oder Vergehen begangen sind und

b) mehrere zeitige Freiheitsstrafen verwirkt sind.

Eine wegen Übertretungen verwirkte Strafe, oder eine Geldstrafe, Todesstrafe, lebenslängliche Zuchthausstrafe kommt bei der Bildung der Gesamtstrafe nicht in Betracht, sondern wird hinzugerechnet; insoweit gilt also das Kumulationsprinzip.

3. Die Gesamtstrafe muß höher sein, als die verwirkte schwerste Strafe, darf aber die Summe der Strafen nicht erreichen und ist ferner dadurch beschränkt, daß sie 15 Jahre Zuchthaus, 10 Jahre Gefängnis oder 15 Jahre Festung nicht übersteigen darf: § 74 Abs. 3 Einzelheiten über die Bildung einer Gesamtstrafe: §§ 75, 76, 77, 78*).

Von Einzelheiten abgesehen, trifft auch der RTEntw. in seinen §§ 66, 67 eine ähnliche Regelung für die Höhe des Strafrahmens beim Zusammentreffen mehrerer Gesetzesverletzungen.

4. Nachträgliche Bildung einer Gesamtstrafe erfolgt, wenn nach der Verurteilung des Täters eine vor dieser Verurteilung liegende, zur Bildung einer Gesamtstrafe zu berücksichtigende Tat zur Aburteilung kommt. § 79 RStGB, § 460 StPO.

*) § 78 in der Fassung der VermögensstrafenVO. vom 6. Febr. 1924, Art. I.

Dieselbe Regelung hat auch der RTEntw. in § 68 übernommen.

Beispiel: im vorigen Fall (zu 1) kommt der von A am 10. Juni begangene Diebstahl erst am 10. Juli zur Aburteilung.

Doch wird eine nachträgliche Gesamtstrafe nur dann gebildet, wenn die nachträgliche Aburteilung zu einer Zeit erfolgt, zu der die frühere Strafe noch nicht verbüßt, verjährt oder erlassen ist.

Die vorläufige Entlassung und die Ausübung des Begnadigungsrechts bei Gesamtstrafen wurde durch eine Vereinbarung des Reichs und der Länder neu geregelt: vgl. Reichsministerialblatt 1923 S. 1033 ff.

II. **Idealkonkurrenz** bedeutet rechtliches Zusammentreffen mehrerer Verbrechen in Tateinheit (RG 60, 345: „Einheitstat") und liegt vor, wenn nur eine Willensbetätigung (also nur eine Handlung) gegeben ist (§ 73), durch die aber mehrere gesetzliche Tatbestände verwirklicht werden. Es handelt sich demnach jeweils nur um eine einzige Handlung, also Verbrechenseinheit. Die eine Tat stellt sich jedoch in mehrfacher Hinsicht als Unrecht dar, was in der Bestrafung zum Ausdruck kommen muß.

1. Beispiel: A vergewaltigt seine verheiratete Schwester: in diesem Falle sind durch eine einzige Handlung drei verschiedene gesetzliche Tatbestände zugleich verwirklicht, nämlich Notzucht (§ 176), Blutschande (§ 173) und Ehebruch (§ 172); da es sich trotz der Möglichkeit einer mehrfachen rechtlichen Subsumtion tatsächlich nur um eine einzige Willensbetätigung handelt, spricht man hier von „Tateinheit" oder „Idealkonkurrenz"; eine Konkurrenz findet nur in der Ebene der ideellen (rechtlichen) Bewertung, nicht dagegen in der Ebene der realen Willensbetätigung als Erscheinungen der Außenwelt statt.

2. Beispiel: A tötet mit Überlegung durch einen einzigen Schuß zwei Menschen: eine Willensbetätigung also nur eine (strafbare) Handlung, wenn auch die beiden in Tateinheit herbeigeführten Erfolge denselben Tatbestand (§ 211) mehrfach verwirklichen. A hat zwar zwei Menschen getötet, aber getötet hat er nur einmal; diese eine Willensbetätigung kann nur ein Verbrechen sein.

Wenn (wie im 2. Beispiel) durch eine Handlung ein und derselbe Tatbestand mehrfach verwirklicht wird, sprechen manche (mit Rücksicht auf die Mehrzahl der Erfolge) auch hier von einer Konkurrenz (sogen. gleichartige Idealkonkurrenz). Besser spräche man hier — im Anschluß an Beling — von „verstärkter Tatbestandsmäßigkeit". Der Ausdruck Idealkonkurrenz wird also zweckmäßigerweise auf den Fall des ersten Beispiels eingeschränkt. Auch im Strafgesetzbuch wird in § 73 nur der Fall der ungleichartigen Idealkonkurrenz ausdrücklich behandelt.

Behandlung der Idealkonkurrenz: die in Idealkonkurrenz begangenen Delikte werden einheitlich nach einem Strafgesetz bestraft und zwar ausschließlich nach dem strengsten. Strengstes Strafgesetz ist hier dasjenige, dessen Strafdrohung die höchste Strafe zuläßt (Buße und polizeiliche Maßnahmen bleiben außer Betracht): Absorptionsprinzip, weil die höhere Strafe die geringere absorbiert, (Vgl. RG 53, 48).

In dem obigen Beispiel 1 würde also A, der seine verheiratete Schwester notzüchtigt, nach § 176 Nr. 1 bestraft.

Doch handelt es sich nur um eine Absorption der Strafen; die einzelnen Delikte bleiben selbständig (der Richter muß sie alle erwähnen und den A verurteilen wegen Notzucht, begangen in Tateinheit mit Ehebruch und Blutschande). Wichtig für die Frage, ob ein Rückfall (§ 244) vorliegt und für die Verjährung.

III. **Gesetzeskonkurrenz** ist gegeben, wenn nur ein Verbrechen (weil nur eine Handlung) vorliegt, der Tatbestand des Strafgesetzes jedoch, unter den die Handlung fällt, einen andern — äußerlich betrachtet ebenfalls erfüllten — Tatbestand ausschließt. Das ist der Fall, wenn die Strafgesetze zueinander

1. im Verhältnis der Spezialität stehen — lex specialis derogat legi generali —

   z. B. wer Mundraub nach § 370 Nr. 5 begeht, handelt nicht in Tateinheit mit Diebstahl nach § 242, sondern nur nach § 370 Nr. 5; sog. Gesetzeskonkurrenz; ebenso §§ 180 und 181a;

2. im Verhältnis der Subsidiarität — lex primaria derogat legi subsidiaria —

   z. B. der Anstifter, der einen anderen unter dem Versprechen der Gewährung von Vorteilen zur Begehung des Mordes aufgefordert hat, handelt nicht in Idealkonkurrenz (Tateinheit von § 49a mit §§ 211, 48), sondern ist nur nach §§ 48, 211 strafbar. Ebenso alle Versuchsstrafen im Verhältnis zu den Strafen des vollendeten Delikts (vgl. oben § 16 I zu 4) sowie die Gefährdungsdelikte im Verhältnis zu den Verletzungsdelikten, z. B. §§ 366 Abs. 2 und 230; Gesetz zur Bekämpfung der Geschlechtskrankheiten vom 18. Februar 1927 (RGBl I 61) §§ 5, 14.

3. im Verhältnis der Konsumtion — lex consumens derogat legi consumatae — d. h. wenn der abstrakte Tatbestand eines Gesetzes den des andern Gesetzes (nach dem regelmäßigen Verlauf der Dinge) umfaßt (wenn man den Tatbestand des einen Gesetzes nicht erfüllen kann ohne gleichzeitig den des andern zu erfüllen): „rechtl. Aufzehrung", RG 57, 199.

   Z. B. konsumiert § 243 Nr. 3 den Tatbestand von 123: wer einen Einbruchdiebstahl begeht, wird also nicht wegen schweren Diebstahls (§ 243 Nr. 3) in Idealkonkurrenz mit Hausfriedensbruch (§ 123) bestraft, sondern nur nach § 243 Nr. 3 (Gesetzeskonkurrenz).

Gesetzeskonkurrenz und **Idealkonkurrenz** werden öfters unter dem Oberbegriff der Idealkonkurrenz im weiteren Sinne oder der Gesetzeskonkurrenz im weiteren Sinne zusammengefaßt, wobei die Gesetzeskonkurrenz als unechte Idealkonkurrenz der echten Idealkonkurrenz gegenübergestellt wird. Diese Terminologie ist aber wenig begrüßenswert.

Die Idealkonkurrenz ist eine Konkurrenz gleichwertiger Tatbestände, die Gesetzeskonkurrenz eine solche ungleichwertiger Tatbestände.

In beiden Fällen liegt zwar nur eine Handlung vor; es verbietet sich also jedenfalls eine doppelte Bestrafung; aber während bei der Gesetzeskonkurrenz die rechtliche Würdigung unter dem einen Gesichtspunkt die Würdigung unter dem anderen Gesichtspunkt unnötig macht, ist bei der Idealkonkurrenz wegen der verschiedenen rechtlichen Bewertung der Tatbestände die Tat bei der Beurteilung aus dem einen allein nicht erschöpfend beurteilt. Die Tatbestände sind also ungleichwertig; dadurch unterscheidet sich die Gesetzeskonkurrenz von der Idealkonkurrenz.

IV. Das fortgesetzte Verbrechen.

1. Zuweilen stehen mehrere Willensbetätigungen, die unter dasselbe Strafgesetz fallen, für die natürliche Betrachtung in so engem Zusammenhang, daß sie als eine einzige Handlung bezeichnet werden, obwohl die einzelnen Willensbetätigungen zeitlich auseinanderfallen. Das ist namentlich der Fall

a) wenn der tatbestandsmäßige Erfolg erst allmählich durch mehrere zeitliche getrennte Willensakte herbeigeführt wird.

Beispiel: Der Dieb kommt erst nach mehreren, in verschiedenen Nächten unternommenen, mißlungenen Versuchen dazu einen Diebstahl auszuführen;

b) wenn durch mehrere Willensakte der Tatbestand eines Delikts mehrfach erfüllt ist, trotzdem aber für die Betrachtung nur ein einheitlicher Erfolg vorliegt.

1. Beispiel: A unterhält mit der Frau B ein ehebrecherisches Verhältnis, während dessen es zu mehreren Handlungen nach § 172 kommt.

2. Beispiel: Der Lehrling A nimmt mehrere Wochen hindurch fast täglich einzelne Briefmarken aus der Portokasse des Geschäfts, um sich das Geld für eine Theaterkarte zu verschaffen.

In diesen Fällen spricht man von fortgesetztem Verbrechen, d. h. es liegt, trotzdem mehrere Willensbetätigungen oder sogar mehrere Erfolge eingetreten sind, nur eine selbständige Handlung oder nur ein Verbrechen vor. Es werden also die einzelnen Akte, aus denen sich das fortgesetzte Verbrechen zusammensetzt, nicht in Ideal- oder Realkonkurrenz begangen, es liegt vielmehr überhaupt keine Konkurrenz, sondern nur eine Handlung vor; bestraft wird daher nur diese eine Handlung (vgl. oben S. 25 unter I. 1.). Unzutreffend RG 17, 228 und 43, 357.

Die Zusammenfassung mehrerer Willensbetätigungen unter dem Gesichtspunkt des fortgesetzten Verbrechens nimmt den Einzelakten nicht in jeder Beziehung ihre selbständige Bedeutung und zwar weder für die natürliche noch für die juristische Betrachtung. Beschränkt sich z. B. die Mitwirkung eines Teilnehmers oder Begünstigers auf ein Teilstück des fortgesetzten Verbrechens, dann ist dieses gesondert ins Auge zu fassen (im Ergebnis übereinstimmend RG 57, 81). Vgl. auch RG 57, 189.

2. Die Merkmale, unter denen die Zusammenfassung mehrerer Willensakte zu einem fortgesetzten Verbrechen erfolgt, sind nach der Praxis des RG (vgl. insbes. RG 55 S. 134 u. 135):

a) Einheitlichkeit des Vorsatzes (subjektives Merkmal); d. h. der Täter muß bei Teilhandlungen die einzelnen Willensakte als Mittel zur Herbeiführung des Gesamterfolges ins Auge fassen.

Beispiel: A besucht ein Warenhaus mit dem Vorsatz jedesmal, sobald sich die Gelegenheit bietet, soviele Gegenstände zu entwenden, als er kann. Das ist erst dann fortgesetztes Delikt, wenn feststeht, daß er nicht jeden Diebstahl selbständig ausführen, sondern alle auf Grund einheitlichen Willens als eine einzige Tat will.

In folgerichtiger Durchführung dieses Gedankens leugnet das RG die Möglichkeit eines fortgesetzten fahrlässigen Vergehens (57, 120).

In Wahrheit handelt es sich hier nicht um Einheit des Vorsatzes, wie das RG will, sondern um Gleichheit. Die „Einheit des Vorsatzes" ist ein unsicheres und willkürliches Kriterium. Es ist vielmehr bei der Beurteilung des fortgesetzten Verbrechens vom Begriff der Handlung auszugehen. Diese erscheint als gedankliche Einheit hier nicht sowohl durch die Einheitlichkeit des Vorsatzes als vielmehr durch den objektiven Sinn des Geschehensablaufes gekennzeichnet; hiebei ist besondere Rücksicht auf die Formulierung des gesetzlichen Tatbestandes zu nehmen (vgl. oben § 7). Keineswegs kann die Einheitlichkeit des Vorsatzes die äußere Zusammengehörigkeit des Vorganges ersetzen.

b) Einheit des verletzten Rechtsguts (wie Identität der verletzten Person bei Sittlichkeitsdelikten nach § 176 Abs. 3; einheitlicher Gewahrsam bei Diebstahl).

Beispiel: A entwendet in mehreren Tagen Wäschestücke, die verschiedenen Eigentümern gehören, von derselben Bleiche.

Bei Rechtsgütern, die an die Person eines Täters geknüpft sind (z. B. Leben, Ehre, geschlechtliche Ehre, Freiheit), liegt demnach kein fortgesetztes Delikt vor, wenn mehrere verschiedene Personen verletzt werden; dagegen steht bei den Vermögensdelikten (Diebstahl, Unterschlagung, Betrug) die Verschiedenheit der geschädigten Personen der Zusammenfassung zum fortgesetzten Verbrechen nicht entgegen.

c) Gewisser zeitlicher Zusammenhang und objektive Gleichartigkeit der äußern Umstände, unter denen die einzelnen Akte begangen werden, z. B. Ausnützung derselben Gelegenheit (z. B. des Lehrlingsverhältnisses; Diebstahl verschiedener Kleidungsstücke aus einer Theatergarderobe; Betrug mehrerer Personen durch das gleiche Zirkular).

V. **Das Gesamtverbrechen** (Kollektivdelikt).

1. Begriff und Arten.

Ein Kollektivdelikt liegt vor, wenn nach dem Tatbestand eines Strafgesetzes mehrere Handlungen als Teilhandlungen zu einer einheitlichen verbrecherischen Handlung zusammengefaßt werden, weil sie gewohnheitsmäßig, gewerbsmäßig oder geschäftsmäßig begangen sind. Der Sinn der Zusammenfassung liegt hier im Gegensatz zum fortgesetzten Verbrechen in der subjektiven Zusammengehörigkeit der Teilhandlungen: der besonders geartete Vorsatz läßt die verschiedenen Teilstücke des Vorganges als einheitliche Handlung erscheinen. Die Gewohnheits-, Gewerbs- oder Geschäftsmäßigkeit ist entweder strafbegründendes Verbrechensmerkmal, z. B. bei Kuppelei § 180, Wucher § 302c, oder straferhöhender Umstand, z. B. bei Hehlerei § 260, Jagddelikten § 294 (vgl. oben § 17 C II 1).

Gewohnheitsmäßigkeit: Begriffsmerkmal ist der aus wiederholter Begehung entstandene, fortwährende Hang zur weiteren Begehung des gleichen oder ähnlichen Delikts; z. B. §§ 180, 302a RStGB; § 309 RTEntw.

Gewerbsmäßigkeit: Begriffsmerkmal ist die Absicht, eine wiederholte Begehung des Delikts zur Einnahmequelle zu machen, z. B. §§ 260, 284 RStGB; § 308 RTEntw.

Geschäftsmäßigkeit: Begriffsmerkmal ist die Absicht planmäßiger und wiederholter Begehung des Delikts; z. B. § 144 (einziger Fall von Geschäftsmäßigkeit im StGB!).

Eine Verbindung der beiden Verbrechensmerkmale („gewohnheitsmäßig zum Zweck des Erwerbes“) enthält die Neufassung des Tatbestandes der Gewerbsunzucht in § 16 des Gesetzes zur Bekämpfung der Geschlechtskrankheiten vom 18. Februar 1927 (RGBl. I, 63): Darnach wird § 361 Nr. 6 StGB ersetzt durch folgende Bestimmungen:

§ 361 Nr. 6: Wer öffentlich in einer Sitte oder Anstand verletzenden oder andere belästigenden Weise zur Unzucht auffordert oder sich dazu anbietet;

§ 361 Nr. 6a: Wer gewohnheitsmäßig zum Zwecke des Erwerbes in der Nähe von Kirchen oder in der Nähe von Schulen oder anderen zum Besuche durch Kinder oder Jugendliche bestimmten Örtlichkeiten oder in einer Wohnung, in der Kinder oder jugendliche Personen zwischen drei und achtzehn Jahren wohnen, oder in einer Gemeinde mit weniger als fünfzehntausend Einwohnern, für welche die oberste Landesbehörde zum Schutze der Jugend oder des öffentlichen Anstandes eine entsprechende Anordnung getroffen hat, der Unzucht nachgeht.

Die Gewerbs- und Geschäftsmäßigkeit kann sich bereits aus der Begehung eines einzelnen Delikts ergeben; die Gewohnheitsmäßigkeit dagegen nicht.

Gegen die Terminologie des StGB. werden neuerdings von Heindl (Der Berufsverbrecher, 4. Aufl. 1927) wohlbegründete Einwendungen erhoben und namentlich eine Ersetzung des Ausdrucks „Gewohnheitsverbrecher“ durch „Berufsverbrecher“ gefordert. (a. a. O. S. 162 ff.)

2. Abgrenzung.

Vom Gesamtverbrechen sind zu unterscheiden:

a) das zusammengesetzte Verbrechen, bei dem ein aus mehreren Tatbeständen zusammengesetzter Tatbestand vorliegt, z. B. § 249 (Raub, besteht aus Nötigung und Diebstahl);

b) das sog. Zustandsverbrechen, bei dem ein rechtswidriger Zustand herbeigeführt wird (z. B. beim Diebstahl § 242, bei schwerer Körperverletzung § 224, Bigamie § 171, Urkundenfälschung § 267), das Delikt aber nur in der Herbeiführung dieses Zustandes besteht und mit ihr vollendet ist (wichtig für Teilnahme, Vorsatz, Beginn der Verjährung usw.).

c) das sog. Dauerverbrechen, bei dem ein rechtswidriger Zustand aufrechterhalten wird (z. B. Freiheitsberaubung § 239; Entführung § 236; die echten Unterlassungsdelikte), das Delikt also grundsätzlich erst mit der Aufhebung des Zustandes abgeschlossen ist.

d) das fortgesetzte Verbrechen: (vgl. RG 56, 328). Die beiden Begriffe verhalten sich wie zwei sich schneidende Kreise; einzelne Fälle sind nur als fortgesetzte Verbrechen zu kennzeichnen: ehebrecherisches Verhältnis, während dessen es zu mehreren Handlungen nach § 172 kommt; andere nur als Kollektivdelikt: die Magd A stiehlt dem Bauern B ein Ei in der Absicht, durch spätere Wiederholung von Eierdiebstählen sich einen dauernden Erwerb zu verschaffen; der Rest der Fälle wird durch beide Kategorien gedeckt: z. B. der Postbeamte A erwirbt nach vorgedachtem Plane längere Zeit hindurch seines Vorteils wegen Devisen, von denen er weiß, daß sie sein Kollege B unterschlagen hat. Vgl. auch RG 56, 56; 57 S. 140, 163, 189.)

e) die „Gesetzeseinheit“ (RG. 56, 336) = Gesetzeskonkurrenz.

f) die sogenannte gesetzliche Einheit: Man versteht hierunter den Fall, daß ein Tatbestand einen Sammelbegriff enthält, z. B.: „Geld“, „Zweikampf“, „Landstreichen“.

g) die sog. „wahldeutige Tatsachenfeststellung“: alternative Mehrheit von Tatbestanden; eine Handlung verstößt gegen eines von mehreren Strafgesetzen ohne daß festgestellt werden kann, gegen welches. Vgl. hiezu RG 56 S. 36 und 61; 57 S. 175.

Die Strafen des geltenden Strafgesetzbuchs.

§ 19. Die Strafe und ihre Arten.

I. Wesen und Zweck der Strafe (vgl. oben § 1 und § 2).

Strafe im Rechtssinn ist das durch Rechtsvorschrift an die Übertretung eines Gebotes oder Verbotes geknüpfte Übel.

Sie bestimmt sich in ihrem Inhalt nach der Bedeutung, welche die Rechtsordnung dem mißbilligten Verhalten beilegt; denn sie ist ja Gegenwirkung gegen die Übertretung einer Rechtsnorm. Die Strafe ist somit ihrem Wesen nach proportionale Gegenwirkung gegen das Verbrechen, sie ist gerechte Vergeltung.

II. Arten der Strafe.

1. Strafarten des StGB (Übersicht):
   a) Todesstrafe,
   b) Freiheitsstrafen: Zuchthaus, Gefängnis, Festungshaft, Haft,
   c) Vermögensstrafen: Geldstrafe; Verfallserklärung nach § 335,
   d) Ehrenstrafen: Aberkennung der bürgerlichen Ehrenrechte oder einzelner Ehrenrechte; früher auch Verweis; vgl. Kahl, Ehrenstr., DJZ. 1923 (28) S. 508 und Eberh. Schmidt, Ehrenstr. im künft. Strafr., Z. f. d. ges. Strafv. Bd. 45, S. 10.
2. Der Schwere nach ist die Reihenfolge der Strafen des StGB: Todesstrafe — Zuchthaus — Gefängnis — Festungshaft — Haft — Geldstrafe.
3. Weggefallen sind im modernen Strafrecht neben den Verschärfungen der Todesstrafe (Pfählen, Verbrennen, Lebendigbegraben usw.) die verstümmelnden Strafen und die Prügelstrafe.
4. Als Hauptstrafen werden angesehen: Todesstrafe, Zuchthaus, Gefängnis, Festungshaft, Haft, Geldstrafe.
5. Als sog. Nebenstrafen werden in der Regel bezeichnet:
   a) an der Freiheit: Polizeiaufsicht: §§ 38, 39; Ausweisung: § 284, Überweisung an die Landespolizeibehörde: § 362; (diese sind aber keine Strafen sondern sichernde Maßnahmen, vgl. oben § 2 Nr. 6 a);
   b) an der Ehre: Aberkennung der bürgerlichen Ehrenrechte, §§ 32—34, Aberkennung einzelner Ehrenrechte, §§ 31, 35, 36,
   Veröffentlichung des Strafurteils, §§ 165, 200;
   Verlust der Zeugnisfähigkeit, § 161, und der Fähigkeit, Eisenbahnbeamter zu werden, § 313;
   c) am Vermögen:
   Einziehung: §§ 42, 152; Verfallserklärung nach § 335;
   Unbrauchbarmachung von Schriften: §§ 41, 42.

Der äußere Unterschied zwischen Haupt- und Nebenstrafen liegt darin, daß die Hauptstrafe allein, die Nebenstrafe nur in Verbindung mit einer Hauptstrafe verhängt werden kann (vgl. jedoch § 37).

Entehrende Strafen sind: Todes- und Zuchthausstrafe (§§ 20, 31, 58, 60, 63, 71—73, 84, 95, 107, 108, 133, 141, 159).

6. Neuere Bestrebungen wollen die Todes-, Zuchthaus- und Ehrenstrafen abschaffen (Vorlage des Reichsjustizministers Radbruch vom Sommer 1923).

7. Der RTEntw. sieht in weitgehender Anlehnung an den geltenden Rechtszustand folgende Strafmittel vor:

a) Todesstrafe: nur bei Mord, sofern keine Milderungsgründe vorliegen.

b) Freiheitsstrafen: Zuchthaus, Gefängnis, Einschließung, Haft (nur als Ersatzfreiheitsstrafe § 386).

c) Geldstrafe (bei Vergehen kann das Gericht an Stelle einer verwirkten Freiheitsstrafe von höchstens 3 Monaten auf Geldstrafe erkennen, wenn der Strafzweck durch eine Geldstrafe erreicht werden kann § 73).

III. Die Todesstrafe.

1. Fälle:

a) Mord, § 211,

b) Mord und Mordversuch am Kaiser oder Landesherrn, § 80, jetzt gegenstandslos (aber noch nicht formell aufgehoben),

c) Dynamitverbrechen, § 5 Abs. 3 des Ges. von 1884,

d) Sklavenraub, § 1 des Ges. von 1895.

Erweiterung des Gebietes der Todesstrafe im Kriege und während des Ausnahmezustandes: § 4 EG StGB (vgl. oben § 3 V) und die auf Grund des Art. 48 RV erlassenen Verordnungen, z. B. VO vom 26. Sept. 1923 (RGBl I, 905).

Ausgeschlossen ist die Todesstrafe bei Jugendlichen, § 9 JugendgerGes., abgedruckt oben S. 41.

2. Vollstreckung: § 13: durch Enthauptung (Näheres bestimmt Landesrecht: Schwert, Guillotine);

nach § 14 MStGB Erschießen.

In den Schutzgebieten war neben Erschießen oder Enthauptung auch Erhängen zugelassen (Schutzgebietsgesetz § 6 Ziff. 5 und Kaiserl. VO. v. 9. Dezember 1900).

Vollstreckung: §§ 453, 454 StPO (Intramuranhinrichtung).

3. Der RTEntw. hält trotz der namentlich in Österreich bestehenden Bedenken an der strafrechtspolitisch seit Jahrzehnten heiß umkämpften Todesstrafe fest. (Vgl. Begr. S. 31, 32.)

Ein Antrag Hamburgs, die Todesstrafe abzuschaffen, fand bei der Beratung im Reichsrat (5. April 1927) nur die Unterstützung von Mecklenburg-Schwerin, Anhalt und Lübeck, während Preußen erklärte, daß nach Ansicht des preußischen Staatsministeriums der Zeitpunkt noch nicht gekommen sei, in dem man auf Androhung der Todesstrafe verzichten könnte. Vgl. hiezu die vom Statistischen Reichsamt zum RTEntw. gelieferte Statistik über die bisher ausgesprochenen und vollzogenen Todesstrafen. Reichstagdrucksache Nr. 3390 Anhang II S. 37.

Der RTEntw. schränkt die Anwendung der Todesstrafe aber dadurch ein, daß er im Gegensatz zum geltenden Recht auch beim Mord mildernde Umstände zuläßt und für diesen Fall eine Freiheitsstrafe androht (§ 73).

In Österreich ist die Todesstrafe für das ordentliche Verfahren abgeschafft, ihre Beseitigung durch die Verfassung (Art. 85) ausdrücklich festgelegt.

IV. Die Freiheitsstrafen.

1. Die Zuchthausstrafe ist die schwerste Freiheitsstrafe, sie ist entehrende Strafe, d. h. sie hat ohne weiteres dauernde Unfähigkeit zum Dienst im deutschen Heere und der Marine, zur Bekleidung öffentlicher Ämter (einschließlich Anwaltschaft und Notariat, nicht aber Reichstagsmandat) zur Folge, § 31; eine Verurteilung zum Tode oder zu Zuchthaus wegen Hochverrats oder eines Verbrechens auf Grund des Republikschutzgesetzes vom 21. Juli 1922 hat dagegen nach § 10 dieses Gesetzes außer den im § 31 des StGB genannten Folgen auch den Verlust der aus öffentlichen Wahlen hervorgegangenen Rechte und bei Beamten und Militärpersonen den Verlust des Gehalts bzw. Ruhegehalts von Rechts wegen zur Folge. Im übrigen ist neben der Zuchthausstrafe Aberkennung bürgerlicher Ehrenrechte möglich (§ 32). Bei wahlweiser Androhung von Zuchthaus- und Festungshaft darf auf Zuchthaus nur dann erkannt werden, wenn festgestellt wird, daß die Handlung aus einer ehrlosen Gesinnung entsprungen ist, § 20.

Ehrlose Gesinnung ist eine konstante Willensrichtung, die dem Täter die Mißachtung der Rechtsgenossen zuzieht. Vgl. van Calker, Vgl. Darstllg. Allg. Teil Bd. 3, 177.

Dauer der Zuchthausstrafe: lebenslänglich oder zeitig; Höchstbetrag der zeitigen: 15 Jahre, Mindestbetrag: 1 Jahr, Mindesteinheit: 1 Monat (§ 19 Abs. 2), nach dem RTEntw. 1 Tag § 36. Die lebenslängliche Zuchthausstrafe muß ausdrücklich im Gesetz angedroht sein, § 14.

Vollstreckung: § 15 (Arbeitszwang).

Der RTEntw. hat das Anwendungsgebiet der Zuchthausstrafe geändert: Eine Reihe von Verbrechen des geltenden Rechts werden nur als Vergehen bewertet, z. B. Urkundenfälschung (§ 203 RTEntw.), schwerer Diebstahl (§ 329), die Abtreibung (§ 253 analog dem Gesetz vom 18. Mai 1926), parlamentarische Stimmverhinderung §§ 100, 346 Versicherungsbetrug usw. Umgekehrt werden auch Vergehen nach geltendem Recht zu Verbrechen qualifiziert, z. B. Zuhälterei § 309 und gewerbsmäßiger Wucher §§ 340 III, 341 RTEntw. Bei einer Reihe von Vergehen sieht der RTEntw. vor, daß „in besonders schweren Fällen" auf Zuchthaus zu erkennen ist, z. B. §§ 203—208; § 195 II, 100 III, 120 III, 121 III, 130—134; 243 II, 252 III, 257 III, 275 III, 279 III, 280 III, 313 II, 316 III, 329 II, 333 III, 334 III, 339 III, 346 III, 348 III, 350 III. Auf Zuchthaus kann auch gegen rückfällige Gewohnheitsverbrecher nach § 78 bei allen Delikten mit Freiheitsstrafe über 6 Monate erkannt werden.

2. Gefängnisstrafe ist die zweitschwerste Freiheitsstrafe; sie ist nicht entehrend, doch sind neben ihr Nebenstrafen an der Ehre möglich (§§ 32, 35, 161), vgl. auch § 1680 BGB.

Dauer: von 1 Tag bis zu 5 Jahren (§ 16 Abs. 1). Überschreitung dieses Höchstmaßes bei Jugendlichen (so früher nach StGB § 57 Nr. 1, jetzt nach Jugendgerichtsgesetz vom 16. Februar 1923 § 9 Abs. 2) und bei Gesamtstrafe (§ 74). Mindesteinheit: 1 Tag. Nach RTEntw. Mindestdauer 1 Woche, § 35 II.

Vollstreckung: § 16 Abs. 2 und 3 (Arbeitszwang nach Ermessen der Gefängnisverwaltungsbehörde).

3. Festungshaft ist custodia honesta;

Dauer: lebenslänglich oder zeitig; Höchstbetrag der zeitigen: 15 Jahre, Mindestbetrag: 1 Tag; Mindesteinheit: 1 Tag.

Vollstreckung: § 17 Abs. 4 (kein Arbeitszwang); keine bedingte Entlassung.

Der RTEntw. ersetzt die Festungshaft durch Einschließung, die aber im Gegensatz zum geltenden Recht nicht mehr als primäre Strafe für besondere Delikte angedroht ist, sondern als besondere Freiheitsstrafe von gleicher Dauer, wie die an sich angedrohte Zuchthaus- oder Gefängnisstrafe „wenn der Täter ausschließlich aus achtenswerten Beweggründen gehandelt hat und die Tat nicht schon wegen der Art und Weise ihrer Ausführung oder wegen der vom Täter verschuldeten Folgen besonders verwerflich ist" (§ 72).

Der RTEntw. paßt dadurch die Strafart der Gesinnung des Verbrechers an; er trifft eine Regelung, die ich in meinem Gutachten für den 26. Deutschen Juristentag vorgeschlagen habe (vgl. van Calker, Gutachten für den 26. D.J.T. II S. 245ff. und Vgl. Darst. d. deutsch. u. ausländ. Strafrechts. Allg. Teil Bd. 3 S. 183ff.).

4. Haft: leichteste Freiheitsstrafe, § 18.

Dauer: 1 Tag bis 6 Wochen; Mindesteinheit: 1 Tag. Nach dem RTEntw. sind alle Übertretungen grundsätzlich mit Geldstrafe bedroht, mit Haft nur für den Fall der Uneinbringlichkeit (§§ 375, 386). Die Höchstdauer ist auf 3 Monate erhöht (§ 380).

Vollstreckung: einfache Freiheitsentziehung; Arbeitszwang nur bei Bettlern, Dirnen, §§ 362, 361, 3—8; keine bedingte Entlassung (§ 23).

5. Rechenmäßiges Verhältnis der Freiheitsstrafen zueinander (siehe §§ 73, 74, 44, Abs. 4, 49 Abs. 2).

8 Monate Zuchthaus = 1 Jahr Gefängnis;
8 Monate Gefängnis = 1 Jahr Festungshaft.

Beispiel: Bei Versuch der Bigamie (§ 171) ist nach § 44 das Strafminimum: $\frac{\text{1 Jahr Zuchthaus}}{4}$ = 3 Monate Zuchthaus = 4 Monate und 15 Tage Gefängnis (nach § 21).

Der RTEntw. sieht eine derartige Umwandlung einer an sich verwirkten Freiheitsstrafe in Freiheitsstrafe anderer Art nicht mehr vor. Auch bei den Milderungsgründen des § 72 RTEntw. ist nicht an eine Umrechnung einer verwirkten Strafe gedacht. Hier tritt an Stelle von angedrohten Zuchthaus- oder Gefängnisstrafen die Einschließung als andere Strafart, aber mit gleichem Strafrahmen.

6. Arten der Vollstreckung:

a) Gemeinschaftshaft,

b) Einzelhaft (sog. pennsylvanisches System),

c) Verbindung beider: tags Gemeinschaft unter Aufsicht mit Schweigegebot (vgl. Auburnesches Schweigesystem); nachts Einzelhaft; oder progressiv nach der Besserung von Einzelhaft zur Gemeinschaft, zuletzt bedingte Entlassung.

7. Das StGB. enthält nur einzelne, der RTEntw. gar keine Bestimmungen über den Vollzug.

§§ 23—26: vorläufige — bedingte — Entlassung nach Verbüßung von 3/4 der Strafzeit, mindestens aber von 1 Jahr; § 22: Einzelhaft darf ohne Zustimmung des Gefangenen 3 Jahre nicht übersteigen; Jugendgerichtsgesetz § 16: Vollstreckung der Freiheitsstrafe gegen Jugendliche in besonderen Räumen; ferner §§ 15, 16. Im übrigen herrscht, da ein Reichsstrafvollzugsgesetz noch immer fehlt, eine unübersichtliche Mannigfaltigkeit. Immerhin ist durch Vereinbarung zwischen den Landesregierungen (also im Verwaltungsweg) in den Grundzügen eine gewisse Einheitlichkeit gewahrt. Vgl. die „Grundsätze für den Vollzug von Freiheitsstrafen" vom 7. Juni 1923 (RGBl Teil II S. 263—282); über die Vollstreckung gerichtlicher Strafen gegen Soldaten und Militärbeamte vgl. die Strafvollstreckungsvorschrift für das Reichsheer vom 18. Mai 1926 (RGBl 1926 II, 273). Aus den „Grundsätzen" vom 7. Juni 1923 verdient § 52 I besondere Hervorhebung, da hier erstmals der sog. Überzeugungsverbrecher besondere Berücksichtigung erfährt: „Bestand bei einem Gefangenen nach der ausdrücklichen Feststellung des Urteils der ausschlaggebende Beweggrund zur Tat darin, daß er sich zu der Tat auf Grund seiner sittlichen, religiösen und politischen Überzeugung für verpflichtet hielt, so sind ihm die für die Strafart zulässigen Vergünstigungen ohne weiteres zu gewähren. Von der Einhaltung von Fristen, die für die Gewährung von Vergünstigungen vorgeschrieben sind, kann bei einem solchen Gefangenen abgesehen werden."

8. Der Entwurf eines Reichsstrafvollzugsgesetzes ist im Januar 1927 dem Reichsrat vorgelegt werden und soll in wenigen Monaten dem Reichstag zugehen.

Da der Inhalt der Freiheitsstrafen sich im wesentlichen erst aus der Art ihres Vollzugs ergibt, soll das Reichsstrafvollzugsgesetz gleichzeitig mit dem neuen Strafgesetzbuch in Kraft treten, um dadurch auch tatsächlich die wirkliche Einheit des Strafrechts im Deutschen Reich herbeizuführen (vgl. RTEntw. Begr. S. 32).

Deshalb sind auch aus dem RTEntw. alle Vorschriften des geltenden StGB ausgeschieden, die sich auf den Vollzug der einzelnen Strafarten beziehen (§§ 13, 15, 16 II, III, 17 IV, 18 II, 22, 28a, 29 V, VI, 30 RStGB).

V. **Die Geldstrafe**, §§ 27—30, hat durch das Gesetz zur Erweiterung des Anwendungsgebiets der Geldstrafe und zur Einschränkung der kurzen Freiheitsstrafen vom 21. Dez. 1921 (RGBl. S. 1604) und durch das Geldstrafengesetz vom 27. April 1923 (RGBl Teil I S. 254) erhöhte Bedeutung erlangt, da sie nach dem Willen des Gesetzgebers die Freiheitsstrafen in erheblichem Umfang ersetzen soll. Freilich sind beide Gesetze durch die Geldentwertung schon bald nach ihrem Inkrafttreten praktisch vielfach in ihrer Durchführung bedroht worden, da die Geldstrafen zunächst nur auf das Zehnfache und dann nur auf das Zweitausendfache erhöht wurden, so daß bald auch die Höchstsätze vielfach kaum mehr als Strafübel empfunden wurden, weshalb der Richter genötigt war, eine Freiheitsstrafe auszusprechen.

Auch das Vermögensstrafengesetz vom 13. Oktober 1923 (RGBl I, 943) brachte nur eine unzulängliche Erhöhung der Nominalbeträge in Papiermark. Doch wurde die Reichsregierung durch Art. VI des Vermögensstrafengesetzes ermächtigt, mit Zustimmung des Reichsrats die Geldstrafensätze anderweitig festzusetzen, sie insbesondere auch wertbeständig zu machen. Dies geschah dann durch die Verordnung vom 23. November 1923 (RGBl I, 117).

Die Unübersichtlichkeit machte eine Zusammenfassung der geltenden Gesetze und Verordnungen notwendig. Diesem dringenden Bedürfnis entsprach die neue Vermögensstrafenordnung vom 6. Februar 1924 (RGBl 1924 Teil I S. 44).

Die erwähnten Vorschriften behandeln nicht nur die kriminelle Geldstrafe sondern die Vermögensstrafen überhaupt.

Vermögensstrafen sind nach der Begriffsbestimmung in Art. V der neuen Vermögensstrafenordnung vom 6. Febr. 1924 „alle Geldstrafen (§ 27 des StGB, Art. II, III dieser Verordnung) und solche Geldbeträge, die mit Rücksicht auf eine begangene strafbare Handlung eingezogen, für verfallen erklärt oder sonst auferlegt werden", also

I. Geldstrafen
   1. kriminelle Geldstrafen bei Verbrechen, Vergehen und Übertretungen, § 27 StGB;
   2. nicht kriminelle Geldstrafen (VermögensstrVO Art. II: „Geldstrafen, die nicht bei Verbrechen, Vergehen oder Übertretungen angedroht sind oder werden"):
      a) Zwangsstrafen,
      b) Ordnungsstrafen,
      c) sonstige nicht kriminelle Geldstrafen;

II. sonstige Vermögensstrafen („solche Geldbeträge, die mit Rücksicht auf eine begangene strafbare Handlung eingezogen, für verfallen erklärt oder sonst auferlegt werden").

Die kriminellen Geldstrafen im besonderen:

I. Kriminelle Geldstrafen sind angedroht
   1. als alleinige Strafe (z. B. § 40 Patentges. in der Fassung vom 7. Dezember 1923 mit den Änderungen vom 26. März 1926);
   2. neben Freiheitsstrafe, und zwar
      a) alternativ (z. B. § 185) oder
      b) kumulativ (z. B. § 263),
         fakultativ (vgl. § 27a) oder
         obligatorisch: z. B. neben jeder Verurteilung wegen Hochverrats oder wegen eines Verbrechens auf Grund des Republikschutzgesetzes von 1922 (§ 9 dortf., in der Fassung vom 8. Juli 1926);

3. als bedingte obligatorische Ersatzstrafe (an Stelle der verwirkten Freiheitsstrafe von weniger als drei Monaten: § 27 b).

II. Höchstbetrag:

1. Ein genereller Höchstbetrag für die Geldstrafe überhaupt ist nicht bestimmt; nur für Übertretungen ist als allgemeine Begrenzung 150 Reichsmark festgesetzt (§ 27 Abs. II Ziff. 2 StGB). Im RTEntw. ist eine Höchstgrenze von 500 Reichsmark vorgesehen (§ 380).

2. subsidiärer Höchstbetrag („soweit nicht höhere Beträge oder Geldstrafe in unbeschränkter Höhe angedroht sind oder werden") bei Verbrechen und Vergehen: 10000 Reichsmark (§ 27 II, 1) außer bei Multiplarstrafen (§ 27 III), ebenso RTEntw. § 37,

   Beispiel für Geldstrafdrohung in unbegrenzter Höhe: Republikschutzgesetz § 9: „die Höhe der Geldstrafe ist nicht beschränkt";

3. außerordentlicher Höchstbetrag („bei einem Verbrechen oder Vergehen, das auf Gewinnsucht beruht"): 100000 Reichsmark (§ 27 a StGB);

4. Überschreitung des Höchstbetrags: § 27 c II und III StGB. Der RTEntw. sieht in den §§ 38, 70, 73 (am Ende) dieselbe Regelung wie im geltenden Recht in den §§ 27 a, b, c, vor, weil sie sich bereits in der Praxis gut bewährt hat. (Vgl. auch hiezu Begr. S. 34 zu § 37.)

III. Mindestbetrag:

1. bei Verbrechen und Vergehen: 3 Reichsmark (§ 27 II, 1);
2. bei Übertretungen: 1 Reichsmark (§ 27 II, 2).

IV. Landesstrafrecht:

Die vorstehenden Bestimmungen gelten auch für das Landesstrafrecht; die Vermögensstrafenverordnung vom 6. Febr. 1924 räumt aber den Ländern in Art. VIII Abs. 2 das Recht ein, abweichende Bestimmungen für das Landesstrafrecht zu treffen.

Auch der RTEntw. §§ 37, 380 steht auf diesem Standpunkt.

V. Bezahlung und Beitreibung: StGB §§ 28, 28 a; StPO § 463; vgl. ferner § 30 StGB

bei Uneinbringlichkeit: Tilgung durch freie Arbeit (§ 28 b) oder Ersatzfreiheitsstrafe (§ 29).

Verurteilten in besonders ungünstigen wirtschaftlichen Verhältnissen kann die Zahlung durch Stundung oder Gestattung von Teilzahlungen erleichtert werden; äußersten Falles (wenn ein Verurteilter trotzdem ohne Verschulden zur Zahlung nicht imstande ist) kann bei Unmöglichkeit der Tilgung durch freie Arbeit auch angeordnet werden, daß die Vollstreckung der Ersatzstrafe unterbleibt (§ 29 Abs. VI).

VI. Der Verweis, früher Ehrenstrafe nur für Jugendliche bei besonders leichten Fällen von Vergehen und Übertretungen, durch das Jugendgerichtsgesetz vom 16. Febr. 1923 beseitigt; vgl. dortselbst § 47, § 7 Nr. 1 (Verwarnung als Erziehungsmaßregel), § 9 Abs. 4 (in besonders leichten Fällen kann der Richter von Strafe überhaupt absehen).

VII. Sog. Nebenstrafen:

1. Polizeiaufsicht: Zulässig nach dem Ermessen des Gerichts neben Freiheitsstrafe nur in den vom Gesetz vorgesehenen Fällen, § 38.

Fälle: §§ 49a, 115, 122, 125, 146/7, 180/1; 184, 248, 256, 262, 294, 325; § 14 des Spionagegesetzes von 1914; bei Jugendlichen ist sie ausgeschlossen: § 9 Abs. 5 Jugendgerichtsgesetz vom 16. Febr. 1923.

Verfahren: der Richter spricht ihre Zulässigkeit aus; die Landespolizeibehörde kann alsdann (nach Anhören der Gefängnisverwaltung), den Verurteilten höchstens 5 Jahre (von der Beendigung seiner Freiheitsstrafe an gerechnet) unter Polizeiaufsicht stellen; § 38 Abs. 2 und 3.

Wirkung: § 39.

a) Aufenthaltsbeschränkung,
b) bei Ausländern Ausweisung aus dem Bundesgebiet,
c) zeitlich unbeschränkte Zulässigkeit von Haussuchungen (§§ 102—106 StPO).

2. Überweisung an die Landespolizeibehörde, § 362.

Fälle: § 361 Nr. 3—8 (Landstreicher, Bettler, Prostituierte, Müßiggänger, Erwerbslose) und 181a (Zuhälter). Über die gesetzgebungspolitische Behandlung dieser asozialen Elemente vgl. RTEntw. §§ 58—64.

Verfahren: § 362 Abs. 3. Das Gericht spricht die Überweisung aus, die Landespolizeibehörde ist dann befugt, den Verurteilten (für die Dauer von 2 Jahren)

a) in einem Arbeitshaus (Prostituierte in einer Besserungsanstalt oder einem Asyl) unterzubringen (korrektionelle Nachhaft) oder zu gemeinnützigen Arbeiten zu verwenden;
b) Ausländer auszuweisen. Jugendliche dürfen nicht in einem Arbeitshaus untergebracht werden.

3. Ausweisung:

Fälle:

a) bei Polizeiaufsicht, § 39 Nr. 1 (bei Inländern nur Ortsverweisung),
b) Landesverweisung ist als polizeiliche Maßnahme möglich (vgl. § 361 Nr. 2); bei Überweisung an die Landespolizeibehörde (§ 362) ist neben Reichs- auch Landesverweisung von Ausländern möglich,
c) § 285a (bei gewerbsmäßigem Glücksspiel, Reichsverweisung von Ausländern), ebenso § 39 Nr. 2 (Polizeiaufsicht bei Ausländern) und § 362 Abs. 4.
d) Reichsverweisung von Ausländern auf Grund des § 9 Abs. 2 des Republikschutzgesetzes von 1922 in der Fassung vom 8. Juli 1926 (RGBl. I 397).

4. Aberkennung der bürgerlichen Ehrenrechte, §§ 32—36.

Fälle:

a) obligatorisch: bei Meineid (161), schwerer Kuppelei (181), gewerbs- und gewohnheitsmäßigem Wucher (302d);
b) fakultativ: neben jeder Todes- und Zuchthausstrafe; neben Gefängnis nur, wenn das Gesetz es ausdrücklich zuläßt oder die Gefängnisstrafe wegen mildernder Umstände an Stelle der Zuchthausstrafe ausgesprochen ist und die erkannte Strafe 3 Monate erreicht § 32.

Unzulässig bei Jugendlichen § 9 Abs. 5 des Jugendgerichtsgesetzes.

Wirkung: §§ 33, 34; ferner z. B. Rechtsanwaltsordnung, §§ 5—7, 21; GewO §§ 43, 53, 57, 62, 83, 100a, 150, 154; PreßG § 8; vgl. auch MStGB § 31 in der Fassung des Wehrgesetzes (Entfernung aus dem Heer).

Dauer: 2—10 Jahre, von der Verbüßung, Verjährung oder dem Erlaß der Freiheitsstrafe an gerechnet, § 36.

Der RTEntw. sieht die allgemeine Aberkennung der bürgerlichen Ehrenrechte nicht mehr vor.

Die allgemeine dauernde Ehrlosigkeit des Täters soll als Folge einer Verurteilung nicht mehr zulässig sein, um jedem Täter nach verbüßter Strafe die Möglichkeit zu lassen, den Kampf um ein redliches Dasein mit Aussicht auf Erfolg wieder aufzunehmen.

Beibehalten wird die Aberkennung der Amtsfähigkeit und des Wahl- und Stimmrechts; Voraussetzungen und Umfang sind gegenüber dem geltenden Recht zum Teil anders (§§ 46—50).

Der Verlust der Amtsfähigkeit soll kraft Gesetzes eintreten bei jeder Verurteilung zur Zuchthausstrafe, der Verlust des Wahl- und Stimmrechts nur bei Verurteilung zu lebenslänglichem Zuchthaus (Todesstrafe in jedem Fall eingeschlossen). Im übrigen ist der Ausspruch über diese Nebenstrafen dem richterlichen Ermessen anheimgestellt, sofern die Verurteilung wegen eines vorsätzlichen Delikts erfolgt und die Strafe mindestens 1 Jahr Gefängnis beträgt. Der Verlust der Amtsfähigkeit kann schon bei Gefängnisstrafe von 3 Monaten ausgesprochen werden.

Diese Rechtswirkungen sollen nur solange dauern, als ihr Zweck es erfordert. Deshalb ist im RTEntw. auch eine Wiederverleihung dieser Rechte unter bestimmten Voraussetzungen vorgesehen, wenn der Täter sich dieser Rechte wieder würdig erwiesen hat. (§ 50.)

5. Aberkennung einzelner Ehrenrechte:

§ 35: Unfähigkeit zur Bekleidung öffentlicher Ämter für 1—5 Jahre; bei Hochverrat, Landesverrat und Spionage (§§ 81—83, 84, 87—91, 95 StGB, § 12 Spionagegesetz); vgl. ferner § 10 des Gesetzes zum Schutze der Republik vom 21. Juli 1922 (RGBl Teil I S. 587).

Wirkung: Dauernder Verlust der bekleideten öffentlichen Ämter und der aus öffentlichen Wahlen hervorgegangenen Rechte, z. B. Reichstagsmandat.

Nachträgliche Entziehung in besonderem Verfahren: § 37.

Rehabilitation: vgl. oben § 13 A II.

6. Einziehung (keine Strafe, sondern bloße Sicherungs- oder Verwaltungsmaßregel, a. A. RG 57, 334);

Fälle: § 40.

a) vorsätzliches Verbrechen,

b) vorsätzliches Vergehen,

c) folgende Übertretungen: § 360 Nr. 2, 4, 5 und 6 und § 367 Nr. 7—9; betrifft: producta sceleris und instrumenta sceleris, die im Eigentum des Täters oder eines Teilnehmers stehen.

Auch andere als im Eigentum des Täters oder Teilnehmers stehende Gegenstände können eingezogen werden: bei Münzdelikten (§ 152), Jagd- und Fischereidelikten (§§ 295, 296 a), sowie nach §§ 360 und 367.

Obligatorisch ist die Einziehung bei Münzfälschung (152), Jagd- und Fischereivergehen (296, 296 a), bei Glücksspiel (184 b), sowie bei Delikten gegen das Gesetz zur Bewahrung der Jugend vor Schund- und Schmutzschriften vom 18. Dez. 1926, RGBl. I 505: „Einziehungszwang".

Verfahren: Die Einziehung wird im Urteil ausgesprochen; damit wird der Täter verpflichtet, das Eigentum dem Fiskus zu übertragen; mit der Wegnahme durch den Gerichtsvollzieher (§ 463 StPO, § 897 ZPO) wird der Fiskus Eigentümer, sofern die Beschlagnahme nicht schon vor dem Urteil erfolgt war; bestritten, ob das Urteil nicht ohne weiteres den Eigentumsübergang bewirkt.

Objektives Verfahren: § 42 (wenn die Verfolgung oder Verurteilung einer bestimmten Person — etwa wegen ihrer Zurechnungsunfähigkeit oder wegen Unauffindbarkeit — nicht durchführbar ist).

7. Unbrauchbarmachung, § 41 betrifft: Schriften, Bilder usw., sowie die zur Herstellung bestimmten Platten und Formen und die im Besitz des Verfassers, Verlegers, Herausgebers, Druckers, Buchhändlers befindlichen Exemplare (§ 41 Abs. II).

Unterscheide:

a) die Einziehung nach § 41/2 durch Urteil;

b) die Beschlagnahme nach § 94 StPO, die ein Akt der Strafverfolgung ist (Beweissicherung);

c) Die Beschlagnahme einer Schrift (nach § 23 PreßG, § 20 Republikschutzges.); sie soll die Verbreitung der Druckschrift hindern, bis der Richter die Unbrauchbarmachung nach § 41 ausspricht.

8. Zeitige Beschlagnahme des ganzen Vermögens bei Hoch- und Landesverrat (§ 93),

Keine Strafe, sondern prozessuale Maßnahme; daher vom RT-Entw. aus dem StGB gestrichen und der StPO überlassen.

9. Aufenthaltsbeschränkung — sonst eine Rechtswirkung der Polizeiaufsicht als „Nebenstrafe" (vgl. oben VII 1 a) — kann jetzt auf Grund des § 9 Abs. 2 des Republikschutzgesetzes von 1922 in der Fassung vom 8. Juli 1926 (RGBl I 397) auch als selbständige Straffolge angeordnet werden, und zwar bei einer Verurteilung wegen Hochverrats oder wegen eines Verbrechens gegen das Republikschutzgesetz.

10. Die Frage, ob in den vorliegenden Fällen eine Nebenstrafe oder eine polizeiliche Sicherungsmaßnahme vorliegt, ist für das geltende Recht sehr bestritten. Sie ist vor allem deshalb bedeutsam, weil eine Nebenstrafe stets eine strafbare Handlung, also auch Schuld beim Täter voraussetzt, die Sicherungsmaßnahme dagegen nicht. Der RTEntw. sieht deshalb eine ausdrückliche Trennung vor: im 7. Abschnitt Nebenstrafen, im 8. Abschnitt Maßregeln der Sicherung und Besserung.

Als Nebenstrafen sind übernommen:

1. Verlust der Amtsfähigkeit (§§ 46—48);
2. Verlust des Wahl- und Stimmrechts (§ 49);
3. Urteilsbekanntmachung (§ 51);
4. Einziehung (§§ 52 ff.).

VIII. **Erziehungsmaßregeln** für Jugendliche: Jugendgerichtsgesetz vom 16. Februar 1923 §§ 5—8 und § 51 Ziff. III.

IX. Maßregeln der Besserung und Sicherung.

Diese von den Entwürfen vorgesehenen Maßregeln sind ebensowenig „Strafen" wie die vorstehend erwähnten Erziehungsmaßregeln. Sie sollen trotzdem in das neue Strafgesetzbuch aufgenommen werden, da sie eine kriminalpolitisch notwendige Ergänzung der Strafe in der Hand des Strafrichters darstellen und wenigstens teilweise denselben Zwecken dienen wie die Strafe. (Besserung des Verbrechers, Sicherung

der Gesellschaft vor dem gefährlichen Verbrecher insbesondere vor dem Gewohnheitsverbrecher.)

Maßregeln der Besserung und Sicherung sind nach RTEntw. §§ 55 ff.:

1. Die Unterbringung von Geisteskranken oder vermindert Zurechnungsfähigen in einer Heil- oder Pflegeanstalt;
2. die Überweisung von Trunksüchtigen in eine Trinkerheilanstalt oder Entwöhnungsanstalt;
3. die Unterbringung in einem Arbeitshaus;
4. die Sicherungsverwahrung gefährlicher Gewohnheitsverbrecher,
5. die Schutzaufsicht.
6. die Reichsverweisung.

Über die praktische Durchführbarkeit der Sicherungsverwahrung gegenüber dem Berufsverbrecher und das Problem der lebenslänglichen Sicherungsverwahrung zum Schutz der Gesellschaft vgl. Heindl, Der Berufsverbrecher, 4. Aufl., 1927.

Bei der Unterbringung freigesprochener Geisteskranker oder verurteilter Trinker in Heilanstalten war nach dem Entw. 1925 die Anordnung dem Ermessen der Verwaltungsbehörde dadurch entzogen, daß der Entwurf 1925 in den §§ 43, 44 zwingend die Anordnung der Unterbringung durch das Gericht vorschrieb.

Der RTEntw. hat bedauerlicherweise diese einheitliche Regelung wieder fallen lassen: nach den §§ 55—58 kann das Gericht die betreffenden Maßnahmen, Unterbringung in einem Arbeitshaus usw., bloß für zulässig erklären, so daß die Entscheidung, ob tatsächlich die betreffenden Maßregeln der Besserung und Sicherung angeordnet werden, dem Ermessen der einzelnen Verwaltungsbehörden überlassen bleibt, die auf Grund der verschiedenen örtlichen Verhältnisse schwerlich von sich aus zur Durchführung einheitlicher Grundsätze kommen können.

(Ebenso Ebermayer, Deutsche Juristen-Ztg. 1927 Heft 9 S. 628.)

X. Die Buße ist Ersatz, nicht Strafe: sie soll den Verletzten entschädigen, nicht aber, wie die Strafe, eine Reaktion gegen eine Verletzung irreparabler Werte sein.

Fälle:

a) üble Nachrede und Verleumdung, § 188;
b) Körperverletzung, § 231;
c) bei Delikten gegen Urheberrechte und gewerblichen Rechtsschutz (§ 14 Musterschulgesetz; § 37 Patentgesetz; § 18 WarenzeichenG; § 40 LitUrhG; § 9 Verlagsgesetz; § 26 UWG usw.); vgl. unten § 49.

Verfahren: §§ 403—406, 463 StPO.

Mindestbetrag der Buße: 3 Reichsmark, Höchstbetrag 10 000 Reichsmark (Art. IV der Verordnung über Vermögensstrafen und Bußen vom 6. Febr. 1924, RGBl Teil I S. 46); sonstige Festsetzung von Mindest- und Höchstbeträgen der Buße sind durch Art. XIV Abs. II Ziff. 5 der Vermögensstrafenverordnung vom 6. Febr. 1924 aufgehoben.

Eine andere Art von Geldbußen fand seit einigen Jahren Verbreitung als Auflage bei Gewährung der bedingten Strafaussetzung und bei endgültigen Gnadenerweisen: vgl. AllgV des Preuß. Justizmin. vom 19. Okt. 1920 (JMBl S. 564) in der Fassung vom 15. Juni 1921 (JMBl S. 349) §§ 3b und 13; für Bayern vgl. die Bek. vom 5. März 1922 (JMBl S. 67—118) § 25 und Bek. vom 10. Dez. 1923 (StAnz. Nr. 286).

Der RTEntw. enthält keine Bestimmungen über die Buße mehr.

§ 20. Festsetzung der Strafe.

I. **Strafzumessung** ist die Festsetzung der Strafe im Einzelfall, wenn die Strafdrohung dem Richter einen Spielraum für die Berücksichtigung des Einzelfalles läßt. Dieser Spielraum ist nach dem RTEntw. besonders weit bemessen. Die Erweiterung gegenüber dem StGB enthält neben dem Vorteil der Möglichkeit individuell-gerechter Anpassung den Nachteil der Möglichkeit willkürlicher Straferschwerung oder Straferlassung. Die bedeutende Freiheit des richterlichen Ermessens nach dem RTEntw. ist daher zurzeit Gegenstand heftiger gesetzgebungspolitischer Kontroversen.

1. Bei absolut bestimmten Strafen ist eine Strafzumessung nicht möglich.

   Absolut bestimmte Strafen sind
   a) Todesstrafe (vgl. oben § 19 II III),
   b) Strafen, die in einem Vielfachen des entwendeten oder entzogenen Betrages bestehen (bei Zoll- und Steuerdelikten): sog. Multiplarstrafen; § 27c StGB ist also hier nicht anwendbar (vgl. RG 60, 391).

2. Relativ bestimmte Strafen sind solche, bei denen dem Richter eine Abstufung der Strafe und Berücksichtigung der Umstände des einzelnen Falles möglich ist; indem entweder
   a) innerhalb eines Strafrahmens von Strafen derselben Art abgestuft werden kann, z. B. Androhung von Zuchthaus bis zu 15 Jahren bedeutet: der Richter kann von 1 Jahr bis zu 15 Jahren Zuchthaus verhängen; er hat nur zu beachten, daß die Mindesteinheit 1 Monat ist (oben § 19 Abs. IV 3), kann also nicht etwa 1 Jahr 5 Monate und 14 Tage, sondern nur entweder 1 Jahr und 5, oder 1 Jahr und 6 Monate verhängen; oder
   b) mehrere angedrohte Strafarten alternativ oder kumulativ zur Verfügung stehen, z. B. § 185 (alternativ) oder § 263 (kumulativ).

3. Von den absolut oder relativ bestimmten Strafdrohungen sind zu unterscheiden:
   a) die absoluten (selbständigen) Strafdrohungen oder Grundstrafdrohungen: Aus ihnen kann die absolut oder relativ bestimmte Strafe unmittelbar und unabhängig von weiteren gesetzlichen Bestimmungen entnommen werden.

      Beispiele: § 211: „wird mit dem Tode bestraft": absolute, absolut bestimmte Strafdrohung; § 242: „wird mit Gefängnis bestraft": absolute, relativ bestimmte Strafdrohung.

   b) die relativen Strafdrohungen: aus ihnen kann die verwirkte Strafe nicht ohne weiteres unabhängig von sonstigen Bestimmungen entnommen werden. Sie verlangen vielmehr ein Zurückgreifen auf eine Grundstrafdrohung; sie lehnen sich unselbständig an eine absolute Strafdrohung an: sie werden daher auch als abgeleitete, abhängige, unselbständige Strafdrohungen bezeichnet. Sie finden sich bei den Erscheinungsformen des Verbrechens.

      Beispiel: § 44. Vgl. aber § 27a StGB.

4. Die Gründe, die den Richter veranlassen, innerhalb der ihm überlassenen Möglichkeiten eine höhere oder geringere Strafe festzusetzen,

heißen in der herrschenden, wenn auch willkürlichen Terminologie Strafmehrungs- (Straferhöhungs-) und Strafminderungsgründe. Zutreffender werden sie als Strafschärfungs- und Strafmilderungsgründe bezeichnet, da die Bezeichnung Straferhöhungs- und Strafminderungsgründe nach der gesetzlichen Terminologie auf die Vertauschung der Strafdrohung selbst mit einer schwereren oder leichteren, nicht dagegen auf die Strafzumessung innerhalb einer gegebenen Strafdrohung angewendet wird (anders die Terminologie des RTEntw., nach der die ausdrückliche gesetzliche Ermächtigung von dem normalen Strafrahmen abzugehen, als Strafmilderung (§§ 73ff.) und Strafschärfung (§§ 77, 78) bezeichnet wird.

Solche Strafzumessungsgründe sind z. B.: Größe des entstandenen Schadens, Gesinnung und Motiv des Täters, Roheit in der Ausführung der Handlung, Eindruck der Tat auf die Volksgemeinschaft, hartnäckiges Leugnen (vgl. RG. 38, 208), Höhe des Entgelts und des Gewinnes (§ 27c II) usw.

Das geltende Recht enthält keine allgemeinen Bestimmungen über die Strafbemessung, von einzelnen Zumessungsgründen abgesehen (§§ 20, 27a, b, c). Dem sucht der RTEntw. dadurch abzuhelfen, daß er in § 69 allgemeine Grundsätze für die Bemessung aller Strafen aufstellt. Die einzeln angeführten Strafbemessungsgründe sollen „Erkenntnisquellen zur Erkundung der Persönlichkeit des Schuldigen" sein; denn der Charakter des Täters zur Zeit der Tat soll in erster Linie für die Strafbemessung ausschlaggebend sein.

5. In welch bedeutendem Maße der RTEntw. die Strafzumessungsfreiheit des Strafrichters erweitert, zeigt sich insbesondere in folgenden Punkten:

a) Die Strafrahmen des Besonderen Teils des RTEntw. sind im allgemeinen weiter als im geltenden Recht. Dazu ist bei zahlreichen Vergehen, bei denen bisher nur Freiheitsstrafe zulässig war, auch alternativ Geldstrafe angedroht, z. B. §§ 96 III, 160, 177 II, 180, 181, 185 II, 213 II, 220;

b) weitgehender Verzicht auf gesetzliche Anordnung von Mindeststrafen im besonderen Teil des StGB.

c) generelle Anerkennung der „mildernden Umstände" für alle Delikte im Gegensatz zu der Kasuistik des geltenden Rechts (siehe unten II, 2).

d) die Möglichkeit, in „besonders leichten Fällen" von Strafe abzusehen (§§ 76, 383, Beispiele: §§ 219, 259, 268, 277, 281, 317, 320, 324, 326, 335, 336, 337, 345, 349, 371 RTEntw.)

Das geltende Recht hat diese Entwicklung bereits angebahnt mit prozessualen Mitteln; nämlich durch Ausnahmen vom Anklagezwang der Staatsanwaltschaft (§§ 153, 154 StPO) und Einstellung des Verfahrens durch Gerichtsbeschluß mit Zustimmung der Staatsanwaltschaft, wenn die Schuld des Täters gering und die Folgen der Tat unbedeutend sind.

Nach dem Reichsges. zur Bewahrung der Jugend vor Schund- und Schmutzschriften vom 18. Dez. 1926 (RGBl I S. 105) § 6 II kann das Gericht bereits nach geltendem Recht von Strafe absehen.

e) Strafverschärfung in „besonders schweren Fällen" (§§ 77, 384; vgl. oben § 19 IV, 1, letzter Absatz);

f) die Möglichkeit, bei allen vorsätzlich begangenen Vergehen beim 3. Rückfall auf Zuchthaus und Sicherungsverwahrung zu erkennen (§§ 78, 59).

II. Strafänderung (sog. außerordentliche Strafzumessung).

Im Gegensatz dazu heißen nach einer weit verbreiteten, aber jedenfalls im geltenden Recht nicht begründeten Begriffsbildung „Strafschärfungs-" oder „Milderungsgründe" diejenigen, die nach gesetzlicher Bestimmung einen anderen Strafrahmen herbeiführen. Sie werden — wie gesagt — zweckmäßiger als Straferhöhungs- und Strafminderungsgründe bezeichnet (vgl. StGB § 50; StPO §§ 263, 264).

A. Die echte Strafänderung wird dadurch bewirkt, daß die Regelstrafdrohung ersetzt wird durch eine andere gesetzliche Strafdrohung, nach welcher eine höhere oder niedrigere Strafe verwirkt ist. Die Vertauschung von Strafdrohungen kann durch zwei Arten von Gründen herbeigeführt werden:

1. Bestimmte (benannte) Strafänderungsgründe:

a) allgemeine Strafänderung, meistens durch eine strafändernde Erscheinungsform, z. B. § 9 JugGerGes, § 55 MStGB, vgl. oben S. 65.

b) spezielle Strafänderung, die nicht wie eine Erscheinungsform prinzipiell auf alle Delikte angewendet werden kann, sondern vom Gesetz nur für einzelne Delikte besonders vorgesehen ist. „Besondere" Straferhöhungs- oder Strafminderungsgründe (qualifizierende oder privilegierende Umstände) führen hier zur Ersetzung der für das Grund- (Gattungs-) delikt aufgestellten Regelstrafdrohung und begründen so gegenüber dem „ordentlichen" Strafrahmen einen „außerordentlichen". Dabei besteht die Verschiedenheit gegenüber dem Grunddelikt entweder im Tatbestand (243/242) oder in der Schuld (268/267) oder nur im rein objektiven Erfolg (226/223),

Die im § 27a vorgesehene Strafänderung fällt ebenfalls unter die Kategorie der benannten Strafänderungsgründe („bei einem Verbrechen oder Vergehen, das auf Gewinnsucht beruht"). Die Strafänderung besteht darin, daß die zunächst platzgreifende gesetzliche Regelstrafdrohung durch eine andere Strafdrohung ersetzt wird, nach welcher eine höhere Strafe verwirkt ist (Höchstbetrag der Geldstrafe erhöht auf 100000 Reichsmark; Geldstrafe neben Freiheitsstrafe auch dann, wenn die Regelstrafdrohung keine Geldstrafe vorsieht). Innerhalb dieses außerordentlichen Strafrahmens, der durch das bestimmte Verbrechensmerkmal der Gewinnsucht herbeigeführt wird, findet das Gericht im Wege der Strafzumessung die im Einzelfall verwirkte Strafe (also echter Strafänderungsgrund).

2. Unbestimmte (unbenannte) Strafänderungsgründe:

Unbestimmte (unbenannte) Strafminderungsgründe sind die mildernden Umstände, die im geltenden StGB bei zahlreichen einzeln aufgezählten Verbrechen und Vergehen vorgesehen sind (z. B. § 228).

Der RTEntw. hat die Methode des RStGB bezüglich der mildernden Umstände aufgegeben und läßt die mildernden Umstände grundsätzlich bei allen Delikten zu (§ 74), „wenn bei Abwägung der Strafbemessungsgründe die für eine mildere Strafe sprechenden Umstände beträchtlich überwiegen". Damit ist nach dem RTEntw. im Gegensatz zum geltenden Recht auch beim Mord die Annahme mildernder Umstände denkbar.

B. Unechte Strafänderung (Straferhöhung oder Strafminderung) liegt dann vor, wenn die unter Berücksichtigung einer etwaigen echten Strafänderung, also innerhalb des ordentlichen oder außerordentlichen Strafrahmens durch Strafzumessung gefundene im Einzelfall verwirkte Strafe noch auf Grund besonderer gesetzlicher Vorschrift einer weiteren Modifikation unterworfen wird (z. B. §§ 27 b, 157, 208) oder durch Strafanrechnung in ihrer tatsächlichen Höhe verändert wird (s. u. IV.).

III. Strafumwandlung.

3 Fälle:

a) Umwandlung der Geldstrafe in Freiheitsstrafe bei Uneinbringlichkeit (sog. Ersatzfreiheitsstrafe) § 29 RStGB;

b) Umwandlung der Freiheitsstrafe in eine andere Freiheitsstrafe, z. B. §§ 44, 49, 74.

c) Umwandlung der Freiheitsstrafe in eine Geldstrafe, bei Vergehen und Übertretungen, „wenn der Strafzweck durch eine Geldstrafe erreicht werden kann" § 27 b.

Berechnung: § 21 und § 29 RStGB.

Verfahren: §§ 459, 462 StPO.

Nach § 28 b RStGB kann die Vollstreckungsbehörde dem Verurteilten gestatten, eine uneinbringliche Geldstrafe durch freie Arbeit zu tilgen.

IV. **Strafanrechnung** ist die Anrechnung eines Übels, das der Täter bereits aus Anlaß seiner Tat erlitten hat (sog. unechte Strafminderung).

Was wird angerechnet?

a) Untersuchungshaft, § 60 StGB (fakultativ) und § 450 StPO (obligatorisch);

b) im Ausland vollzogene Strafe (obligatorisch) § 7 StGB.

Worauf wird angerechnet? Auf Freiheitsstrafen und Geldstrafen (vgl. § 29), nicht aber auf Todesstrafe.

Besonderer Teil.

Vorbemerkung.

Die folgende Darstellung des Besonderen Teiles des Strafrechts will nur einen Überblick über den Aufbau der einzelnen Tatbestände des Strafgesetzbuches und der wichtigsten Nebengesetze bieten. Zur Ergänzung wird nachdrücklich auf das Studium der einschlägigen Lehrbücher und Kommentare hingewiesen (vgl. die Angaben oben S. 14).

Die Legalordnung wurde als Grundlage der Systematik beibehalten um das strafrechtliche Studium in engsten Zusammenhang mit dem Text des Gesetzes zu bringen.

§ 21. Hochverrat und Landesverrat (1. Abschnitt des Besonderen Teils).

Hochverrat ist der (vorsätzliche und rechtswidrige) Angriff auf die Integrität des Staatsoberhauptes, der Staatsverfassung oder des Staatsgebietes;

Landesverrat ist der Angriff auf die äußere Machtstellung des Deutschen Reiches in seinem Verhältnis zu andern Staaten (Täter muß nach geltendem Recht im Gegensatz zum RTEntw. bei Landesverrat grundsätzlich ein Deutscher sein, vgl. jedoch § 91).

I. Tatbestände des **Hochverrats**:

1. Mord und Mordversuch am Kaiser, dem eigenen Landesherrn oder dem Landesherrn des Aufenthaltsstaates, § 80: gegenstandslos infolge der Verfassungsänderung, aber noch nicht formell aufgehoben.

2. Unternehmen
   a) der Tötung oder sonstigen Regierungsverhinderung eines Bundesfürsten: jetzt ebenfalls gegenstandslos;
   b) der gewaltsamen Verfassungsänderung;
   c) der gewaltsamen Verletzung des territorialen Bestandes des Reichs;
   d) der gewaltsamen Verletzung des territorialen Bestandes eines Landes;

   § 81 Nr. 1—4; Definition des Unternehmens in § 82 (vgl. oben § 16 V 5);

3. Strafbare Vorbereitungshandlungen zum Hochverrat
   a) hochverräterisches Komplott, § 83 (vgl. oben § 16 V 6 und § 17 B I 3);
   b) hochverräterische Konspiration (3 Fälle: sich Einlassen mit einer ausländischen Regierung, Mißbrauch anvertrauter Macht, Anwerben oder Einüben von Truppen), § 84;
   c) öffentliche Aufforderung zum Hochverrat, § 85;
   d) allgemein: jede andere Vorbereitungshandlung, § 86;

   Besonderheit: § 93 (Vermögensbeschlagnahme; keine Strafe, sondern prozessuale Maßnahme. Verfahren: §§ 291—293, 433 StPO).

   Vom RTEntw. ist diese Bestimmung wegen ihres prozessualen Charakters nicht übernommen worden.

4. durch die neue Staatsform in Reich und Ländern hat sich der Inhalt des Begriffes des Hochverrats teilweise verändert (vgl. RG 56, 173 und insbes. 259 ff.). Das Gesetz zum Schutz der Republik vom 21. Juli 1922 [RGBl I S. 585] hat nur zum Teil eine Regelung in dieser Hinsicht gebracht.

   Die Gültigkeit des RepSchGes. war auf 5 Jahre beschränkt (1922 bis 1927); da das neue Strafgesetzbuch, in das die wesentlichsten Bestimmungen des RepSchGes. eingearbeitet worden sind, voraussichtlich noch längere Zeit auf sich warten lassen wird, ist durch Gesetz v. 2. Juni 1927 die Geltungsdauer des RepSchGes. auf 2 Jahre verlängert worden (RGBl 1927, I S. 125).

5. Der RTEntw. trägt den neuen staatsrechtlichen Verhältnissen entsprechend Rechnung: Im § 86 II ist auch der Angriff auf die verfassungsmäßigen Rechte des Reichspräsidenten als Hochverrat behandelt. Die vielen Streitfragen, die im geltenden Recht wegen der Unternehmungsdelikte des Hochverrats entstanden sind, beseitigt der RTEntw. gründlich dadurch, daß er die Vollendung des Hochverrats auf den Erfolg abstellt: „Wer mit Gewalt ... die Verfassung ... ändert usw. (§ 86).

   Bezüglich der Strafbarkeit der Vorbereitungshandlungen hat der RTEntw. die kasuistische Regelung, die der Entw. 1925 durch eine Aufzählung der strafbaren Vorbereitungshandlungen versah, aufgegeben und im Anschluß an das geltende Recht jede Vorbereitungshandlung zum Hochverrat für strafbar erklärt (§ 88 I u. II).

   Ebenso wird der Streit im geltenden Recht, ob der freiwillige Rücktritt von der strafbaren Vorbereitungshandlung strafbefreiende Wirkung haben könne, durch eine ausdrückliche Vorschrift beseitigt, die für die tätige Reue bei der Verabredung zum Hochverrat und bei allen anderen Vorbereitungshandlungen Straffreiheit vorsieht. (§ 88 III RTEntw.). Die öffentliche Aufforderung zum Hochverrat ist als Sonderdelikt, nicht als Vorbereitungshandlung behandelt, bei der tätige Reue keine Strafbefreiung bringen kann (§ 87).

II. Tatbestände des **Landesverrats**:

1. der sog. militärische (d. h. durch Veranlassung eines Krieges unternommene oder während eines Krieges erfolgende) Landesverrat:
   a) landesverräterische Konspiration (= sich Einlassen mit einer ausländischen Regierung, um sie zu einem Krieg gegen das Deutsche Reich zu veranlassen); § 87;
   b) landesverräterische Waffenhilfe, § 88;
   c) landesverräterische Begünstigung (= einer feindlichen Macht Vorschub leisten, oder der Kriegsmacht des Deutschen Reichs oder seinen Bundesgenossen Nachteil zufügen), § 89; schwere Fälle der Begünstigung: § 90 (Kriegsverrat siehe §§ 57 f., 160 MStGB und „Ordnung der Gesetze und Gebräuche des Landkrieges" RGBl 1910 S. 132).
2. Der sog. diplomatische Landesverrat:
   a) Geheimnisverletzung, § 92 Nr. 1; ergänzt durch Spionagegesetz (s. u.)
   b) Beweisvernichtung, § 92 Nr. 2;
   c) Untreue, § 92 Nr. 3.

   Besonderheit: § 93 (Vermögensbeschlagnahme; vgl. oben u. I 3).

Durch das auch vom RTEntw. aufrechterhaltene Gesetz gegen den Verrat militärischer Geheimnisse vom 3. 6. 14/11. 3. 21 (Spionageges.) ist die Geheimhaltung von Schriften, Zeichnungen und andern Gegenständen, sowie von Nachrichten, deren Geheimhaltung im Interesse der Landesverteidigung erforderlich ist, strafrechtlich geschützt. Gesetzeskonkurrenz zwischen den Tatbeständen des Gesetzes von 1914 und denen des § 90 Nr. 4, 5 und § 92 Nr. 1 (vgl. Begründung zum RTEntw. S. 64, vor §§ 90, 91 und zu § 93). Täter braucht nach dem Spionagegesetz kein Deutscher zu sein, vgl. jedoch auch § 91 Abs. 1 und Abs. 2.

Tatbestände des Spionagegesetzes:

a) § 1: Der Täter läßt Schriften, Zeichnungen oder andere Gegenstände oder Nachrichten, deren Geheimhaltung im Interesse der Landesverteidigung erforderlich ist,

   in den Besitz oder zur Kenntnis eines andern gelangen und gefährdet dadurch die Sicherheit des Reichs;

   oder an eine ausländische Regierung oder eine in deren Interesse tätige Person gelangen und gefährdet dadurch die Sicherheit des Reichs.

   Straferhöhender Umstand: § 1 Abs. 3 (keine Erfolgshaftung, da Voraussicht erforderlich, vgl. oben § 11 VI 4 a).

   Erstreckt sich der Vorsatz nur auf die eigentliche Handlung, nicht auf die Gefährdung der Sicherheit des Reichs: § 2; fahrlässige Begehung seitens eines Beamten: § 8.

b) § 3: Der Täter verschafft sich Besitz oder Kenntnis der Gegenstände oder Nachrichten des § 1 in der Absicht, sie zu einer die Sicherheit des Reichs gefährdenden Mitteilung zu gebrauchen.

   Straferhöhender Umstand: Beamten- oder Soldateneigenschaft des Täters § 3 Abs. 3.

   Fehlt die Gebrauchsabsicht: § 4.

c) Verabredung zu einem Verbrechen nach §§ 1 oder 3: § 5 (Strafbares Komplott, vgl. oben § 16 V 6; § 17 B I 3). Tätige Reue: § 5 Abs. 2.

d) Anknüpfen oder Unterhalten von Beziehungen
mit einem ausländischen Agenten, oder
des ausländischen Agenten mit einer andern Person; die Beziehungen müssen Mitteilungen nach § 1 zum Gegenstande haben: § 6.

e) Unrichtige Angabe des Namens, Berufs usw. in einer Festung usw. gegenüber einer zuständigen Behörde, einem Beamten oder einer Militärperson, oder Verweigerung der Angabe, wenn den Umständen nach anzunehmen ist, daß der Aufenthalt in der Festung oder die unrichtige Angabe bzw. Unterlassung mit Spionagezwecken zusammenhängt: § 7 Gesetzeskonkurrenz mit § 360 Nr. 8).

f) Unterlassung der Anzeige von Spionageverbrechen: § 9.

g) Veröffentlichung von Nachrichten über Truppen- oder Schiffsbewegungen oder Verteidigungsmitteln entgegen einem Verbot des Reichskanzlers bzw. jetzt des Reichswehrministers. § 10.

Unbefugte Veröffentlichung über schwebende amtliche Ermittlungen wegen eines Spionageverfahrens. § 11.

h) Übertretungen: § 12 (Unbefugtes Betreten militärischer Anlagen, Photographieren oder Veröffentlichung der Aufnahme, Verletzung der Bestimmungen über Aufenthaltsmeldung in einer Festung.)

3. Der RTEntw. gibt die Unterscheidung, die das geltende Recht beim Landesverrat zwischen Deutschen und Ausländern macht, auf. Dadurch wird im Zusammenhang mit dem § 6 Ziff. 1 des RTEntw. (Strafbarkeit der landesverräterischen Tat, auch wenn sie im Ausland begangen wird) der strafrechtliche Schutz gegen Angriffe auf die Machtstellung des Deutschen Reichs und seiner Länder ganz bedeutend erhöht. (§§ 90—98 RTEntw.).

Die Vorschriften der §§ 87, 88, 89 und 92 Nr. 2 und 3 des RStGB sind im wesentlichen auch vom RTEntw. übernommen worden. Der Verrat von Staatsgeheimnissen (§ 92 Nr. 1 des RStGB) hat im RTEntw. eine wesentlich weitergehende Regelung erfahren, wodurch die hier bestehenden Lücken des geltenden Rechts ausgefüllt werden: Nach dem RTEntw. kann künftig als Landesverrat jede Preisgabe eines Staatsgeheimnisses verfolgt werden, durch die das Wohl des Reichs oder eines deutschen Landes gefährdet wird, auch wenn eine unmittelbare Weitergabe an eine fremde Regierung nicht in Betracht kommt, § 93 RTEntw. (wie im § 1 des Spionagegesetzes). Weiterhin ist im Entw. auch die fahrlässige Preisgabe von Staatsgeheimnissen mit Strafe bedroht, die nach geltendem Recht nur bei der Verletzung militärischer Geheimnisse auf Grund des Spionagegesetzes § 8 bestraft werden kann. Ebenso soll künftig auch das Ausspähen von Staatsgeheimnissen allgemein als Landesverrat strafbar sein (§ 92 RTEntw. im Anschluß an § 3 des Spionagesetzes), sowie die landesverräterische Fälschung von Mitteilungen, Urkunden usw., die nach geltendem Recht im Gegensatz zur Verfälschung nur nach den §§ 267 ff. RStGB gestraft werden kann. (Bezüglich dieser Unterscheidung vgl. unten § 42, 1, a.) Von der Aufzählung einzelner qualifizierter Fälle ähnlich dem § 90 RStGB sieht der RTEntw. ab. Dafür ist allgemein „für besonders schwere Fälle" schärfere Strafe angedroht.

III. Die Tatbestände des Hochverrats und des Landesverrats werden zusammen mit den folgenden 4 Abschnitten des StGB und denen einiger

Nebengesetze (z. B. des Republikschutzgesetzes) unter der Sammelbezeichnung „Politische Verbrechen" zusammengefaßt (vgl. hiezu oben § 6 II 2 e). Soweit es sich dabei um „Überzeugungsverbrecher" handelt, trägt dieser Tatsache der RTEntw. in den Strafzumessungsvorschriften des § 72 Rechnung. Die Benotung eines Verbrechens als „politisches" Verbrechen hat namentlich für das Auslieferungsrecht grundsätzliche Bedeutung.

§ 22. Majestätsbeleidigung (2. und 3. Abschnitt).

Diese beiden Abschnitte des Strafgesetzbuches sowie das Gesetz betr. die Bestrafung der Majestätsbeleidigung vom 17. Februar 1908 sind durch die Änderung der Staatsform gegenstandslos geworden. Eine formelle Aufhebung der Bestimmungen ist dagegen bis heute noch nicht erfolgt.

Der RTEntw. sieht unter dem Abschnitt „Angriffe gegen die republikanische Staatsform und gegen verfassungsmäßige Körperschaften" in den §§ 101 und 102 einen dem 2. und 3. Abschnitt des RStGB analogen Strafschutz vor, wobei er im wesentlichen die einschlägigen Bestimmungen des Republikschutzgesetzes aufnimmt. Entscheidend ist hier der Begriff der Beschimpfung: „jede Kundgebung, die einen nach Form oder Inhalt rohen Ausdruck der Mißachtung enthält" (Begr. S. 67); die Einschränkung des RepSchGes., daß „die Tat eine Herabwürdigung der republikanischen Staatsform in sich schließt", soll dabei fallen.

§ 23. Feindliche Handlungen gegen befreundete Staaten (4. Abschnitt).

1. Hochverräterische Handlungen gegen den ausländischen Staat, § 102;
2. Beleidigung des ausländischen Landesherrn oder Regenten, § 103;
3. Beleidigung des ausländischen Gesandten, § 104.

(Diese Delikte sind Antragsdelikte; bei §§ 102 und 103 RStGB ist die Verbürgung der Gegenseitigkeit Strafbarkeitsbedingung);

4. Verletzung fremder Hoheitszeichen, § 103 a (weder Antragsdelikt noch Verbürgung der Gegenseitigkeit als Strafbarkeitsbedingung. — Verletzung deutscher Hoheitszeichen: § 135).

Der RTEntw. übernimmt in den §§ 112—114 in kürzerer Fassung im wesentlichen die genannten Bestimmungen des geltenden Rechts unter der besseren Überschrift: „Störung der Beziehungen zum Ausland".

Neu ist im RTEntw., daß die Verbürgung der Gegenseitigkeit bei allen diesen Delikten Strafverfolgungsbedingung sein soll.

Wegen der besonderen geographischen Lage des Deutschen Reiches ist weiterhin in diesem Abschnitt eine Strafdrohung auf die Neutralitätsverletzung während eines Krieges zwischen anderen Staaten gesetzt (§ 115 RTEntw.) und zwar durch ein Blankettgesetz in der Weise, daß jeder mit Gefängnis bestraft wird, der den von der Reichsregierung zum Schutze der Neutralität des Reichs erlassenen Vorschriften vorsätzlich (oder fahrlässig) zuwiderhandelt.

§ 24. Verbrechen und Vergehen in Beziehung auf die Ausübung staatsbürgerlicher Rechte (5. Abschnitt).

1. Unternehmen der Parlamentssprengung: a) Sprengung des Parlaments, b) Nötigung zu Beschlüssen, c) gewaltsame Entfernung einzelner Mitglieder), richtet sich gegen die gesetzgebende Versammlung in ihrer Gesamtheit, § 105;

   Die Unruhen der Nachkriegszeit haben weitergehende Schutzbestimmungen erforderlich gemacht, um die Arbeit der Volksvertretung zu sichern; vgl. Ges. über die Befriedung der Gebäude des Reichstages und der Landtage vom 8. Mai 1920 (RGBl S. 909).

2. Stimmverhinderung des einzelnen Mitglieds einer solchen Versammlung, § 106;

3. Wahlverhinderung eines Deutschen (Wahlzwang), § 107;

4. Wahlfälschung, § 108:

   a) Herbeiführung eines unrichtigen Wahlergebnisses, entweder von seiten eines mit einer Verrichtung bei der Wahl Beauftragten, oder von seiten eines Wählers;

   b) Fälschung des Wahlergebnisses,

5. Wahlbestechung (Stimmkauf und Stimmverkauf), § 109.

6. Verhinderung oder Sprengung nicht verbotener Versammlungen, Aufzüge oder Kundgebungen mit Gewalt oder durch Bedrohung mit einem Verbrechen, ferner Begehung von Gewalttätigkeiten in der Absicht einer solchen Sprengung: § 107 a, eingefügt durch Novelle vom 23. Mai 1923, RGBl 1923 Teil I S. 296.

7. Der RTEntw. gliedert die eben genannten Delikte in 2 Abschnitte: „Angriffe gegen verfassungsmäßige Körperschaften" und „Vergehen bei Wahlen und Abstimmungen" (§§ 99 ff.).

   a) Im allgemeinen lehnen sich auch hier die Vorschriften des RTEntw. an das geltende Recht an. Neu ist, daß nicht nur der Reichstag und die Landtage und ihre Mitglieder, sondern auch der Reichsrat, der Reichswirtschaftsrat und der Staatsrat der einzelnen Länder, sowie die Regierungen des Reichs und der Länder diesen starken strafrechtlichen Schutz genießen sollen.

   Die Kasuistik, die das geltende Recht in den §§ 105, 106 im Tatbestande aufweist, gibt der RTEntw. auf und formuliert in glücklicher Ausdrucksweise den Grundgedanken dieser Vorschriften: Wer den Reichstag usw. (oder ein Mitglied § 100) nötigt oder hindert, „ihre Befugnisse überhaupt oder in einem bestimmten Sinne auszuüben" (§§ 99, 86 II).

b) Der § 107a zur Sicherung der Versammlungsfreiheit ist vom RTEntw. sachlich unverändert im 9. Abschnitt (Störung der öffentlichen Ordnung) übernommen. (§ 173).

c) Bezüglich des Wahlschutzes stellt der RTEntw. ausdrücklich fest, daß er für alle Wahlen in öffentlichen Angelegenheiten, insbesondere auch für die Kommunalwahlen und die Wahlen der Religionsgesellschaften des öffentlichen Rechts bestehen soll, was im geltenden Recht bestritten wird.

Nach geltendem Recht ist nur die Verhinderung der Abstimmung oder der Wahl strafbar, nicht aber das Nötigen zur Abstimmung, was sich besonders bei einem Volksentscheid als empfindliche Lücke erweist, wenn an die Tatsache allein, daß die Mehrheit der Stimmberechtigten überhaupt gültig abstimmt, Rechtsfolgen geknüpft werden, ganz gleichgültig, in welchem Sinne abgestimmt wird. (Vgl. RV Art. 75, 76 I). Dem tritt der RTEntw. dadurch wirksam entgegen, daß er auch eine derartige Nötigung zur Ausübung der Wahl unter Strafe stellt (§ 104), daß weiterhin jede Androhung eines Übels genügt („gefährliche Drohung §§ 104; 9 Nr. 7 RTEntw.) im Gegensatz zum geltenden Recht: Gewalt oder strafbare Handlung), und daß auch die Verrufserklärung in gesellschaftlicher oder wirtschaftlicher Hinsicht wegen des Verhaltens bei der Wahl mit Gefängnisstrafe bedroht wird (§ 107 RTEntw.).

Nach geltendem Recht ist das Wahlgeheimnis strafrechtlich nicht geschützt. Dem hilft der RTEntw. ebenfalls durch ein Blankettgesetz ab (§ 110).

§ 25. Widerstand gegen die Staatsgewalt (6. Abschnitt).

1. Öffentliche Aufforderung zum Ungehorsam gegen Gesetze oder gesetzmäßige Anordnungen (**Aufwiegelung**), § 110. Sonderfall: öffentliche Aufforderung zur Begehung einer strafbaren Handlung, § 111.
   Da der § 110 RStGB zur Bekämpfung der Steuersabotage nicht ausreicht, stellt der RTEntw. eine Sondervorschrift gegen die öffentliche Aufforderung zur Steuerverweigerung auf. (§ 170.) Den Tatbestand des § 111 RStGB vereinigt der RTEntw. mit dem des § 130 (Klassenverhetzung) RStGB zu **einem** Tatbestand unter verschiedenen Änderungen: „Wer öffentlich zu einer strafbaren Handlung, insbesondere zu Gewalttaten gegen Menschen oder Sachen auffordert.“ (§ 171 RTEntw.)

(Aufforderung zur Verletzung privatrechtlicher Verpflichtungen, z. B. zum Kontraktbruch, fällt nicht unter § 110);

Der § 25 Nr. 2 des Gesetzes zum Schutze der Republik vom 21. Juli 1922 (RGBl I 585) hat den § 111 II StGB durch eine Vorschrift ergänzt, welche die erfolglose öffentliche Aufforderung zur Tötung mit besonders schwerer Strafe bedroht. Der RTEntw. übernimmt diese Vorschrift, indem er in § 249 einen selbständigen Tatbestand der öffentlichen Aufforderung zu einem Morde aufstellt; die Strafdrohung ist gegenüber dem geltenden Rechte verschärft.

2. Aufforderung von Soldaten zum Ungehorsam, § 112;

3. Widersetzung. (Widerstand gegen die Staatsgewalt im engern Sinne),

a) gegen einen Vollstreckungsbeamten, d. h. einen zur Vollstreckung von Gesetzen, von Befehlen und Anordnungen einer Verwaltungsbehörde, oder von Urteilen und Verfügungen der Gerichte zuständigen, in rechtmäßiger Ausübung seines Amtes befindlichen Beamten. (Voraussetzungen der rechtmäßigen Ausübung: Zuständigkeit, materielle Rechtmäßigkeit, Beobachtung wesentlicher Formalitäten; über den Einfluß des bindenden Befehls auf die materielle Rechtmäßigkeit der Handlung des Untergebenen, vgl. oben § 10 IV).

Der Widerstand muß erfolgen durch Gewalt, durch Bedrohung mit Gewalt oder durch tätlichen Angriff (passiver Widerstand genügt nicht), § 113;

b) gegen die im § 113 Abs. 3 genannten Personen;

c) gegen einen Forst- und Jagdbeamten, §§ 117—119 (gegen andere Beamte, z. B. Zollbeamte vgl. Ver. Zollges. 1. Juli 1869 §§ 148, 161 u. a.);

4. Unternehmen der Nötigung einer Behörde oder eines Beamten durch Gewalt oder Drohung, § 114;

5. Aufruhr = öffentliche Zusammenrottung, wobei Widerstand gegen die Staatsgewalt oder Beamtennötigung mit vereinten Kräften begangen wird, § 115 (besonders schwere Strafe der Rädelsführer);

6. Auflauf (Unterlassung des sich Entfernens von einer öffentlich versammelten Menschenmenge trotz dreimaliger Aufforderung des zuständigen Beamten), § 116; qualifizierter Fall: der aufrührerische Auflauf, § 116 Abs. 2;

7. a) Gefangenenbefreiung § 120 (Täter: jeder außer dem Gefangenen selbst — Selbstbefreiung ist nicht strafbar — und dem Aufsichtsbeamten);

b) Entweichenlassen eines Gefangenen, § 121. (Täter: der beaufsichtigende oder begleitende Beamte; vgl. § 144 MStGB);

c) Gefangenenmeuterei § 122 (Täter: die Gefangenen).

8. Beschimpfung der Reichs- und Landesfarben (bisher strafbar nach § 8 Nr. 2 des Republikschutzgesetzes) wird nach dem RTEntw. § 165 als Delikt der „Auflehnung gegen die Staatsgewalt" gewertet.

9. Der RTEntw. faßt unter dem Abschnitt „Auflehnung gegen die Staatsgewalt" zum Teil ganz andere Delikte zusammen als der Abschnitt „Widerstand gegen die Staatsgewalt" im RStGB. Über diese Änderungen in der systematischen Einordnung der Delikte vergleiche die

Begründung zum RTEntw. S. 83 zum 8. Abschnitt und S. 87 zum 9. Abschnitt.

§ 26. Verbrechen und Vergehen wider die öffentliche Ordnung (7. Abschnitt).

1. Hausfriedensbruch, § 123.

Fälle: einfacher § 123 Abs. 1;
erschwerter § 123 Abs. 2;
schwerer § 124.

Tatbestand:

a) widerrechtliches Eindringen oder
b) unbefugtes Verweilen trotz Aufforderung des Berechtigten zur Entfernung.

Ort:

a) die Wohnung, d. h. zu längerem Aufenthalt, insbesondere zur Nachtruhe dienende Räumlichkeiten;
b) Geschäftsräume, d. h. Räumlichkeiten, in denen jemand seine Erwerbstätigkeit ausübt;
c) das befriedete Besitztum, d. h. ein umhegtes Grundstück, sofern es nicht bloß Weide, Acker, Wiese oder Schonung ist (vgl. § 368 Nr. 9);
d) abgeschlossene Räume, die zum öffentlichen Dienst oder Verkehr bestimmt sind, z. B. Gerichtssaal, Wartesaal, Eisenbahnabteil, Trambahnwagen.

Geschütztes Rechtsgut: das Hausrecht. Inhaber des Hausrechts (also der Berechtigte im Sinne des § 123): der Inhaber des betreffenden Raumes oder sein Stellvertreter (bei vermieteten Wohnungen der Mieter). Erschwert wird der Hausfriedensbruch dadurch, daß der Täter mit einer Waffe versehen ist, oder daß mehrere gemeinschaftlich die Handlung begehen. § 123 Abs. 2.

Einfacher oder erschwerter Hausfriedensbruch sind Antragsdelikte, § 123 Abs. 3.

Der schwere Hausfriedensbruch (sog. Heimsuchung, im Gegensatz zum erschwerten H. des § 123 Abs. 2), § 124 = Hausfriedensbruch, begangen durch eine Menschenmenge, die sich zusammenrottet, um Gewalttätigkeiten gegen Personen oder Sachen zu begehen. (Die Gewalttätigkeiten brauchen nicht wirklich begangen zu sein, wohl aber der Hausfriedensbruch.)

Der RTEntw. bringt hier nur unwesentliche Änderungen. Auf den besonderen Tatbestand des schweren Hausfriedensbruches verzichtet der RTEntw.

2. Landfriedensbruch: § 125. (Unterschied von § 124: die zusammengerottete Menschenmenge begeht mit vereinten Kräften Gewalt-

tätigkeiten gegen Personen oder Sachen, keinen Hausfriedensbruch; Idealkonkurrenz mit §§ 124 oder 115 möglich.)

3. Der sog. Landzwang. § 126: Störung des öffentlichen Friedens (d. h. des allgemeinen Gefühls der Rechtssicherheit) durch Androhung eines gemeingefährlichen Verbrechens (z. B. Brandstiftung, §§ 306 ff., oder Dynamitverbrechen, Sprengstoffgesetz von 1884).

Der RTEntw. stellt die Androhung aller Verbrechen und gemeingefährlicher Vergehen unter Strafe (§ 179).

4. Bildung eines bewaffneten Haufens § 127;

5. a) Geheimbündelei: § 128 (strafbar ist nur Teilnahme — nicht schon bloße Mitgliedschaft — bei einem geheimen Verein, der Einwirkung auf öffentliche Angelegenheiten bezweckt; weitergehend das Republikschutzgesetz vom 21. Juli 1922, das übrigens auch die Strafdrohung des § 129 für gewisse Fälle verschärft);

b) Teilnahme an einer staatsfeindlichen Verbindung, § 129.

Da die Erfahrungen der letzten Jahre gezeigt haben, daß die schon nach geltendem Recht strafbaren Geheimverbindungen außerordentliche Gefahren für den Staat bilden können, hat der RTEntw. die Strafdrohung auf Gefängnis bis zu 5 Jahren erhöht (§ 175).

6. Aufreizung zum Klassenkampf, § 130: eine den öffentlichen Frieden gefährdende Anreizung (nicht Anstiftung), Gewalttätigkeiten gegen eine andere Bevölkerungsklasse zu begehen (Klasse = Teil der Bevölkerung, der infolge historischer Entwicklung und sozialer Gegensätze einem andern Teil der Bevölkerung gegenübersteht, z. B. Arbeitgeber und Arbeitnehmer, nicht aber z. B. Lebensmittelwucherer und Konsumenten, Alldeutsche und Pazifisten).

7. Kanzelmißbrauch: Öffentliche Gefährdung des öffentlichen Friedens durch Geistliche in Ausübung ihres Berufs. § 130a.

Auf diesen und den folgenden Tatbestand verzichtet der RTEntw. vollständig (vgl. Begr. S. 88).

8. Staatsverleumdung: Öffentliche Behauptung oder Verbreitung wissentlich unwahrer Tatsachen in der Absicht, Staatseinrichtungen (nicht bloß allgemeine Kulturzustände wie Privateigentum oder, wie RG will, den Staat selbst) oder Anordnungen der Obrigkeit verächtlich zu machen. § 131.

Unter demselben Gesichtspunkt (Delikt gegen die öffentliche Ordnung) hat neuerdings das Republikschutzgesetz auch die Herabwürdigung der verfassungsmäßig festgestellten republikanischen Staatsform mit Strafe bedroht: § 8 Ziff. 1 (vgl. dazu RG 57, 211).

9. Amtsanmaßung, d. h. Ausübung eines öffentlichen Amtes (der Täter führt sich als ein Beamter auf), oder Vornahme einer Handlung, die nur Kraft öffentlichen Amtes vorgenommen werden kann (ohne daß der Täter sich als Beamter aufführt). § 132. (Titelanmaßung: § 360 Nr. 8).

Der RTEntw. übernimmt diesen Tatbestand, erhöht aber die Strafdrohung auf 2 Jahre Gefängnis.

10. Amtlicher Verwahrungsbruch: Vernichtung, Beiseiteschaffung oder Beschädigung von Urkunden, Registern, Akten oder sonstigen Gegenständen, die sich zur amtlichen Aufbewahrung an einem bestimmten Orte befinden oder einem Beamten oder Dritten amtlich übergeben sind, § 133; gewinnsüchtige Absicht ist Straferhöhungsgrund, § 133 Abs. 2. Ist der Täter Beamter und handelt es sich um eine Urkunde, so kommt § 348 zur Anwendung (Gesetzeskonkurrenz von §§ 348 und 133).

Der RTEntw. vereinfacht die Fassung des Tatbestandes und mildert die Strafdrohung. (§ 160.)

11. a) Verletzung amtlicher Kundgebungen: § 134 (Böswilligkeit erforderlich).

Der RTEntw. § 136 verlangt statt „Böswilligkeit" „Absicht".

b) Verletzung inländischer Hoheitszeichen: § 135 (vgl. § 103 a, Böswilligkeit erforderlich).

Ebenso RTEntw. § 165 II; statt Böswilligkeit wird auch hier Absicht erfordert.

c) Siegelbruch, § 136,

aa) Erbrechen, Ablösen oder Beschädigen eines Siegels, oder

bb) Aufhebung des durch das Siegel bewirkten amtlichen Verschlusses (z. B. Öffnen eines versiegelten Koffers durch Herausnahme des Kofferbodens. Das Siegel muß von der zuständigen Stelle angelegt sein und eine Sache verschließen, bezeichnen oder ihre Beschlagnahme ausdrücken).

Der RTEntw. vereinfacht nur die Fassung (§ 162).

12. Arrestbruch oder Verstrickungsbruch, § 137: Beiseiteschaffung Zerstörung oder anderweitige Verstrickungsentziehung von Sachen (nicht Forderungen!), die von zuständiger Stelle gepfändet oder beschlagnahmt sind, z. B. gemäß §§ 808 f. ZPO. — Unterschied von § 136: bei § 136 braucht die staatliche Herrschaftsgewalt über die Sache nicht aufgehoben zu sein, es genügt dort Verletzung der staatlichen Autorität.

Der RTEntw. vereinfacht nur die Fassung (§ 161).

13. Unwahre Entschuldigung von Zeugen, Sachverständigen, Geschworenen und Schöffen (von Binding „Hinterziehung der Dingpflicht" genannt), § 138:

Im RTEntw. gestrichen.

14. (Vorsätzliche oder fahrlässige) Unterlassung der Anzeige drohender Verbrechen § 139. Anzeigepflichtig ist mit Rücksicht auf die Erhaltung des Gemeinschaftslebens das Vorhaben

a) der im § 139 aufgezählten Verbrechen (Hoch- und Landesverrat, Münzverbrechen, Mord, gemeingefährliche Verbrechen u. a.), vgl. Spionagegesetz § 9 und Republikschutzgesetz § 5.

b) von Sprengstoffverbrechen (§ 13 des Ges. von 1884),

c) von Spionageverbrechen (§ 9 des Ges. v. 1914),

d) ferner das Bestehen einer Vereinigung oder Verabredung, zu deren Bestrebungen es gehört, Mitglieder einer republikanischen Regierung des Reichs oder eines Landes durch den Tod zu beseitigen, desgleichen das Bestehen einer Geheimverbindung der in § 128 des StGB. bezeichneten Art, sofern die Verbindung jene Bestrebungen verfolgt, und schließlich das eines solchen Tötungsplanes; wer davon Kenntnis hat und es unterläßt, von dem Bestehen der Vereinigung, Verabredung oder Verbindung, von den ihm bekannten Mitgliedern, ihrem Verbleib oder von der geplanten Tötung und der Person des Täters der Behörde oder der bedrohten Person unverzüglich Kenntnis zu geben, wird mit Zuchthaus bzw. Gefängnis bestraft (§§ 1—5 des Gesetzes zum Schutze der Republik vom 21. Juli 1922, RGBl Teil I S. 585).

Die Anzeigepflicht besteht nur dann, wenn jemand (der nicht Täter oder Teilnehmer ist) zu einer Zeit glaubhafte Kenntnis erhält, zu der die Verhütung des Verbrechens noch möglich ist. Die Anzeige muß der Behörde oder der bedrohten Person gemacht werden.

Die wirkliche Begehung oder strafbarer Versuch des nicht angezeigten Verbrechens ist bei einem Teil der genannten Fälle Strafbarkeitsbedingung (vgl. oben § 12 I 1 und 2).

Der RTEntw. übernimmt im wesentlichen den Tatbestand (§ 199), gibt aber die kasuistische Regelung der Anzeigepflicht auf und erweitert sie auf alle Verbrechen.

Um den Streit im geltenden Recht, ob auch die fahrlässige Anzeigeunterlassung strafbar sei, auszuschalten, wird die fahrlässige Begehung ausdrücklich für strafbar erklärt.

15. a) Verletzung der Wehrpflicht, § 140.

Infolge Abschaffung der allgemeinen Wehrpflicht gegenstandslos, wenn auch nicht formell aufgehoben. Im RTEntw. deshalb gestrichen.

b) Falschwerbung (zum Militärdienst einer ausländischen Macht), § 141. Der RTEntw. erhöht die Strafdrohung auf 5 Jahre (§ 120). Die Anwerbung von Deutschen zum ausländischen Heeresdienste bleibt infolge der Beseitigung der allgemeinen Wehrpflicht vornehmlich unter dem allgemeinen Gesichtspunkt der Schwächung der Volkskraft strafbar.

c) Verleitung zur Fahnenflucht oder Beförderung der Fahnenflucht, § 141. Der RTEntw. erhöht die Strafe auf 5 Jahre (§ 119).

d) Selbstverstümmelung (§ 142) und Wehrpflichtbetrug (§ 143) sind infolge Abschaffung der allgemeinen Wehrpflicht gegenstandslos.

Selbstverstümmelung daher heute nicht mehr strafbar. Im RTEntw. deshalb gestrichen.

16. Geschäftsmäßige, betrügerische Verleitung zum Auswandern, § 144.
Vergleiche auch § 45 des AuswGesetzes vom 9. Juni 1897.

Der RTEntw. läßt das Erfordernis der Geschäftsmäßigkeit fallen und fordert nur Bereicherungsabsicht. Ebenso ist nicht mehr vorausgesetzt, daß der Auswanderungsbetrug sich gegen einen Deutschen richtet. Jeder, der in Deutschland wohnt, soll gegen derartige Handlungen geschützt sein.

Die Strafdrohung ist auf 5 Jahre Gefängnis, für besonders schwere Fälle auf 5 Jahre Zuchthaus erhöht.

17. Übertretung von Verordnungen über die Seeschiffahrt, § 145.

Da nach der Terminologie des RTEntw. alle mit Geldstrafe allein bedrohten Handlungen Übertretungen sind, ist die Vorschrift des § 145 RStGB in das II. Buch des RTEntw. (Übertretungen) eingegliedert. §§ 375, 403 Nr. 3 RTEntw.

18. Unbefugtes Ausstellen und Inverkehrbringen von Inhaberpapieren, § 145a (BGB § 795):

Der § 39 des Bankgesetzes vom 30. August 1924 (RGBl II S. 235) bedroht bloß die unbefugte Ausgabe von unverzinslichen Schuldverschreibungen auf den Inhaber mit Strafe. Deshalb mußte auch im RTEntw. die Vorschrift des RStGB § 145a gegen das Inverkehrbringen derartiger verzinslicher Papiere aufgenommen werden (§ 224). Um zukünftige Streitfragen auszuschließen, ist im § 224 ausdrücklich auch die fahrlässige Begehung mit Strafe bedroht.

19. Schutz der öffentlichen Ordnung und Sicherheit durch zahlreiche ergänzende Strafdrohungen in Notverordnungen. Vgl. VO des Reichspräs. vom 26. Sept. 1923 (RGBl I, 905) und die bayer. Notverordnungen vom 11. Mai 1923 (StAnz. 108), 26. Sept. 1923 (StZ. 224), 18. Febr. 1924 (StAnz. 42), 22. Febr. 1924 (StAnz. 45) und 23. Febr. 1924 (StAnz. 46).

§ 27. Münzverbrechen und Münzvergehen (8. Abschnitt).

1. a) Münzfälschung = Herstellen falschen Geldes durch Nachahmung echten, durch Veränderung echten, durch Veränderung verrufenen, d. h. außer Kurs gesetzten Geldes, wenn die Herstellung in der Absicht geschieht, das falsche Geld als echtes in Verkehr zu bringen, § 146.
   b) Verbreiten von Falschgeld, § 147 (Münzbetrug).
   c) Abschieben von Falschgeld, § 148.
   d) Münzverringerung (Kippen und Wippen, letzteres an sich nur bei Gewohnheitsmäßigkeit strafbar), § 150.

2. Strafbare Vorbereitungshandlung: § 151 (Anschaffen von Stempeln, Siegeln usw. zum Zweck eines Münzverbrechens).

3. Geschützt sind deutsches und ausländisches Metall und Papiergeld, sowie die in § 149 bezeichneten Inhaberpapiere (Gesetzeskonkurrenz von § 149 und § 267).

4. Einziehung des nachgemachten oder verfälschten Geldes und der in § 151 genannten Gegenstände obligatorisch, § 152.

Nach dem Vorgang Merkels werden die Münzdelikte oft als Fälschungsdelikte aufgefaßt — das Geld ist nämlich zugleich eine bestimmte Beglaubigungsform, diese wird durch die Fälschung verletzt. Andere nennen Treu und Glauben im Verkehr als das geschützte Rechtsgut. Nach v. Liszt sind die Münzdelikte durch das Mittel des Angriffs gekennzeichnet, ohne daß es auf die nähere Bestimmung des geschützten Rechtsguts ankäme (vgl. Liszt-Schmidt Lehrbuch S. 542).

Der RTEntw. übernimmt im allgemeinen die Vorschriften des RStGB unter einfacher Fassung der Tatbestände.

Er gibt ebenfalls keine Begriffsbestimmung des Geldes und schützt weiterhin das ausländische Geld in gleicher Weise wie das inländische. Eine Erweiterung des geltenden Rechts ist in der Weise vorgesehen, daß auch derjenige bereits wegen vollendeten Münzverbrechens strafbar sein soll, der sich falsches Geld in der Absicht verschafft, es als echtes in den Verkehr zu bringen (§ 215 RTEntw. im Gegensatz zum § 147 RStGB, nach dem es entweder erforderlich ist, daß der Täter das angeschaffte falsche Geld in Verkehr bringt oder daß er das falsche Geld zum Zwecke der Verbreitung aus dem Ausland einführt).

Die Vorschriften des § 275 RStGB sind ebenfalls übernommen, der RTEntw. verzichtet aber auf die bisher übliche Aufzählung der einzelnen Arten von amtlichen Wertzeichen und stellt allgemein alle amtlichen Wertzeichen und Wertmarken, inländische wie ausländische unter strafrechtlichen Schutz (§ 218), um auf diese Weise die Notwendigkeit künftiger Ergänzungen durch neue Sonderbestimmungen auszuschalten.

Auch hier ist die Vollendung bereits auf das Sichverschaffen der Falschstücke in Weiterverwendungsabsicht abgestellt.

§ 28. Meineid (9. Abschnitt).

1. Der Meineid
   a) Parteienmeineid (einen zugeschobenen, zurückgeschobenen oder auferlegten Eid — siehe ZPO §§ 445 ff. — wissentlich falsch schwören), §§ 153, 161.
   b) Zeugen- und Sachverständigenmeineid (wissentlich ein falsches Zeugnis oder Gutachten beschwören), §§ 154, 161.
2. Wissentlich falsche Versicherung an Eides Statt: § 156.
3. Unternehmen der Verleitung zum Meineid: § 159.
4. Verleitung zur Ableistung eines objektiv falschen Eides: § 160.
5. Eidesbruch § 162 (praktisch ohne besondere Bedeutung, da der Offenbarungseid nach der ZPO §§ 807, 883 grundsätzlich assertorisch, nicht prommissorisch geleistet wird, die wissentliche Verletzung des Offenbarungseides, also Meineid nach § 153 ist).
6. Fahrlässiger Falscheid: § 163.

7. Das Rechtsgut bei den Eidesdelikten ist die staatliche Rechtspflege; nach andern, z. B. Binding, zählen die Eidesdelikte mit Münz- und Urkundenfälschung zu den Fälschungsdelikten.

Der Eid ist promissorisch, wenn durch den Eid versprochen wird, die Wahrheit zu sagen; assertorisch, wenn durch den Eid bekräftigt wird, daß das bereits Ausgesagte wahr sei. Dem Eid stehen die im § 155 genannten 3 Fälle gleich (zugelassene Beteuerungsformel einer Religionsgesellschaft, Berufung auf den früher geleisteten Eid, Berufung auf den Diensteid). Der Eid muß vor einer zur Abnahme von Eiden zuständigen Behörde geleistet werden (ebenso die eidesstattliche Versicherung).

Straferhöhung: § 154 Abs. 2.
Strafminderung: §§ 157, 158 (unechte Strafminderung).
Straflosigkeit: § 162 Abs. 2 (vgl. oben § 13 A V und § 15 VI 5).
Nebenstrafe: § 161 Verlust der bürgerlichen Ehrenrechte und der Zeugnisfähigkeit — bei Meineid obligatorisch.

8. Die im RTEntw. vorgesehene Bestrafung des Meineids und der falschen Aussage entspricht im allgemeinen dem geltenden Recht.

a) Von einer Aufzählung der einzelnen Eidesarten ist abgesehen — und nur mehr zwischen assertorischem Eid („wer vor einer Behörde einen falschen Eid schwört") und promissorischem Eid („wer vor einer Behörde unter Eid eine falsche Angabe macht") unterschieden (§ 184 RTEntw.).

Die Zuständigkeit der Behörde soll nicht Tatbestandsmerkmal, sondern nur objektive Bedingung der Strafbarkeit sein, die der Vorsatz des Täters nicht zu umfassen braucht. (§ 189 RTEntw.)

Da nach dem RTEntw. allgemein die Annahme mildernder Umstände bei allen Delikten zugelassen ist, sind im RTEntw. die kasuistischen Milderungsvorschriften des § 157 RStGB als überflüssig weggelassen worden.

Ebensowenig ist wegen des genügend weiten Strafrahmens die Strafschärfung des § 154 Abs. 2 RStGB übernommen.

b) Von der dauernden Aberkennung der Eidesfähigkeit sieht der RTEntw. mit guten Gründen ab; denn es kann in einem Verfahren einen schweren Nachteil für die Wahrheitserforschung darstellen, wenn ein Zeuge überhaupt nicht mehr unter den Druck des Eides gestellt werden kann. (Vgl. Begr. S. 95 zu § 184.) Es soll künftig dem freien richterlichen Ermessen überlassen bleiben, ob derartige wegen Meineids verurteilte Personen wieder vereidigt werden oder nicht.

c) Als wesentliche Neuerung bringt der RTEntw. eine Strafdrohung auch für die uneidliche falsche Aussage vor einer zur Eidesabnahme zuständigen Behörde, um den übermäßigen Gebrauch des Eides einzuschränken.

d) Im geltenden Recht ist es sehr bestritten, ob bei der versuchten Verleitung zum Meineid (§ 159 RStGB), strafbefreiender Rücktritt möglich sein soll. Der RTEntw. stellt dies für den Entwurf durch eine ausdrückliche Vorschrift fest (§ 188 Abs. 3).

Die tätige Reue nach vollendetem Delikt wird durch den RTEntw. für alle Meineidsdelikte einheitlich in der Weise geregelt, daß das Gericht die Strafe nach freiem Ermessen mildern kann. Die Straflosigkeit, die das geltende Recht im § 163 Abs. 2 RStGB für den fahrlässigen Falscheid zuläßt, ist daher im RTEntw. beseitigt.

§ 29. Falsche Anschuldigung. (10. Abschnitt).

Tatbestand: Der Täter macht bei einer Behörde eine Anzeige (Ausstreuen verleumderischer Behauptungen fällt also an sich nicht unter § 164, sondern unter § 187), durch die er einen andern (falsche Selbstbeschuldigung ist nicht strafbar, kann aber unter § 257 fallen!) wider besseres Wissen der Begehung einer strafbaren Handlung oder der Verletzung einer Amtspflicht beschuldigt.

Der Täter muß wissen

a) daß die von ihm vorgebrachten Tatsachen unwahr sind — (dolus eventualis genügt nicht);

b) daß die Anzeige die Einleitung eines Straf- oder Disziplinarverfahrens zur Folge haben kann; dol. eventualis genügt.

Privatgenugtuung (nicht Nebenstrafe!): öffentliche Bekanntmachung des Urteils, § 165, vgl. § 469 StPO.

Instruktionelle Vorschrift für das Verfahren: § 164 Abs. 2. (Fall des § 69 Abs. 1 Satz 2.)

Rechtsgut: Die Rechtspflege (daher schließt Einwilligung des Beschuldigten die Rechtswidrigkeit nicht aus).

Die falsche Anschuldigung ist im RTEntw. in verschiedener Beziehung geändert (§ 192):

Es wird nicht nur die aus eigener Initiative gemachte falsche Anzeige bestraft, sondern jeder, der einen anderen wider besseres Wissen einer Amtspflichtverletzung oder einer strafbaren Handlung bei einer Behörde oder einem zuständigen Amtsträger verdächtigt, also auch während der Nachforschungen der Behörde selbst. Im § 192 Abs. 2 ist ein ergänzender neuer Tatbestand aufgestellt: „Wer ohne Verdächtigung eines anderen die Begehung einer strafbaren Handlung vortäuscht" und zwar wider besseres Wissen.

§ 30. Vergehen, welche sich auf die Religion beziehen. (11. Abschnitt).

1. § 166

a) Erregung öffentlichen Ärgernisses durch Gotteslästerung in beschimpfenden (d. h. nach Inhalt und Form besonders rohen) Äußerungen; über den Begriff der Gotteslästerung vgl. RG 56, 129.

b) Beschimpfung von Religionsgesellschaften (soweit sie staatlich anerkannt sind, d. h. Korporationsrechte haben), ihrer Einrichtungen und Gebräuche (nicht: Lehren; so ist die Lehre von der Transsubstantiation nicht geschützt, wohl aber das Meßopfer als Einrichtung der katholischen Kirche; die einzelne Person [etwa Luthers] ist nicht geschützt, wohl aber das Predigtamt als solches, das Papsttum usw.; Grenze im Einzelfall schwierig);

c) beschimpfender Unfug in einer Kirche.

Rechtsgut:

a) das religiöse Gefühl;

b) der religiöse Frieden, — die äußere Ehre der Religionsgesellschaft (?);

c) die Ruhe des Gotteshauses (nicht des Gottesdienstes).

2. § 167: Störung des Gottesdienstes,

a) Verhinderung an der Ausübung des Gottesdienstes;

b) Verhinderung oder Störung des Gottesdienstes in einer Kirche durch Erregung von Lärm oder Unordnung.

3. § 168: Störung der Totenruhe,

a) Sog. Leichenraub: unbefugte Wegnahme einer Leiche aus dem Gewahrsam (Obhut) des Berechtigten;

b) Zerstörung oder Beschädigung eines Grabes (Idealkonkurrenz mit § 304 möglich);

c) beschimpfender Unfug an einem Grab.

4. Der RTEntw. hält trotz mannigfacher Änderungen im einzelnen (§§ 180—183) das geltende Recht in seinen Grundzügen aufrecht. (Vgl. Begr. S. 91 ff.) Grundlage sind die bereits in der Reichsverfassung verankerten Grundsätze der Glaubens- und Gewissensfreiheit (Art. 135 Satz 1 RV), der ungestörten Religionsausübung (Art. 135 Satz 2 RV) und der Gleichberechtigung der Religionsgesellschaften (Art. 137 RV).

Die Bestattungsfeiern sollen auch dann strafrechtlichen Schutz genießen, wenn sie keinen religiösen Charakter tragen.

Die Wegnahme von Leichenteilen, die das RStGB (§ 371 Nr. 1) als Übertretung behandelt, sind mit Vergehensstrafe bedroht.

In Ausfüllung einer Lücke des RStGB ist im § 183 RTEntw. auch der beschimpfende Unfug an einem Leichnam oder an der Asche eines Verstorbenen unter Vergehensstrafe gestellt.

§ 31. Verbrechen und Vergehen in Beziehung auf den Personenstand. (12. Abschnitt).

1. § 169

a) Kindesunterschiebung oder Verwechslung;

b) allgemein: jede vorsätzliche oder wahrheitswidrige Veränderung oder Unterdrückung des Personenstandes. Personenstand = das familienrechtliche Verhältnis einer Person zu einer andern. (Auch uneheliche Vaterschaft begründet einen Personenstand, daher liegt bei unrichtiger Anerkennung der unehelichen Vaterschaft nach § 1720 Abs. 2 BGB eine Handlung nach § 169 in Idealkonkurrenz mit § 271 vor.) Der Tatbestand des § 169 kann auch durch Vortäuschung eines nicht bestehenden Familienverhältnisses verwirklicht werden (RG 56, 134).

2. § 170, Ehebetrug,
   a) arglistige Verschweigung eines gesetzlichen Ehehindernisses (§§ 1323 f., 1330 f. BGB);
   b) arglistige Verleitung zur Eheschließung durch Täuschung, die einen Anfechtungsgrund bildet.

   Die Auflösung der Ehe (infolge der Nichtigkeit oder Anfechtbarkeit) ist Prozeßvoraussetzung (nicht Strafbarkeitsbedingung, vgl. oben § 12 I 3). Außerdem ist der Ehebetrug Antragsdelikt, also zwei Prozeßvoraussetzungen!

3. Vgl. ferner Personenstandsgesetz vom 6. Februar 1875; dessen § 67 erfährt durch RV Art. 135 keine Einschränkung.

4. Der RTEntw. übernimmt mit geringen Änderungen in der Fassung diese Vorschriften in den §§ 311 und 316.

§ 32. Verbrechen und Vergehen wider die Sittlichkeit. (13. Abschnitt).

1. Bigamie (Doppelehe) § 171.
   a) Eingehen einer neuen Ehe vor Auflösung oder Nichtigerklärung der alten;
   b) wissentliche Verheiratung mit einer in gültiger Ehe lebenden Person. Vollendung des Delikts: § 1317 BGB (Versuch: vgl. das Beispiel, oben § 16 I „zu 3" am Ende).

   Ebenso RTEntw. § 310 mit vereinfachter Fassung.

2. Ehebruch § 172, Beischlaf zwischen zwei Personen verschiedenen Geschlechts, von denen wenigstens eine mit einem Dritten verheiratet ist (Ehebruch ist auch bei anfechtbarer, nicht aber bei nichtiger Ehe möglich).

   Zwei Prozeßvoraussetzungen
   a) Scheidung der Ehe wegen des in Frage stehenden Ehebruchs (oben § 12 I 3);
   b) Strafantrag.

   Verjährung, vgl. § 69 (beginnt erst mit der Rechtskraft des Scheidungsurteils).

   Einwilligung schließt die Rechtswidrigkeit nicht aus (wohl aber macht sie die Ehescheidung unmöglich, §§ 1565, 1570 BGB).

   Der RTEntw. sieht eine Strafdrohung bis zu einem Jahre vor

(§ 312). Eine Milderung ist gegenüber dem geltenden Recht dadurch vorgesehen, daß bei Aufhebung der häuslichen Gemeinschaft das Gericht von Strafe absehen kann. (§ 312 Abs. 3.)

3. Blutschande (Inzest), § 173 = Beischlaf
a) zwischen Verwandten auf- und absteigender Linie;
b) zwischen Verschwägerten auf- und absteigender Linie;
c) zwischen Geschwistern.

Persönlicher Straffreiheitsgrund: Alter unter 18 Jahren (vgl. oben § 12 III 1 b).

Der RTEntw. gibt die Strafbarkeit des Beischlafs zwischen Verschwägerten auf- und absteigender Linie auf (§ 290), weil das geltende Recht insbesondere in den Fällen, wo eine die Schwägerschaft begründende Ehe zur Zeit der Tat nicht mehr bestand, unnötige Härten mit sich bringt (Begr. S. 145).

Ebenso ist die Straffreiheit der jugendlichen Beteiligten anders geregelt. Die Strafdrohung gegen die Verwandten aufsteigender Linie ist bis zu 10 Jahre Zuchthaus erhöht.

In § 291 RTEntw. wird unter Ausfüllung einer Lücke des geltenden Rechts jeder Verwandte mit Zuchthaus bis zu 5 Jahren bedroht, der mit einem minderjährigen Verwandten absteigender Linie Unzucht treibt.

4. Vornahme unzüchtiger Handlungen mit abhängigen Personen, § 174 (d. h. an ihrem Körper).

Nr. 1: Vormund mit Pflegebefohlenen, Adoptiv- und Pflegeeltern mit ihren Kindern, Geistliche, Lehrer und Erzieher mit ihren minderjährigen Schülern oder Zöglingen;

Nr. 2: Beamte mit Personen, gegen die sie eine Untersuchung zu führen haben, oder die ihrer Obhut anvertraut sind (vgl. RG 57, 9 und 156).

Nr. 3: Beamte, Ärzte und Medizinalpersonen mit Personen, die im Gefängnis oder in einer Kranken-, Pflege- oder Armenanstalt aufgenommen sind.

Unzüchtige Handlung = objektiv das normale Anstandsgefühl in geschlechtlicher Beziehung verletzende, subjektiv einem geschlechtlichen Motiv entspringende Handlung.

Der RTEntw. stellt, abweichend von § 174 Abs. 1 RStGB, nur solche Handlungen unter Strafe, die an Minderjährigen vorgenommen werden. Als mögliche Täter sind auch die Stiefeltern und der Pfleger genannt (§ 292 RTEntw.).

Den Strafschutz des § 174 Nr. 2 hält der RTEntw. mit Recht nicht für ausreichend. Er spricht deshalb allgemein von „Amtsträgern, die unter Verletzung einer Obhutspflicht oder unter sonstigem Mißbrauch ihrer Amtsstellung Unzucht treiben" (§ 293).

Ebenso ist der Täterkreis des § 174 Nr. 3 RStGB im RTEntw. dadurch erweitert, daß die Beschränkung auf die „öffentlichen“ Krankenanstalten fallen soll, so daß auch auf das Abhängigkeitsverhältnis in privaten Sanatorien und Krankenhäusern der Strafschutz sich erstrecken wird (§ 294 RTEntw.).

5. Widernatürliche Unzucht, § 175.

a) zwischen Personen männlichen Geschlechts (Päderastie);

b) eines Menschen mit einem Tier (Sodomie):

Widernatürliche Unzucht nach § 175 kann nach einer allgemeinen anerkannten Einschränkung des Begriffs nicht durch jede unzüchtige Handlung, sondern nur durch sog. beischlafsähnliche Handlungen begangen werden, was übrigens durch die neuen Entwürfe ausdrücklich hervorgehoben ist.

Der § 175 ist rechtspolitisch heftig umstritten. Als Argumente für seine Abschaffung werden insbesondere angeführt: einseitige Formulierung des Tatbestandes (lesbische Liebe straflos!), Schädigung der öffentlichen Sittlichkeit infolge der Verbreitung der Kenntnis von den Vorgängen durch die (wenn auch nicht öffentliche) Gerichtsverhandlung, unnötige Belästigung der staatlichen Rechtspflege, Veranlassung zahlreicher Erpressungsdelikte, Auffassung unter dem Gesichtspunkt der psychischen Erkrankung statt unter dem des Verbrechens. Dem steht gegenüber die seit ältester Zeit in der Anschauung unseres Volkes festgewurzelte Überzeugung von der rechtlichen Verwerflichkeit derartiger Handlungen (der Tatbestand erscheint im altdeutschen Strafrecht als eines der schwersten Delikte). Ferner sind zugunsten der Aufrechterhaltung des Paragraphen bevölkerungspolitische Erwägungen geltend zu machen. Der RTEntw. hält daher an der Bestrafung der Päderastie fest und erhöht bei qualifizierenden Umständen (Verführung Jugendlicher, Mißbrauch eines Abhängigkeitsverhältnisses, Nötigung durch Gewalt und Gewerbsmäßigkeit bei gleichgeschlechtlicher Unzucht) die Strafdrohung (§§ 296, 297 RTEntw.).

Ebenso bleibt die Sodomie nach dem RTEntw. strafbar (§ 295).

6. Vornahme unzüchtiger Handlungen unter Verletzung oder Mißbrauch des auf Wahrung der Geschlechtsehre haltenden Willens, § 176.

Nr. 1: Vornahme unzüchtiger Handlungen an einer Frauensperson mit Gewalt oder Nötigung zur Duldung (nicht: zur Verübung, vgl. Nr. 3, dafür käme § 240 in Betracht) unzüchtiger Handlungen, wenn die Nötigung durch Drohung mit gegenwärtiger Gefahr für Leib und Leben erfolgt; ebenso RTEntw. § 282;

Nr. 2: Mißbrauch einer willenlosen, bewußtlosen oder geisteskranken Frauensperson zum außerehelichen Beischlaf;

Der RTEntw. behält diesen Tatbestand unter der Bezeichnung „schwere Schändung“ bei (§ 285). Darüber hinaus wird im § 284 auch der bedroht, der eine solche Frau zwar nicht zum außerehelichen Beischlaf, wohl aber zu anderen Unzuchtsakten mißbraucht. Nach dem RStGB. ist eine solche Frau gegen derartige Angriffe auf ihre Geschlechtsehre nicht geschützt.

Nr. 3: Vornahme unzüchtiger Handlungen mit (d. h. an ihrem Körper) Personen unter 14 Jahren oder Verleitung zur Duldung oder

Verübung solcher Handlungen. (Idealkonkurrenz mit §§ 175, 182 möglich!)

7. Notzucht, § 177 =

a) Nötigung einer Frauensperson zur Duldung des außerehelichen Beischlafs, wenn die Nötigung durch Gewalt oder Drohung mit gegenwärtiger Gefahr für Leib und Leben erfolgt;

b) Mißbrauch einer Frauensperson zum außerehelichen Beischlaf, wenn die Frau (vom Täter oder Teilnehmer) zu diesem Zweck in einen willen- oder bewußtlosen Zustand versetzt ist.

Gesetzeskonkurrenz von a) mit § 176 Nr. 1; von b) mit § 176 Nr. 2.

Straferhöhungsgrund (qualifizierender Erfolg) bei §§ 176, 177; Tod der verletzten Person (auch wenn der Tod nur infolge der Schwangerschaft eintritt?) § 178, vgl. oben § 7 I 2 ff.

Ebenso der RTEntw. § 283 und § 287. Entsprechend dem Grundsatz des § 21 des RTEntw. kann aber die schwere Folge dem Täter nur dann zugerechnet werden, wenn er sie wenigstens fahrlässig herbeigeführt hat.

8. Erschleichung des außerehelichen Beischlafs, § 179.

Vorspiegelung einer Trauung oder Erregung oder Benützung eines Irrtums, infolgedessen die Frau den Beischlaf für einen ehelichen hält (Kausalzusammenhang zwischen Täuschung und Beischlaf, nicht aber Identität der täuschenden Person mit derjenigen, die den Beischlaf vollzieht, erforderlich). Idealkonkurrenz mit § 185 wichtig wegen der mittelbaren Beleidigung des Ehemannes (Antrag wegen § 179 kann nur die Frau stellen, wegen der Beleidigung aber der Mann sowohl für seine Frau wie für sich selbst, § 195).

Im RTEntw. ist der Tatbestand des § 179 RStGB nicht aufgenommen.

9. Kuppelei. Tatbestand: Der Unzucht Vorschub leisten, entweder durch Vermittlung, oder durch Gewährung oder durch Verschaffung von Gelegenheit. Doch ist die Kuppelei nur strafbar, wenn sie entweder

a) gewohnheitsmäßig (vgl. oben § 18 V) oder aus Eigennutz erfolgt, § 180; oder

b) unter Anwendung hinterlistiger Kunstgriffe, § 181 Nr. 1; oder wenn

c) die verkuppelte Person zum Kuppler im Verhältnis von Ehefrau zu Ehemann, Kind zu Eltern, Pflegebefohlenen zu Vormund, Schüler zu Lehrer, Geistlichem oder Erzieher steht, § 181 Nr. 2.

Die Fälle § 181 Nr. 1 und 2 werden als „schwere Kuppelei" bezeichnet, es handelt sich aber nicht um einen Straferhöhungsgrund, sondern um einen neuen Tatbestand und zwar strafbegründende Merkmale (wichtig wegen § 50, vgl. oben § 17 C II, III). Aberkennung der bürgerlichen Ehrenrechte ist bei schwerer Kuppelei obligatorisch (praktisch wichtig sind die Fälle der Begehung durch Unterlassung, d. h.

wenn eine rechtliche Verpflichtung zur Abhaltung von der Unzucht besteht [vgl. oben § 8 III], z. B. des Ehemanns gegenüber der Ehefrau, der Eltern gegenüber der minderjährigen Tochter, nach RG bisher sogar des Hausherrn gegenüber dem Mieter). Die Unzucht treibende Person kann nach RG Teilnehmer der Kuppelei sein.

Nach dem Gesetz zur Bekämpfung der Geschlechtskrankheiten vom 18. Febr. 1927 (RGBl. I 63) hat der § 180 StGB folgende Erweiterung erhalten

Abs. II: Als Kuppelei gilt insbesondere die Unterhaltung eines Bordells oder eines bordellartigen Betriebs.

Abs. III: Wer einer Person, die das 18. Lebensjahr vollendet hat, Wohnung gewährt, wird auf Grund des Abs. I nur dann bestraft, wenn damit ein Ausbeuten der Person, der die Wohnung gewährt ist, oder ein Anwerben oder ein Anhalten dieser Person zur Unzucht verbunden ist.

Der RTEntw. übernimmt im allgemeinen die Vorschriften des geltenden Rechts mit den Änderungen, die das Gesetz zur Bekämpfung der Geschlechtskrankheiten gebracht hat. Das Schuldmerkmal der „gewohnheitsmäßigen" Kuppelei läßt der RTEntw. fallen. Bestraft soll nach dem RTEntw. die aus Eigennutz betriebene Kuppelei werden (§ 305).

10. Zuhälterei, § 181a; 2 Arten:

a) ausbeuterische Zuhälterei: ein Mann bezieht von einer Frau, die gewerbsmäßig Unzucht treibt, ganz oder teilweise den Lebensunterhalt (der Täter muß also ein Verhältnis von gewisser Dauer wollen); über die Begriffe Ausbeutung und Lebensunterhalt vgl. RG 57 S. 58;

b) kupplerische Zuhälterei: ein Mann ist der Prostituierten in Ausübung ihres unzüchtigen Gewerbes förderlich (durch Schutzgewährung oder sonst) und zwar gewohnheitsmäßig oder aus Eigennutz (Gesetzeskonkurrenz mit §§ 180/1?). Qualifizierte Fälle: § 181a Abs. 2 (der Ehemann als Zuhälter oder Gewalt und Drohung),

Nebenstrafen: fakultativ (Fall der Überweisung an die Landespolizeibehörde).

Der RTEntw. übernimmt im § 309 sachlich unverändert den bisherigen § 181a. Von den qualifizierten Fällen des § 181a Abs. 2 ist abgesehen, da an sich grundsätzlich Zuchthausstrafe bis zu 5 Jahren angedroht ist. Auf Gefängnis nicht unter 3 Monaten kann nur bei mildernden Umständen erkannt werden. Die Strafdrohung ist also ganz wesentlich verschärft worden.

11. Verführung eines unbescholtenen Mädchens unter 16 Jahren zum Beischlaf, § 182. Antragsdelikt, bei dem aber nicht die Verletzte (also die Verführte) antragsberechtigt ist, sondern Eltern oder Vormund, vgl. oben § 12 II 2.

Der RTEntw. hat das Merkmal der Unbescholtenheit gestrichen (§ 288). Das Strafmaß soll von 1 Jahr Gefängnis auf 5 Jahre Gefängnis erhöht werden.

12. Erregung eines (geschlechtlichen) Ärgernisses durch öffentlich vorgenommene unzüchtige Handlung, § 183 (dazu gehören nach

RG auch Äußerungen). Unterschied von § 174 (oben Nr. 4): die Handlung braucht nicht sexuellen Motiven zu entspringen, es genügt objektive Verletzung des sexuellen Anstandsgefühls.

Der RTEntw. stellt den Tatbestand nicht mehr wie das geltende Recht auf die zufällige Tatsache ab, daß jemand an der unzüchtigen Handlung wirklich ein Ärgernis nimmt, sondern daß die Handlung „geeignet ist, Ärgernis zu erregen", also auf eine objektive Eigenschaft dieser Handlung (§ 298 RTEntw.).

Im § 299 ergänzt der RTEntw. eine Lücke des geltenden Rechts zum Schutz der Kinder vor den sog. Exhibitionisten:

„Wer eine unzüchtige Handlung absichtlich vor einem Kinde vornimmt, wird mit Gefängnis bis zu 2 Jahren bestraft."

13. Besondere Fälle der Verletzung des öffentlichen Sittlichkeitsgefühls (der Wohlanständigkeit des öffentlichen Lebens)

a) § 184:

Nr. 1: Feilhalten, Verkaufen, Verteilen, öffentlich Ausstellen, Anschlagen oder sonstige Verbreitung, Herstellung, Vorrätighalten, Ankündigung oder Anpreisung zum Zweck der Verbreitung von unzüchtigen Schriften, Abbildungen oder Darstellungen (auch Grammophonplatten).

Der RTEntw. hat im § 300 Abs. I den Tatbestand des § 184 Nr. 1 RStGB dadurch erweitert, daß auch das „Sichverschaffen" und das „Vorführen" derartiger Bilder usw. bestraft wird. Damit wird praktisch besonders die hier sehr umfangreiche Einfuhr aus dem Ausland getroffen.

Nr. 2: Entgeltliche Überlassung oder Anbietung solcher Schriften, Abbildungen oder Darstellungen an Personen unter 16 Jahren;

Der RTEntw. bedroht auch die Fälle mit Strafe, in denen eine solche Schrift usw. unentgeltlich in der Absicht Personen unter 16 Jahren angeboten, überlassen, oder vorgeführt wird, ihr Geschlechtsgefühl zu überreizen oder irrezuleiten (§ 300 Abs. 2).

Nr. 3: öffentliche Ausstellung, Ankündigung oder Anpreisung von Gegenständen, die zum unzüchtigen Verkehr bestimmt sind;

Nr. 3a (eingefügt durch § 16 des Gesetzes zur Bekämpfung der Geschlechtskrankheiten): öffentliche Ausstellung, Ankündigung oder Anpreisung von Mitteln, Gegenständen oder Verfahren zur Verhütung von Geschlechtskrankheiten, sofern dadurch Sitte oder Anstand verletzt wird.

Bezüglich der Sachen zum unzüchtigen Gebrauch stellt der RTEntw. im Anschluß an das Gesetz zur Bekämpfung der Geschlechtskrankheiten 2 selbständige Tatbestände auf. Der erste (§ 301) bezieht sich auf Gegenstände, die zu unzüchtigem Gebrauch bestimmt sind, ohne zur Verhütung der Empfängnis oder von Geschlechtskrankheiten zu dienen, die also zur unnatürlichen Befriedigung des Geschlechtstriebes bestimmt sind. Der § 302 RTEntw. übernimmt die Vorschrift des § 184 Nr. 3a des StGB. Dadurch wird klargestellt, daß die Sachen, die der § 302 RTEntw. behandelt, nicht Sachen zu unzüchtigem Gebrauch im Sinne des RTEntw. sind, auch wenn sie im außerehelichen Geschlechtsverkehr Anwendung finden. (Vgl. hiezu Begr. S. 150).

Nr. 4: öffentliche Ankündigungen, die (erkenntlich, d. h. nach dem Eindruck, den sie auf das Publikum machen) dazu bestimmt sind, unzüchtigen Verkehr herbeizuführen. Ebenso RTEntw. § 303.

(Bei solchen öffentlichen Ankündigungen ist besonders § 20 des Preßgesetzes zu beachten!)

b) § 184a: entgeltliche Überlassung von Schriften usw. an Jugendliche unter 16 Jahren, wenn die Schrift usw. ohne unzüchtig zu sein, das Schamgefühl gröblich verletzt.

Der RTEntw. § 300 Abs. 2 ersetzt diese Formel durch die Fassung: „unzüchtig oder doch geeignet, das Geschlechtsgefühl der Jugend zu überreizen oder irrezuleiten".

c) § 184b: öffentliche Mitteilungen aus geheimen Gerichtsverhandlungen, wenn die Mitteilung geeignet ist, Ärgernis zu erregen.

Ergänzungen enthält das Gesetz zur Bewahrung der Jugend vor Schund- und Schmutzschriften vom 18. Dezember 1926 (RGBl I, 505).

Darnach werden zum Schutz der heranwachsenden Jugend Schund- und Schmutzschriften in eine Liste aufgenommen. Sie sind, sobald ihre Aufnahme in die Liste öffentlich bekanntgemacht ist, im ganzen Reichsgebiete folgenden Beschränkungen unterworfen:

1. sie dürfen im Umherziehen weder feilgehalten noch angeboten oder angekündigt werden; auch dürfen auf sie keine Bestellungen im Umherziehen gesucht oder entgegengenommen werden;
2. sie dürfen im stehenden Gewerbe, von Haus zu Haus oder auf öffentlichen Wegen, Straßen, Plätzen oder anderen öffentlichen Orten nicht feilgeboten, angekündigt, sowie innerhalb der Verkaufsräume und in Schaufenstern oder an anderen, von der Straße aus sichtbaren Orten nicht zur Schau gestellt werden; auch dürfen Bestellungen auf sie nicht gesucht werden;
3. sie dürfen Personen unter 18 Jahren weder zum Kaufe angeboten noch innerhalb des gewerblichen Betriebs entgeltlich oder unentgeltlich überlassen werden.

Bei geschäftlicher Anpreisung von Schriften ist der Hinweis darauf verboten, daß ein Verfahren auf Aufnahme der Schrift in die Liste anhängig oder anhängig gewesen ist.

Wer vorsätzlich diesen Bestimmungen zuwiderhandelt, und wer die Liste zum Zwecke des Anpreisens abdruckt oder vervielfältigt, wird mit Gefängnis bis zu einem Jahre und mit Geldstrafe oder mit einer dieser Strafen bestraft. Wer die Tat fahrlässig begeht, wird nur mit Geldstrafe bestraft.

In besonders leichten Fällen kann von Strafe abgesehen werden.

Neben der Strafe ist bei vorsätzlicher Zuwiderhandlung auf Einziehung der zur Begehung der Tat gebrauchten oder bestimmten Schriften zu erkennen, auch wenn sie weder dem Täter noch einem Teilnehmer gehören. Auf die Einziehung kann selbständig erkannt werden, wenn die Verfolgung oder Verurteilung einer bestimmten Person nicht ausführbar ist.

§ 33. Beleidigung (14. Abschnitt).

I. Arten.

1. Einfache (oder formelle) Beleidigung, § 185.

Beleidigung = eine Kundgebung, die geeignet ist, das Ehrgefühl eines andern zu verletzen, oder den Eindruck der Mißachtung einer Person hervorzurufen (also Gefährdungsdelikt; namentlich braucht der Verletzte den beleidigenden Charakter der Äußerung nicht zu kennen).

Ehre im subjektiven Sinne = Ehrgefühl;
Ehre im objektiven Sinn: die Geltung in der Meinung der Mitmenschen (der gute Ruf, der gute Name usw.).

Demnach bei einfacher Beleidigung nach § 185 zwei (alternativ) geschützte Rechtsgüter: Ehrgefühl und äußere Ehre.

Passiv beleidigungsfähig sind auch Kinder und Geisteskranke; gemäß §§ 196, 197 auch Behörden und politische Körperschaften; nicht aber juristische Personen (so die herrschende Meinung, streitig).

Von der Beleidigung von Kollektivpersönlichkeiten ist die Beleidigung unter einer Kollektivbezeichnung zu unterscheiden, bei der über einen größeren Personenkreis, z. B. die Kriegslieferanten, die Wagnerianer, eine beleidigende Äußerung getan wird; hier ist nur dann jede einzelne zu diesem Kreis gehörige Person beleidigt, wenn eine nähere Individualisierung möglich ist, z. B. gesagt wird, die Kriegslieferanten von Breslau.

Die beleidigende Äußerung kann bestehen in der Behauptung (wahrer oder unwahrer) ehrenrühriger Tatsachen, in Schimpfworten, Tätlichkeiten (Realinjurie), Unterlassung von Höflichkeitserweisungen, Zumutung unsittlicher Handlungen usw.

Die Beleidigung ist vollendet, wenn die Äußerung von irgend jemand (dem Verletzten oder einem Dritten) vernommen worden ist (vgl. die Beispiele oben § 16 VI: 1, 3 und 5; dabei ist zu beachten, daß der Versuch der Beleidigung wegen § 43 Abs. 2 nicht strafbar ist). Zum Vorsatz genügt das Bewußtsein des beleidigenden Charakters; animus injuriandi (= Absicht der Beleidigung) ist nicht erforderlich.

2. Üble Nachrede (Rufgefährdnug), § 186: Behaupten oder Verbreiten einer Tatsache (nicht eines Werturteils), die geeignet ist, einen anderen verächtlich zu machen, oder in der öffentlichen Meinung herabzuwürdigen, wenn diese Tatsache nicht erweislich wahr ist (sie braucht also nicht nachweislich unwahr zu sein). Die Nicht-Erweislichkeit der Tatsache ist nicht Tatbestandsmerkmal, auch nicht Strafbarkeitsbedingung (v. Liszt), sondern eine prozessuale Besonderheit: der Angeklagte muß den Nachweis der Wahrheit erbringen, § 192. Da hier geschütztes Rechtsgut der Ruf des andern ist, muß wenigstens ein Drit-

ter (nicht bloß der Verletzte) Kenntnis von der Behauptung erhalten, damit das Delikt vollendet ist.

3. Verleumdung, § 187: wider besseres Wissen erfolgende Behauptung oder Verbreitung unwahrer Tatsachen, die geeignet sind, einen andern verächtlich zu machen, oder ihn in der öffentlichen Meinung herabzuwürdigen. (Die Unwahrheit der Tatsache muß im Urteil festgestellt werden).

4. Kreditgefährdung, § 187: wider besseres Wissen erfolgende Behauptung oder Verbreitung von Tatsachen, die geeignet sind, den Kredit eines anderen zu gefährden. (Auch gegen juristische Personen und offene Handelsgesellschaften möglich, da geschütztes Rechtsgut der Kredit).

Vergleiche auch den Tatbestand des § 15 des Gesetzes gegen den unlauteren Wettbewerb vom 7. Juni 1909.

5. Beschimpfung des Andenkens Verstorbener (§ 189), durch wider besseres Wissen erfolgende Behauptung oder Verbreitung unwahrer Tatsachen, die geeignet gewesen wären, den Verstorbenen bei seinen Lebzeiten verächtlich zu machen oder in der öffentlichen Meinung herabzuwürdigen. (Antragsrecht der Eltern, Kinder oder des Ehegatten).

Rechtsgut: Pietätsgefühl und Ehre der Familie: In den Fällen 2, 3, 4 und 5 (üble Nachrede, Verleumdung, Kreditgefährdung, Beschimpfung des Andenkens) liegt bei Wahrheit der behaupteten oder verbreiteten Tatsache kein Tatbestand vor (Besonderheit der Beweislast in § 186). Über den Nachweis: § 190; instruktionelle Vorschrift: § 191 (vgl. § 164 Abs. 2). Jedoch kann trotz der Wahrheit der Tatsache eine formelle Beleidigung nach § 185 vorliegen, wenn nämlich, wie RG formuliert, aus der Form und den Umständen der Beleidigung die Absicht der Ehrverletzung hervorgeht, § 193 (RG 1, 317 u. 407).

6. Als Sonderdelikt ist nach § 7 Nr. 2 des Republikschutzgesetzes v. 1922 (Strafdrohung geändert d. Ges. v. 8. Juli 1926, RGBl. I 397) mit erhöhter Strafe bedroht die öffentliche Beschimpfung oder Verleumdung eines ermordeten Mitglieds einer republikanischen Regierung des Reiches oder eines Landes; zum Begriff „Beschimpfung" vgl. RG 57, 185.

II. Die Beleidigung (d. h. jede unter §§ 185, 186, 187, 189 fallende Äußerung) ist nicht rechtswidrig, wenn es sich handelt

a) um tadelnde Urteile über wissenschaftliche, künstlerische oder gewerbliche Leistungen;

b) um Äußerungen zur Ausführung oder Verteidigung von Rechten oder zur Wahrung berechtigter Interessen;

c) um Vorhaltungen und Rügen von Vorgesetzten gegen Untergebene und dienstliche Anzeigen eines Beamten;

d) ähnliche Fälle wie die unter a—c genannten. Doch bleibt auch in den Fällen a—d die formelle Beleidigung strafbar, § 193.

Zu b) ist zu bemerken: RG verlangt, daß der Täter zu den Interessen, die er wahrnimmt, in einer nahen persönlichen Beziehung stehe (z. B. der Rechtsanwalt nimmt in einer ihm übertragenen Sache die Interessen seiner Partei wahr, aber nicht allgemein die Ordnungsmäßigkeit der staatlichen Rechtspflege; er kann sich bei einer beleidigenden Kritik irgendeines richterlichen Urteils nicht auf § 193 berufen). Wichtig für die durch die Presse begangenen Beleidigungen.

An dieser willkürlichen Einengung des Begriffes der „berechtigten Interessen" auf eigene oder doch den Täter persönlich nahe angehende Angelegenheiten hält das Reichsgericht auch in seiner neuesten Rechtsprechung trotz der Umwälzung der politischen Verhältnisse und trotz des verfassungsmäßig gewährleisteten Rechts der freien Meinungsäußerung (RV Art. 118) fest, desgl. an der Auffassung, daß die Presse kein besonderes Recht auf Erörterung öffentlicher Angelegenheiten habe (vgl. RG 56, 383).

III. Die Beleidigung ist Antragsdelikt: § 194, bei öffentlichem Interesse an der Strafverfolgung: §§ 376, 377 StPO. Selbständiges Antragsrecht des Ehemanns bei Beleidigung der Ehefrau: § 195; des dienstlichen Vorgesetzten: § 196; Ermächtigung (nicht Antrag) bei Beleidigung politischer Körperschaften, § 197 (vgl. oben § 12 II 9). Antragsfrist bei wechselseitigen Beleidigungen: § 198.

IV. Buße: § 188.

Weitere Privatgenugtuung: § 200. (Bei öffentlichen Beleidigungen ist dem Beleidigten die Publikationsbefugnis zuzusprechen. Sonderfall: Beleidigung durch eine Zeitung oder Zeitschrift: § 200 Abs. 2 — hier Antrag des Beleidigten erforderlich! — Bei jeder Beleidigung Ausfertigung des Urteils für den Beleidigten, § 200 Abs. 3 [streitig, ob sich Abs. 3 nicht ebenfalls nur auf öffentliche Beleidigungen bezieht].

V. Retorsion: § 199 (vgl. oben § 3 IV 4; § 13 am Ende).

VI. Der RTEntw. übernimmt die Dreiteilung des geltenden Strafrechts (Beleidigung i. e. S., üble Nachrede und Verleumdung; außerdem bedroht er denjenigen mit Strafe, der einem andern in der Absicht ihn zu schmähen eine strafbare Handlung vorwirft (§ 321). Die wichtigsten Neuerungen gegenüber dem geltenden Recht enthalten folgende Vorschriften:

1. Wegen übler Nachrede soll nach § 317 Abs. 4, bestraft werden, wer eine ehrenrührige Tatsache behauptet oder verbreitet, die solche Angelegenheiten des Privat- oder Familienlebens betrifft, welche das öffentliche Interesse nicht berühren; in diesem Fall ist es für die Strafbarkeit unerheblich, ob die Tatsache wahr oder unwahr ist, wenn sie aus Gewinnsucht oder bloß in der Absicht zu schmähen oder aus einem anderen niedrigen Beweggrunde öffentlich behauptet oder verbreitet worden ist. Dadurch soll dem Bestreben entgegengewirkt werden, rein private Angelegenheiten in beleidigender Absicht an die Öffentlichkeit zu zerren.

2. Wahrnehmung eines berechtigten öffentlichen (!) oder privaten Interesses schließt eine Bestrafung wegen übler Nachrede aus, wenn der Täter dabei die einander gegenüberstehenden Interessen pflichtmäßig abgewogen hat. Diese Erweiterung gegenüber dem geltenden Recht will den Aufgaben der Presse und der Notwendigkeit öffentlicher politischer Auseinandersetzungen namentlich mit Rücksicht auf die Stellung des Staats-

bürgers nach dem neuen Verfassungsrecht Rechnung tragen. RTEntw. § 318.

§ 34. Zweikampf (15. Abschnitt).

Zweikampf = der vereinbarte, ernstliche, nach bestimmten hergebrachten oder festgesetzten Regeln (namentlich also mit „Duellwaffen") erfolgende Kampf zweier Personen (StGB kennt nur den Zweikampf mit tödlichen Waffen). Bedeutung der vorsätzlichen Übertretung dieser Regeln: § 207. Tödliche Waffen: solche, die objektiv geeignet und bestimmt sind tödlich zu wirken. Nach der ständigen Rechtsprechung des Reichsgerichts (vgl. namentlich RG 8, 87 und 60, 257) sind auch studentische Schlägermensuren Zweikämpfe mit tödlichen Waffen; begründet wird diese Auslegung damit, daß der geschliffene Schläger, die der studentischen Mensur eigene Waffe, an sich, d. h. sofern auf die Waffe selbst gesehen wird, eine tödliche Waffe sei, und daß es für die Beurteilung der Waffe als einer „tödlichen" belanglos sei, wenn der Körper des Gegners durch gewisse Vorkehrungen in einer Weise geschützt werde, daß eine tödliche Verletzung nach menschlichem Ermessen ausgeschlossen sei". a. A. die in der Literatur herrschende Ansicht und die ältere Rechtsprechung des RG.

Das sog. „amerikanische Duell" ist kein Zweikampf.

1. a) Herausforderung,

   b) Annahme der Herausforderung zum Zweikampf; § 201. Qualifizierter Fall: § 202 (Herausforderung mit der „Absicht, daß einer von beiden Teilen das Leben verlieren soll", Straflosigkeit bei (einseitigem oder zweiseitigem) Rücktritt, § 204.

2. Kartelltragen, § 203 = Überbringen einer fremden Forderung (eigentlich eine Beihilfehandlung), nicht aber Überbringen der Antwort des Geforderten (was als Beihilfe strafbar sein kann).

   Straflosigkeit:

   a) bei freiwilligem Rücktritt: § 204,

   b) bei ernstlicher Bemühung um Verhinderung des Zweikampfes, § 209.

3. Der Zweikampf selbst: § 205 (absorbiert die Tatbestände §§ 201, 202, Gesetzeskonkurrenz).

   Qualifizierte Fälle:

   a) Zweikampf mit tödlichem Erfolg, § 206,

   b) Zweikampf ohne Sekundanten, § 208.

   Die Heraufsetzung der „verwirkten Strafe" wird als „unechte Straferhöhung" bezeichnet. Gegensatz die echte Strafänderung, die zur Feststellung der an sich verwirkten Strafe führt, vgl. oben S. 105, 106.

Sekundanten, Zeugen, Ärzte und Wundärzte wären eigentlich als Gehilfen zu bestrafen, sind aber nach § 209 immer straflos (Kartellträger nur, wenn sie sich ernstlich um Verhinderung des Zweikampfes bemühen).

4. Anreizen zum Zweikampf mit einem Dritten, insbesondere durch Bezeigung oder Androhung von Verachtung (also eine Art Nötigung) § 210.

Strafbar nur, wenn der Zweikampf wirklich stattfindet, d. h. wenn zwischen dem Anreizen und dem Zustandekommen des Zweikampfes Kausalzusammenhang besteht, was allerdings vermutet wird (demnach Strafe für präsumtive Anstiftung).

Zu 1 bis 4. Neben einer nach §§ 201—210 erkannten Strafe kann auf Verlust der bekleideten öffentlichen Ämter und bei Soldaten auf Lösung des Dienstverhältnisses erkannt werden (§ 210a, eingefügt durch das Gesetz vom 30. April 1926 über die Bestrafung des Zweikampfes).

Im Militärstrafrecht hat der „Zweikampf unter Kameraden" in dem durch das Gesetz zur Vereinfachung des Militärstrafrechts vom 30. April 1926 neu eingefügten Abschnitt VIa (§§ 112—112f) eine eingehende Neuregelung gefunden.

5. Der RTEntw. bringt in § 270 eine klare Entscheidung des Gesetzgebers, unter welchen Bedingungen ein Zweikampf straflos bleiben soll. Er steht auf dem Standpunkt, daß die rein sportliche Betätigung in Form der Schlägermensur strafrechtlich nicht anders behandelt werden darf als bei anderen Sportarten, bei denen die Gefahr einer schweren Verletzung in gleichem Maße vorhanden ist, daß dagegen der Austrag eines Ehrenhandels mit Waffen strafbar bleiben müsse. (Vgl. Begr. S. 136).

Es wird deshalb im RTEntw. nicht mehr der Begriff des Zweikampfs „mit tödlichen Waffen" verwendet, sondern der Zweikampf mit Waffen unter Strafe gestellt, wenn dadurch entweder ein Ehrenhandel ausgetragen werden soll (§ 270 Abs. 1) oder wenn er unter Bedingungen erfolgt, „mit denen eine Lebensgefahr oder die Gefahr eines erheblichen Schadens für die Gesundheit regelmäßig verbunden ist."

Nach § 272 RTEntw. sind in Erweiterung des § 209 des RStGB neben den ernstlich um die Verhinderung des Zweikampfs bemühten Kartellträgern auch die Mitglieder des betreffenden Ehrengerichts grundsätzlich straffrei.

§ 35. Verbrechen und Vergehen wider das Leben (16. Abschnitt).

1. Mord, § 211: vorsätzliche Tötung eines (sc. andern) Menschen, die mit Überlegung ausgeführt wird (vgl. die Beispiele oben § 16 I, zu 3).

Überlegung liegt vor, wenn der Täter über die Art und Weise der Herbeiführung des Erfolges und über die Gründe und Gegengründe zur Tat Erwägungen anstellt. Die Überlegung muß während der Ausführung (nicht nur im Anfang) gegeben sein; wie die Tötung geplant war, ist nicht (oder nur als Indiz) maßgebend. Überlegung ist keine Art des Vorsatzes (der Affekt schließt wohl die Überlegung, nicht aber den Vorsatz aus!).

§ 50 kommt nach der herrschenden Lehre nicht zur Anwendung. Richtiger Frank: bei Mord § 50 analog, bei Totschlag allgemeine Anwendung der Grundsätze über Teilnahme; vgl. Frank, StGB 17. Aufl. 1926 S. 443.

2. Totschlag, § 212: vorsätzliche Tötung ohne Überlegung (während der Tat).

Privilegierter Fall: § 213 (Totschlag auf Provokation oder Vorliegen anderer mildernder Umstände).

Qualifizierte Fälle:

a) § 214 (Totschlag bei Unternehmen einer strafbaren Handlung);

b) § 215 (Aszendententotschlag).

3. Tötung auf ernstliches Verlangen, § 216. Nach herrschender Lehre kein privilegierter Fall des Totschlags, sondern ein neuer, selbständiger Tatbestand; Folge: § 216 ist Vergehen, nicht Verbrechen, Versuch daher nach § 43 Abs. 2 nicht strafbar — doch will RG alsdann wegen Körperverletzung strafen — bei irriger Annahme der Einwilligung kein Vorsatz nach §§ 211/2, daher nur Bestrafung nach § 216 (vgl. oben S. 44, 45).

Zu dem Problem der Freigabe der Vernichtung lebensunwerten Lebens vgl. Binding-Hoche [2] 1922 und Elster in der Zeitschr. f. d. ges. Strafrechtsw. Bd. 36, S. 595 und Bd. 44, S. 130.

4. Kindstötung, § 217, d. h. Tötung des unehelichen Kindes in oder gleich nach der Geburt (ebenfalls selbständiger Tatbestand, kein privilegierter Fall; bei irriger Annahme der Unehelichkeit: § 217; bei irriger Annahme der Ehelichkeit des Kindes: Mangel am Tatbestand, nach RG also strafbarer Versuch nach § 211, vgl. oben S. 67).

5. Fahrlässige Tötung, § 222 (häufig durch Unterlassung begangen, z. B. Nichtbeleuchten einer Treppe; wichtig auch bei fahrlässig irriger Annahme eines Rechtfertigungsgrundes, namentlich Putativnotwehr, vgl. oben § 11 V 4).

Qualifizierte Fahrlässigkeit: § 222 Abs. 2 (Kurpfuscher! — Nach RG braucht die Handlung oder Unterlassung nicht in Ausübung des Amtes, Berufs oder Gewerbes vorgenommen zu sein).

Zu 1—5. Der RTEntw. kehrt nach verschiedenen Änderungsversuchen in den vorausgehenden Entwürfen zum geltenden Recht zurück (§§ 245, 246, 247). Die bisherigen Erschwerungstatbestände der §§ 214, 215 RStGB sind den Grundsätzen des RTEntw. entsprechend durch eine allgemeine Strafschärfung für besonders schwere Fälle ersetzt. (§ 246 Abs. 2 RTEntw.).

Als neue Delikte sind im RTEntw. bei den Tötungsdelikten vorgesehen: Die Verleitung zum Selbstmord (§ 248); die öffentliche Aufforderung zur Tötung (§ 249); die erfolglose Verleitung zur Tötung (§ 250); die Verabredung einer Tötung § 251. Die Strafdrohungen der §§ 49a u. 49b sind dabei ganz wesentlich erhöht (bei den §§ 249—251 bis auf Zuchthaus zu fünf Jahren!).

Bei der Verleitung und Verabredung zur Tötung sind Bestimmungen über strafbefreienden Rücktritt nach vollendetem Delikt vorgesehen. (§§ 250 II, 251 II).

Bei der fahrlässigen Tötung erhöht der RTEntw. allgemein die Strafdrohung auf 5 Jahre Gefängnis (§ 258 RTEntw.). Die Erhöhung der Strafe, die nach § 222 II nur auf Grund der Verletzung einer besonderen Berufspflicht möglich war, ist nach dem RTEntw. in allen Fällen dem richterlichen Ermessen überlassen. Sie ist deshalb nicht mehr im § 258 RTEntw. erwähnt.

6. Aussetzung einer (wegen jugendlichen Alters, Gebrechlichkeit oder Krankheit) hilflosen Person, oder Verlassen einer solchen Person, in hilfloser Lage, wenn der Täter zur Obhut oder Pflege verpflichtet ist. § 221 (Gefährdungsdelikt).

Qualifizierte Fälle:

a) § 221 Abs. 2 (leibliche Eltern als Täter),

b) § 221 Abs. 3 (qualifizierender Erfolg).

Hilflosigkeit liegt nur bei Gefahr für Leib und Leben vor.

Der RTEntw. übernimmt beide Tatbestände des § 221 RStGB im § 257, erweitert jedoch den Kreis der geschützten Personen: Es wird nicht mehr vorausgesetzt, daß die Hilflosigkeit der ausgesetzten Person schon vor der Tat bestand wie nach geltendem Recht. Maßgebend ist nur, wenn der Ausgesetzte oder hilflos Verlassene dadurch in Lebensgefahr gerät. Der Bergführer, der einen bergunkundigen Bergsteiger, den er geführt hat, allein im Hochgebirge zurückläßt, wäre nach § 257 RTEntw. strafbar, wenn deshalb der Bergsteiger in Lebensgefahr gerät.

Da der Täter das Bewußtsein der Lebensgefährdung auch nach dem RTEntw. haben muß, sieht der RTEntw. im § 315 ein privilegiertes Sonderdelikt vor gegen das Verlassen eines Kindes, bei dem nicht das Bewußtsein der Lebensgefährdung vorliegt, sondern der Wunsch, daß ein mitleidiger Mensch das gefundene Kind aufnehme.

7. Abtreibung § 218 (in der Neufassung vom 18. Mai 1926):

a) die Schwangere tötet ihre Leibesfrucht durch Abtreibung (d. h. sie führt deren Tod durch vorzeitige Ausstoßung aus dem Mutterleib herbei),

b) die Schwangere tötet die Frucht im Mutterleib,

c) die Schwangere läßt die Tötung ihrer Frucht durch einen andern zu.

d) ein Dritter tötet mit Einwilligung der Schwangeren deren Frucht im Mutterleib oder durch Abtreibung.

Vgl. die Beispiele oben § 16 IV; durch Notstand gerechtfertigte Abtreibung: oben § 10 VI; Idealkonkurrenz mit Tötung möglich: jemand tötet die Schwangere mit dem Bewußtsein, ihre Leibesfrucht dadurch zu töten; wichtig bei Selbstmordversuch der Schwangeren!

Strafdrohung: bisher Zuchthaus bis zu 5 Jahren, bei mildernden Umständen Gefängnis nicht unter 6 Monaten; jetzt Gefängnis. Die Novelle hat sohin die Abtreibungsstrafe grundsätzlich wesentlich herabgesetzt. Die Höchststrafe bei gewerbsmäßiger Abtreibung wurde indessen von 10 auf 15 Jahre erhöht. Das neue Gesetz ist sohin nicht schlechthin als das mildere zu betrachten (so auch RG 60, 364).

Qualifizierte Fälle: bisher § 219 a. F. (Lohnabtreibung); jetzt § 218 IV (Zuchthaus!): gewerbsmäßige Abtreibung. Abtreibung ohne Einwilligung der Schwangeren, oder gewerbsmäßige Verschaffung von Abtreibungsmitteln. Qualifizierender Erfolg: § 220 Abs. 2 a. F. jetzt gestrichen.

Über Teilnahme an Abtreibungshandlungen und Bedeutung des Notstands (vgl. die grundsätzliche Entscheidung des RG. vom 11. März 1927 (1. Senat 1 D 105/1926).

Rechtspolitisch sind die Abtreibungsdelikte lebhaft umstritten. Insbesondere wird neben den auf völlige Abschaffung der Strafbestimmung gerichteten Bestrebungen die Straflosigkeit der Abtreibung während der ersten Schwangerschaftsmonate gefordert. Vgl. van Calker, Frauenheilkunde und Strafrecht, 1908.

Der RTEntw. hat die nunmehr geltenden Bestimmungen des RStGB im wesentlichen unverändert in den §§ 253—256 übernommen.

§ 36. Körperverletzung (17. Abschnitt).

1. Vorsätzliche Körperverletzung =

a) körperliche Mißhandlung (Störung des subjektiven körperlichen Wohlbefindens) eines andern oder

b) Gesundheitsbeschädigung (Störung des objektiven körperlichen Wohlseins) eines andern (z. B. Infektion mit einer Geschlechtskrankheit). § 223.

Fehlt in dem Beispielsfalle der Vorsatz der Gesundheitsbeschädigung (und zwar auch der dolus eventualis!), so kann trotzdem Strafbarkeit begründet sein: nach § 5 I des Gesetzes zur Bekämpfung der Geschlechtskrankheiten vom 18. Februar 1927 (RGBl I 61): „Wer den Beischlaf ausübt, obwohl er an einer mit Ansteckungsgefahr verbundenen Geschlechtskrankheit leidet und dies weiß oder den Umständen nach annehmen muß, wird mit Gefängnis bis zu 3 Jahren bestraft, sofern nicht nach den Vorschriften des Strafgesetzbuchs eine härtere Strafe verwirkt ist." Ebenso schon § 3 der Verordnung zur Bekämpfung der Geschlechtskrankheiten vom 11. Dezember 1918 (RGBl S. 1431) „Wer den Beischlaf ausübt, obwohl er weiß oder den Umständen nach annehmen muß, daß er an einer mit Ansteckungsgefahr verbundenen Geschlechtskrankheit leidet, wird mit Gefängnis bis zu 3 Jahren bestraft, sofern nicht nach dem allgemeinen Strafgesetz eine härtere Strafe eintritt" (vgl. auch unten § 46 Nr. 15).

Liegt weder körperliche Mißhandlung noch Gesundheitsbeschädigung vor, dann kann wohl in dem allgemeinen Sinn eines Eingriffs in die körperliche Unversehrtheit von „Körperverletzung" gesprochen werden, nicht aber in dem technischen Sinn des StGB. Über die abweichende Auffassung des RG vgl. oben S. 38 und RG. 56, 64.

Idealkonkurrenz mit Beleidigung (Realinjurie): verschiedene Rechtsgüter.

Qualifizierte Fälle:

a) § 223 Abs. 2 (Aszendentenverletzung);

b) gefährliche Körperverletzung, § 223 a, d. h.

aa) mittels einer Waffe oder eines andern gefährlichen Werkzeuges, oder aber

bb) mittels grausamer oder boshafter Behandlung Jugendlicher oder Pflegebefohlener begangene Körperverletzung;

c) schwere Körperverletzung, qualifiziert durch den Erfolg

aa) durch den Verlust eines wichtigen Gliedes, des Sehvermögens usw., § 224; „schwere Körperverletzung" im engeren gesetzlichen Sinn (vgl. § 227);

bb) durch Eintritt des Todes, § 226;

d) die absichtliche schwere Körperverletzung, § 225.

Die leichte Körperverletzung (§ 223) ist Antragsdelikt außer bei Begehung durch Verstoß gegen eine Berufspflicht (§ 232) oder bei Verbindung mit qualifizierter Körperverletzung (RG 57, 81).

Retorsion bei leichten Körperverletzungen (§§ 223 und 230): § 233. Mildernde Umstände: § 228.

2. Fahrlässige Körperverletzung: § 230, qualifizierte Fahrlässigkeit: § 230 Abs. 2 (vgl. § 222 Abs. 2). Antragsdelikt außer bei qualifizierter Fahrlässigkeit.

3. (nicht schuldlose) Beteiligung an einer Schlägerei (Raufhandel) oder einem von mehreren gemachten Angriff, § 227; strafbar nur, wenn der Tod eines Menschen oder eine schwere Körperverletzung (§ 224) eingetreten ist. (Strafbarkeitsbedingung, vgl. oben § 12 I).

Gefährdungsdelikt. Keine Präsumtion der Verursachung, des Todes oder der schweren Körperverletzung, sondern selbständiges Delikt der Teilnahme am Raufhandel. Zum Vorsatz genügt Bewußtsein der Schlägerei.

§ 227 Abs. 2 qualifiziert Abs. 1. Daneben bleiben die Handlungen des § 227 Körperverletzungen oder Tötungen (Idealkonkurrenz); Gegensatz zu Zweikampf.

4. Vergiftung, § 229. Gift = Substanz, die infolge chemischer Einwirkung auf den Körper den Organismus schädigt; andere Stoffe können infolge mechanischer Wirkung schädigen (z. B. Eisenspäne) oder lebende Wesen sein, die schädigen (z. B. Bazillen).

§ 229 ist Gefährdungsdelikt (vgl. noch: §§ 367, Nr. 2, 8, 12; 366 Nr. 2, 5, 6, 7, 8). Gesetzeskonkurrenz mit §§ 223, 224, 225 (bestritten). Bei Absicht der Tötung liegen nur §§ 211/212 vor.

Zusatz: Buße bei allen Körperverletzungen (nach RG auch bei § 227).

5. Tatbestände des Sprengstoffgesetzes vom 9. Juni 1884 (Gesetz gegen den verbrecherischen und gemeingefährlichen Gebrauch von Sprengstoffen),

a) (Vorsätzliche) Gefährdung von Eigentum, Gesundheit oder Leben eines andern durch Anwendung von Sprengstoffen. § 5. (Zum Vorsatz gehört Bewußtsein der Gefährdung).

b) Dynamitkomplott und Bande, § 6 (vgl. oben S. 79, Ziff. 3).
c) Weitere Vorbereitungshandlungen, §§ 7 u. 8.
d) Verletzung gewerbepolizeilicher Anordnungen über Sprengstoffe, § 9.
e) Öffentliche Aufforderung zur Begehung von Dynamitverbrechen (§§ 5 u. 6) oder zur Teilnahme daran, § 10 Abs. 1; insbesondere die provokatorische Glorifizierung, § 10 Abs. 2.

6. Der RTEntw. weicht in den Vorschriften über die Körperverletzung erheblich vom geltenden Recht ab.

Vor allem wird die Grenze zwischen der einfachen und der gefährlichen Körperverletzung anders wie im § 223a RStGB gezogen. (Vgl. Begr. S. 131). Der Grundgedanke des geltenden Rechts, daß das Wesen der gefährlichen Körperverletzung in der Art der Begehung der Tat, das Wesen der schweren Körperverletzung in den schweren Folgen der Tat besteht, bleibt aufrecht erhalten.

Für die gefährliche Körperverletzung werden aber nicht mehr wie im § 223a RStGB bestimmte Begehungsarten aufgezählt, sondern es wird allgemein jede Körperverletzung als gefährliche Körperverletzung bestraft, die nach ihrer Begehungsart eine schwere Körperverletzung zu verursachen geeignet ist (§ 261). Der Begriff des abstrakt gefährlichen Werkzeugs ist im RTEntw. also nicht mehr verwendet.

Ebenso ist bei der schweren Körperverletzung die Kasuistik des geltenden Rechts (§ 224 RStGB) im RTEntw. aufgegeben. Maßgebend ist, ob der Verletzte „an seinem Körper oder seiner Gesundheit schwer geschädigt" wird. Die im § 260 genannten Folgen sind im Gegensatz zum geltenden Recht nur Beispiele.

Weggefallen sind im RTEntw. die §§ 228, 233 RStGB wegen der allgemeinen Vorschriften des RTEntw. §§ 74, 259 II, 268 II: weiterhin der Tatbestand der Vergiftung, die sich stets als schwere oder gefährliche Körperverletzung darstellt. Die Buße (§ 231 RStGB) ist im RTEntw. grundsätzlich ausgeschieden.

§ 37. Verbrechen und Vergehen wider die persönliche Freiheit (18. Abschnitt).

1. Menschenraub, § 234 (Gesetzeskonkurrenz mit § 239?). Vgl. das Sklavenraubgesetz v. 28. Juli 1895 (Sklavenraub u. Sklavenhandel, Ausdehnung des § 4 Abs. 2: Universalprinzip selbst bei Übertretungen).

   Der RTEntw. sieht bei der Freiheitsberaubung in besonders schweren Fällen Zuchthausstrafe vor (§ 275 III). Deshalb ist der § 234 RStGB im RTEntw. gestrichen.

2. Sog. Kinderraub, § 235 (Straferhöhung: § 235 Abs. 3).

3. Entführung (= Wegführung weiblicher Personen, um sie zur Unzucht oder zur Ehe zu bringen); Dauerdelikt.
   a) wider den Willen der (voll- oder minderjährigen) Entführten § 236 (Antragsrecht der Entführten),

b) mit dem Willen der minderjährigen unverehelichten Entführten, § 237 (Antragsrecht des Gewalthabers).

(Entführung eines Jünglings ist nur nach § 235 oder als Nötigung strafbar; Entführung der minderjährigen einwilligenden Ehefrau ist kein Tatbestand!).

Prozeßhindernis: § 238 (vgl. oben § 12 I 3).

4. Freiheitsberaubung, § 239. Freiheit hier = Freiheit der Fortbewegung vom Aufenthaltsort (Binding); Dauerdelikt.

Mittel der Beraubung: Einsperrung oder andere Mittel; z. B. Bewegungsunfähigmachen; Wegnehmen der Kleider; Verhaftenlassen durch einen Polizeibeamten (mittelbare Täterschaft).

Qualifiziert:

a) infolge der Dauer der Freiheitsberaubung, § 239 Abs. 2;

b) durch Eintritt eines qualifizierenden Erfolges, § 239 Abs. 3.

Ebenso RTEntw. § 275.

5. Nötigung § 240 = zwangsweise Herbeiführung eines bestimmten Verhaltens; Mittel der Nötigung: Gewalt (absolute oder kompulsive Gewalt; Ausschließung der freien Betätigungsmöglichkeit, daher nur gegen die genötigte Person selbst möglich, wenn auch mittelbar durch Einwirkung auf andere Personen oder auf Sachen), oder Bedrohung mit einem Verbrechen oder Vergehen (nicht allgemein mit einer strafbaren Handlung, wie in §§ 106, 107).

Gesetzeskonkurrenz mit §§ 105—107, 114, 122, 176 Abs. 1 und 2, 177; auch wohl mit § 239 (Freiheitsberaubung), obwohl hier vielfach Idealkonkurrenz für möglich gehalten wird; früher ferner mit GewO § 153 (Nötigung zu gewerblichen Koalitionen), jetzt aufgehoben durch RGes v. 22. Mai 1918 (RGBl 423).

Versuch ist strafbar.

Vgl. noch oben § 4 I 3a (Aufhebung landesrechtlicher Bestimmungen über Streikpostenstehen) und § 8 I 1 (Gebrauch des Wortes „widerrechtlich" im Text des Gesetzes).

1. Beispiel: Wer der Tochter droht, er werde ihren schuldigen Vater der Polizei anzeigen, wenn sie sich ihm nicht preisgibt, ist nicht nach § 240 strafbar (keine Drohung mit einem Verbrechen oder Vergehen), auch nicht wegen Erpressung nach § 253 (kein Vermögensvorteil), noch weniger natürlich nach §§ 176, 177 (weil keine Gewalt).

2. Beispiel: Der Vermieter, der nach Ablauf der Mietzeit den Mieter dadurch zur Räumung der Wohnung veranlaßt, daß er Türen und Fenster aushebt, begeht Nötigung nach § 240 (auch Zwang zu einem Verhalten, auf das der Täter Anspruch hat, ist widerrechtliche Nötigung, wofern der Täter nicht befugt ist, diesen Zwang anzuwenden). Vgl. auch oben S. 31, 32: keine Notwehr und nach RG auch keine Putativnotwehr des Vermieters möglich.

Der RTEntw. übernimmt im wesentlichen die Vorschrift des § 240 (§ 279 RTEntw.). Die Strafdrohung ist auf 5 Jahre Gefängnis, „in besonders schweren Fällen" auf Zuchthaus erhöht. Um eine Lücke im geltenden Recht auszufüllen, hat der RTEntw. einen eigenen gesetzlichen Tatbestand der Ehrennötigung geschaffen; § 280: „Wer jemand durch Drohung mit einer Strafanzeige oder mit der Offenbarung einer Tatsache, die geeignet ist, den Ruf zu gefährden, nötigt, sich einer gegen die guten Sitten verstoßenden Zumutung zu fügen". Die Strafdrohung ist dem § 279 RTEntw. gleich.

6. Bedrohung mit der Begehung eines Verbrechens, § 241 (zur Vollendung gehört nur, daß der Bedrohte die Drohung als solche vernimmt und versteht; er braucht nicht zu erschrecken, dementsprechend auch der Vorsatz des Täters. — Ausspruch eines Wunsches ist keine Drohung). Versuch straflos. Geschütztes Rechtsgut: Der Rechtsfriede? Die Freiheit? (Dann wäre Bedrohung Gefährdungsdelikt).

Ebenso RTEntw. § 278.

§ 38. Diebstahl und Unterschlagung (19. Abschnitt).

1. Diebstahl, § 242. Erfordernisse:

a) eine Sache (nicht ein lebendiger Mensch; vom Standpunkt des Gesetzgebers auch nicht eine Kraft, wie Elektrizität, daher Gesetz vom 9. April 1900 gegen Entziehung elektrischer Arbeit; wohl aber Wasser und Gas; auch wertlose Sachen, vgl. aber § 248a RStGB);

Richtiger Ansicht nach dürfte der Elektrizitätsdiebstahl grundsätzlich als furtum usus aufzufassen sein, da die Elektrizität nach den neueren naturwissenschaftlichen Erkenntnissen (insbesondere nach den Forschungen über den Durchgang der Elektrizität durch Gase) ebenso wie jede andere Materie als Sache im Rechtssinn erscheint. Der Gebrauchsdiebstahl ist nun im allgemeinen straflos; durch besonderes Gesetz ist jedoch der Elektrizitätsdiebstahl wegen der wirtschaftlichen Notwendigkeit einer derartigen Sonderbestimmung ausdrücklich unter Strafe gestellt.

b) bewegliche Sache (doch kann die Sache durch den Diebstahl erst zu einer beweglichen gemacht worden sein, z. B. Diebstahl der Früchte vom Baum);

c) fremde Sache (an der in seinem Alleineigentum — Gegensatz Miteigentum — stehenden Sache kann der Täter keinen Diebstahl begehen; wohl Besitzentziehung nach § 289. An herrenlosen Sachen ist Diebstahl nicht möglich, wohl Verletzung fremder Aneignungsrechte, z. B. § 292);

d) einem andern eine solche Sache wegnehmen, d. h. die Sache muß aus dem bisherigen Gewahrsam in den Gewahrsam des Täters gebracht werden (Berühren der Sache — Kontrektationstheorie — genügt also nicht zur Vollendung; andrerseits ist Wegnahme vom Ort der Tat — Ablationstheorie — oder gar Bergung — Illationstheorie — nicht erforderlich).

Gewahrsam ist ein tatsächliches Herrschaftsverhältnis über die Sache, derart, daß eine Sache, über die jemand seinen Herrschaftswillen ohne weiteres betätigen konnte, noch nicht aus dem Bereich dieses Willens ausgeschieden ist. Gewahrsam ist ein strafrechtlicher Begriff, mit dem zivilrechtlichen Besitz nicht identisch (z. B. Vermieter hat Besitz, aber nicht Gewahrsam an der vermieteten Sache). Vgl. RG 56 S. 116 (ferner S. 207). Auch Bruch des Mitgewahrsams ist Diebstahl.

Verletzt bei Diebstahl ist sowohl der Gewahrsamsinhaber, als auch der Eigentümer.

e) Absicht der rechtswidrigen Zueignung, d. h. zum Vorsatz (Bewußtsein, eine in fremdem Eigentum und fremdem Gewahrsam stehende Sache wegzunehmen) muß hinzukommen die Absicht, die Sache (selbst oder ihren wirtschaftlichen Wert), wenn auch nur vorübergehend (RG 57, 199), dem eigenen Vermögen zuzuführen. Doch ist der Diebstahl bereits mit der Wegnahme vollendet.

Versuch des Diebstahls ist strafbar: § 242 Abs. 2.

Qualifizierte Fälle (schwerer Diebstahl): § 243 Nr. 1—7.

Privilegierte Fälle: § 247: Diebstahl unbedeutender Sachen gegen Angehörige, Erzieher, Dienstherrn ist Antragsdelikt;

jeder Diebstahl von Aszendenten gegen Deszendenten oder von Ehegatten untereinander ist straflos (persönlicher Straffreiheitsgrund).

Strafe bei Rückfall: §§ 244/45: Nebenstrafe § 248.

Der RTEntw. (§ 328) ersetzt die Zueignungsabsicht des § 242 RStGB durch die Absicht, sich durch die Zueigung der Sache unrechtmäßig zu bereichern.

Dadurch wird jemand, der eine fremde Sache sich eigenmächtig wegnimmt, dafür aber einen ihrem Wert entsprechenden Geldbetrag zurückläßt, künftig nicht mehr wegen Diebstahl strafbar, wie es nach geltendem Recht der Fall ist.

Dadurch werden im RTEntw. neue Delikte erforderlich, die diese Fälle entsprechend erfassen:

§ 334. Unberechtigte Aneignung: (ohne diese Bereicherungsabsicht).

§ 337. Dauernde Entziehung von Sachen auch ohne Zueignungsabsicht, jedoch in der Absicht, einem anderen Nachteil zuzufügen.

Wer eine fremde Sache ins Meer versenkt, oder eine Hürde öffnet und die Tiere entweichen läßt, wird dadurch im Gegensatz zum geltenden Recht mit der verdienten Strafe bedroht.

2. Der Notdiebstahl, § 248a. Entwendung geringwertiger Gegenstände aus (wirtschaftlicher) Not. Antragsdelikt. Geht (in Gesetzeskonkurrenz, als Spezialgesetz) § 242 vor. Kein privilegierter Fall, sondern wie § 370 Nr. 5 (Mundraub) selbständiger Tatbestand (daher Versuch straflos, § 43 Abs. 2; kein Rückfall begründendes Delikt; der Teilnehmer braucht nicht in Not zu sein).

Der RTEntw. vereinigt die Tatbestände des Notdiebstahls und des Mundraubs ohne wesentliche sachliche Änderung des geltenden Rechts (§ 336 „Entwendung").

3. Unterschlagung: rechtswidrige Zueignung einer fremden, beweglichen Sache, die im Besitz oder Gewahrsam des Täters ist, § 246.

Besitz hier = Gewahrsam, tautologisch.

Unterschied vom Diebstahl: beim Diebstahl wird fremder Gewahrsam gebrochen, bei Unterschlagung ist die Sache zur Zeit der Tat im Gewahrsam des Täters.

Beispiel: Wird ein Regenschirm in einer Wirtschaft stehen gelassen, so begeht der Wirt, der ihn sich rechtswidrig zueignet, Unterschlagung, ein anderer Diebstahl.

Wie der Täter den Gewahrsam erlangt hat, ist gleichgültig (durch Fund, durch Irrtum, z. B. irrige Aushändigung des Betrags einer Postanweisung, als Stellvertreter des Berechtigten, z. B. der Kassierer, der Rechtsanwalt — bei dem aber die Idealkonkurrenz mit § 266 Nr. 2 zu beachten ist).

Die Zueignung erfolgt durch die Betätigung des Willens, die Sache für sich zu haben (z. B. Verkaufen, Verpfänden, Überlassung an Dritte, Ableugnung des Gewahrsams usw.). Einwilligung des Eigentümers schließt die Rechtswidrigkeit aus, irrige Annahme dieser Einwilligung den Vorsatz.

Qualifizierter Fall: Unterschlagung an anvertrauter Sache, § 246.

Privilegierte Fälle: § 247.

Nebenstrafe: § 248.

4. Die Notunterschlagung, § 248a (vgl. oben Nr. 2).

5. Eine Erweiterung der Strafdrohung des § 246 ist durch § 9 des Gesetzes betr. die Pflichten der Kaufleute bei Aufbewahrung fremder Wertpapiere vom 5. Juli 1896 eingeführt worden.

6. Der RTEntw. fordert ebenfalls wie beim Diebstahl, Erpressung und Raub einschränkend gegenüber dem geltenden Recht die Absicht, sich oder einen Dritten unrechtmäßig zu bereichern. In Erweiterung gegenüber § 246 RStGB sind auch die fremden beweglichen Sachen im Tatbestand des § 333 RTEntw. eingeschlossen, die sich in keinem Gewahrsam befinden.

§ 39. Raub und Erpressung (20. Abschnitt).

1. Raub, § 249, zusammengesetzter Tatbestand: Diebstahl + Nötigung („mit Gewalt gegen eine Person" — also nicht notwendig: an einer Person — „oder unter Anwendung von Drohungen mit gegenwärtiger Gefahr für Leib oder Leben"); daher Gesetzeskonkurrenz mit § 242, aber kein qualifizierter Diebstahl, sondern selbständiges Delikt; also z. B. § 247 unanwendbar.

Über den Begriff „Gewalt" vgl. die grundsätzlichen Darlegungen in RG 56, 87.

Die Nötigung muß mit der Wegnahme in Kausalzusammenhang stehen.

Qualifizierte Fälle:

a) schwerer Raub: § 250 Nr. 1—5;

b) Raub mit Marterung, § 251;

c) Raub mit Todesfolge, § 251; über Beihilfe vgl. RG 56, 378;
d) räuberischer Diebstahl, § 252.

Nebenstrafe: § 256 neben Zuchthausstrafe Zulässigkeit der Polizeiaufsicht.

Der RTEntw. übernimmt fast dieselbe Fassung in § 338, fordert aber die Absicht, sich durch Zueignung der Sache unrechtmäßig zu bereichern.

Da „in besonders schweren Fällen" Zuchthaus nicht unter 5 Jahren angedroht ist, sind die kasuistisch geformten Tatbestände des § 250 und § 251 RStGB im RTEntw. entbehrlich.

Den räuberischen Diebstahl übernimmt der RTEntw. im § 332 im Anschluß an die Diebstahlstatbestände.

2. Erpressung: § 253 = Nötigung in Bereicherungsabsicht.

Nötigung =

a) Herbeiführen eines unerwünschten Entschlusses durch direkte oder indirekte Drohung;
b) jede gewaltsame Erzwingung körperlichen Verhaltens (physische Nötigung, Überwindung des körperlichen Widerstandes des Gegners).

Die Absicht, sich einen rechtswidrigen Vermögensvorteil zu verschaffen, braucht nicht erfüllt zu sein, mit der Nötigung ist das Delikt vollendet. Was ist rechtswidriger Vermögensvorteil? Nach RG jeder, auf den der Täter keinen rechtlichen Anspruch hat. Die Drohung braucht nach § 253 nicht rechtswidrig zu sein, der Täter kann auch mit einer rechtlich zulässigen Handlung wirksam einen Zwang ausüben, sofern er nur auf den angestrebten Vorteil keinen Anspruch hat.

Beispiel: Der Gerichtsberichterstatter einer Zeitung läßt sich von einem Angeklagten Geld dafür geben, daß er über die Verhandlung nichts veröffentlicht.

Das RG war zu der weiten Ausdehnung, die § 253 damit annimmt, gekommen, um die Fälle der sog. Chantage zu treffen. Chantage ist eine durch Androhung einer rechtmäßigen Handlung (z. B. Anzeige wegen § 175) unter sittenwidriger Ausbeutung der Notlage des Bedrohten erfolgende Beeinträchtigung des fremden Vermögens. (Vgl. Kollmann, Die Lehre von der Erpressung, Berlin 1910 S. 83 f.). RG muß bei seiner Auslegung sogar Drohung mit rechtmäßiger Kündigung als Erpressung nach § 253 bestrafen. Richtigerweise ist entscheidend, ob die Drohung unter einer den guten Sitten widersprechenden Ausbeutung einer Notlage erfolgt. Versuch ist strafbar.

Qualifizierte Erpressung

a) § 254 Bedrohung mit Mord, Brandstiftung oder Überschwemmung;
b) § 255 Räuberische Erpressung; keine Idealkonkurrenz mit § 249, sondern (bei Sacherpressung) Gesetzeskonkurrenz, wobei § 249 als das speziellere Delikt vorgeht.

Nebenstrafe: § 256 (Verlust der bürgerlichen Ehrenrechte, eventuell Zulässigkeit von Polizeiaufsicht).

Der RTEntw. fordert im § 339, daß jemand in der Absicht, sich oder einen anderen unrechtmäßig zu bereichern, jemand mit Gewalt oder durch gefährliche Drohung zu einer Handlung, Duldung oder Unterlassung nötigt, die für das Vermögen des Genötigten nachteilig ist. Im Gegensatz zum geltenden Recht ist nach dem RTEntw. die

Erpressung also erst vollendet, wenn ein solcher Nachteil eingetreten ist. Die Drohungsmittel sind gegenüber § 253 RStGB eingeschränkt: Es genügt nicht mehr jede Drohung, sondern gem. § 9 Nr. 7 RTEntw. nur eine Drohung mit Gewalt, mit einem Verbrechen oder Vergehen, mit einer Strafanzeige, oder mit der Offenbarung einer den Ruf gefährdenden Tatsache.

In „besonders schweren Fällen" ist Zuchthaus bis zu 10 Jahren angedroht (§ 339 III RTEntw.). Dadurch werden im RTEntw. die Sonderstrafschärfungen der §§ 254, 255 RStGB entbehrlich.

§ 40. Begünstigung und Hehlerei (21. Abschnitt).

Begünstigung und Hehlerei stehen in naher Beziehung zur Teilnahme und wurden in der gemeinrechtlichen Lehre überwiegend als Teilnahme aufgefaßt. Nach geltendem Recht sind sie jedoch als selbständige Verbrechen behandelt und auch äußerlich als besondere Tatbestände dem Besonderen Teil des StGB eingegliedert. Wir haben es also, trotz der innerlichen Verwandtschaft beider Delikte mit der akzessorischen Teilnahme, nach geltendem Recht nicht mit Erscheinungsformen anderer Tatbestände, sondern mit selbständigen Tatbeständen zu tun. Ebenso im Steuerstrafrecht auf Grund des § 356 der RAbgO (vgl. unten § 50 IV 1).

1. Begünstigung, § 257:

a) dem Täter oder Teilnehmer wird nach Begehung eines Verbrechens oder Vergehens wissentlich Beistand geleistet, um ihn der Bestrafung zu entziehen, oder

b) diese wissentliche Beistandsleistung erfolgt, um dem Täter oder Teilnehmer die Vorteile des Verbrechens zu sichern.

Vor der Tat zugesagte Begünstigung wird als Beihilfe bestraft (vgl. oben § 17 A 1).

Persönlicher Straffreiheitsgrund: § 257 Abs. 2 (Begünstigung von Angehörigen; gilt nicht für Beihilfe!).

Qualifizierter Fall (Zuchthaus!): s. § 6 des Gesetzes zum Schutze der Republik vom 21. Juli 1922 (RGBl Teil I S. 586).

2. Hehlerei:

a) Personenhehlerei, § 258 (Begünstigung bei Diebstahl, Unterschlagung, Raub, wobei der Begünstiger seines Vorteils wegen handelt; — keine Straflosigkeit der Angehörigen).

b) Sachhehlerei (Partiererei) § 259:

der Täter verheimlicht seines Vorteils wegen Sachen, von denen er weiß oder den Umständen nach wissen muß — dolus ex re —, daß sie mittels einer strafbaren Handlung (Erscheinungsform [oben S. 64, 65] genügt; RG 57, 43) erlangt sind;

oder er kauft in dieser Weise solche Sachen an, nimmt sie zum Pfande oder bringt sie sonst an sich, d. h. er verschafft sich mit dem Willen des Täters des Vordelikts die tatsächliche Verfügungsgewalt, vgl. RG 56, 212; 57, 204 oder er wirkt zu deren Absatz bei anderen mit (vgl. RG 56, 191; 57, 75).

Über den sog. subjektiven oder inneren Tatbestand (Schuld) der Sachhehlerei herrscht Streit: die h. M. erblickt mit Recht in den Worten „den Umständen nach annehmen muß" nur eine (beschränkte) Schuldpräsumtion (gesetzliche Vermutung des Wissens, nicht auch des Willens!); vgl. RG 55, 204, ferner über den Begriff des Wissens RG 56, 160.

Das Vordelikt muß eine strafbare Handlung sein (wenn auch der Täter infolge eines persönlichen Straffreiheitsgrundes, z. B. § 247, straflos sein kann). Beispiel: RG 57, 42.

Der Täter oder Mittäter des Vordelikts kann nicht Hehler sein, da der Tatbestand der Hehlerei seinem Wesen nach eine Verschiedenheit der Personen voraussetzt, aus dem gleichen Grunde kann aber anderseits der Anstifter oder Gehilfe des Vordelikts Hehler sein.

Qualifizierter Fall: gewerbs- und gewohnheitsmäßige Hehlerei, § 260;

Rückfall: § 261 (bei der dritten Verurteilung).

Nebenstrafe: § 262: (Aberkennung der bürgerlichen Ehrenrechte, Zulässigkeit von Polizeiaufsicht).

3. Der RTEntw. trennt die Begünstigung und die „Personenhehlerei" (§§ 257, 258 RStGB) scharf von der Sachhehlerei in zwei gesonderte Abschnitte.

a) Aus dem Begriff der Begünstigung wird im RTEntw. die Strafvereitelung ausgeschieden und in einem selbständigen Tatbestand behandelt (§§ 200, 201). Im übrigen ist inhaltlich der § 257 RStGB beibehalten, mit Ausnahme des Abs. 3 § 257, der im RTEntw. gestrichen ist.

Die Strafvereitelung des § 201 RTEntw. weicht nur insofern vom geltenden Recht ab, als die Vollendung darauf abgestellt wird, daß die Strafverfolgung oder Vollstreckung wirklich ganz oder teilweise vereitelt worden ist. Dafür ist der Versuch für strafbar erklärt. Das praktische Ergebnis dieser Regelung besteht darin, daß von einer Handlung als Versuch noch strafbefreiender Rücktritt möglich ist, bei der als vollendetem Delikt nach geltendem Recht diese Straflosigkeit ausgeschlossen ist.

b) Der Tatbestand der Sachhehlerei ist im RTEntw. enger gefaßt; die Einschränkung, die die Rechtsprechung schon in der Auslegung des geltenden Rechts bei der Formulierung: „Sachen, mittels einer strafbaren Handlung erlangt", dahin macht, daß nur solche strafbare Handlungen gemeint sind, die die Verletzung fremden Vermögens bedeuten, ist im § 350 RTEntw. ausdrücklich festgelegt: „Wer eine Sache, die ein anderer gestohlen oder sonst durch strafbare Verletzung fremden Vermögens erlangt hat . . ., ankauft . . ."

Anderseits ist das Schulderfordernis, daß der Täter „seines Vorteils wegen" handelt, gestrichen, um auch die Fälle einzubeziehen, in denen der Hehler etwas an sich bringt, nur um dem Eigentümer die Wiedererlangung zu erschweren.

Nach geltendem Recht kann nur die gestohlene Sache selbst, nicht aber ihr Erlös Gegenstand der Hehlerei sein.

Der RTEntw. füllt diese Lücke mit dem Abs. 2 des § 350 aus: „Ebenso wird bestraft (Gefängnis), wer in der Absicht, sich oder einen anderen unrechtmäßig zu bereichern, den Erlös einer Sache, die jemand gestohlen oder sonst durch strafbare Verletzung fremden Vermögens erlangt oder sich angeeignet hat, oder eine für sie eingetauschte oder für den Erlös angeschaffte andere Sache an sich bringt."

Die strengen Strafdrohungen des geltenden Rechts gegen die Hehlerei hält der RTEntw. aufrecht. Neu vorgeschlagen ist die Einführung eines Delikts der fahrlässigen Hehlerei (§ 352 RTEntw.).

§ 41. Betrug und Untreue (22. Abschnitt).

V. Betrug.

1. Betrug nach § 263:

a) Vorspiegelung falscher oder Entstellung und Unterdrückung wahrer Tatsachen; diese Tätigkeit muß kausal sein für

b) die Erregung oder Unterhaltung eines Irrtums. Dieser Irrtums muß seinerseits eine Handlung oder Unterlassung des Getäuschten verursachen (vgl. PlenEntsch. RG 44, 244 ff.), die ihrerseits wiederum kausal ist für

c) die Vermögensschädigung (des Getäuschten selbst oder eines Dritten);

d) dazu kommt, daß der Täter in der Absicht gehandelt haben muß, sich oder einem Dritten einen rechtswidrigen Vermögensvorteil zu beschaffen.

Beispiele: Zechprellerei, Kreditbetrug, der Fahrgast ohne Fahrkarte. Vermögen ist der Inbegriff aller geldwerten Güter einer Person. Vermögensschaden liegt also darin, daß infolge der durch die Täuschung veranlaßten Handlung das Vermögen des Geschädigten einen geringeren Gesamtwert darstellt als vor dieser Handlung. Die Schädigung liegt in der Hingabe der eigenen Leistung (nicht in dem Nichterhalten des Äquivalents).

Beispiel: A verkauft der B für 10 Reichsmark ein Abtreibungsmittel, das, wie A weiß, gänzlich wertlos ist. Hier liegt Betrug vor, da mit der Zahlung des Geldes die Schädigung bereits eingetreten ist (RG 44 S. 230). Daher kann auch bei unsittlichen und gesetzwidrigen Geschäften Betrug vorliegen.

Betrugsversuch ist strafbar, Betrug gegen Angehörige, Vormünder und Erzieher Antragsdelikt § 263, Abs. 2 und 3.

Rückfall: § 264 (bei der dritten Verurteilung).

2. Notbetrug: § 264a. (Selbständiger Tatbestand, vgl. § 248a).

3. Versicherungsbetrug: § 265.

4. Kursbetrug: vgl. Börsengesetz vom 22. Juni 1896 in der Fassung der Bek. vom 27. Mai 1908 und des Gesetzes vom 28. Dezember 1921 (RGBl 1922 Teil I S. 25), § 88.

5. Der RTEntw. übernimmt im allgemeinen die Bestimmungen des geltenden Rechts. Die besonderen Vorschriften des § 264 RStGB über Rückfall sind überflüssig, weil der RTEntw. im § 78 den Rückfall des Gewohnheitsverbrechers allgemein regelt. Als neue Vorschrift ist der § 344 im RTEntw. vorgesehen: „Wer gewerbsmäßig betrügt, wird mit Zuchthaus bis zu 10 Jahren bestraft". Dadurch kann auch ein Betrüger empfindlich bestraft werden, der zwar das erste Mal wegen Betrugs verurteilt wird, der aber bei seinen bisherigen Betrügereien sich dem Zugriff der Behörden entzog. Liegt dazu ein Rückfall im Sinne des § 78 vor, ist der Täter also mehrfach erheblich vorbestraft und ein für die öffentliche Sicherheit gefährlicher Gewohnheitsverbrecher, so kann gem. § 78 RTEntw. die Strafe auf 15 Jahre Zuchthaus erhöht werden.

Als neue Vorschrift ist weiterhin eingefügt § 347: (Die Erschleichung von Leistungen), um die Fälle des Automatendiebstahls und des blinden Passagiers entsprechend erfassen zu können.

II. Untreue. § 266.

Nr. 1. Vormünder, Pfleger, Konkursverwalter, Testamentsvollstrecker usw., die absichtlich zum Nachteil der ihrer Aufsicht anvertrauten Personen oder Sachen handeln;

Nr. 2. Bevollmächtigte, die über Forderungen oder andere Vermögensstücke des Auftraggebers absichtlich zu dessen Nachteil verfügen;

Nr. 3. Feldmesser, Versteigerer, Mäkler usw., die bei den ihnen übertragenen Geschäften absichtlich diejenigen benachteiligen, deren Geschäfte sie besorgen.

Nebenstrafe: Verlust der bürgerlichen Ehrenrechte.

Qualifizierter Fall: Bereicherungsabsicht, § 266 Abs. 2.

Der RTEntw. gibt die kasuistische Regelung des § 266 RStGB auf und formuliert allgemein: „Wer die ihm durch Gesetz oder Rechtsgeschäft eingeräumte Befugnis, über fremdes Vermögen zu verfügen, wissentlich mißbraucht und dadurch dem anderen Nachteil zufügt." (§ 348.)

§ 42. Urkundenfälschung (23. Abschnitt).

Urkunde = jeder Gegenstand, der einen gedanklichen Inhalt durch Zeichen (Schriftzeichen oder andere) beweiserheblich verkörpert. (Schriftzeichen sind nicht erforderlich, andrerseits ist das Augenscheinsobjekt, z. B. eine Fußspur, keine Urkunde). Vgl. RG 56, 356.

Echt ist die Urkunde, die von demjenigen herrührt, der sich aus der Urkunde als ihr Aussteller ergibt.

Nach der herrschenden Lehre ist die Urkunde nicht unecht, wenn der Vertreter mit Ermächtigung des Vertretenen eine Urkunde ohne weiteren Zusatz mit dem Namen des Vertretenen unterschreibt.

1. Urkundenfälschung, § 267. Handlung:

a) Fälschung = fälschliche Anfertigung oder Verfälschung einer Urkunde; (Verfälschen = aus einer echten Urkunde eine unechte machen; fälschliche Anfertigung = eine unechte Urkunde herstellen), und

b) Gebrauchmachen von der falschen Urkunde zum Zwecke der Täuschung.

Der abstrakte Tatbestand und dementsprechend die konkrete ihn verwirklichende Handlung setzt sich also aus zwei Teilstücken zusammen: sog. zweiaktiger Tatbestand, zusammengesetzter Tatbestand, zusammengesetztes Delikt.

Die Urkunde kann eine in- oder ausländische öffentliche Urkunde (vgl. ZPO § 415) oder eine solche Privaturkunde sein, die zum Beweis von Rechtsverhältnissen von Erheblichkeit ist. Bei einem Telegramm z. B. ist die maßgebende Urkunde das Ankunftstelegramm; dieses besteht aus dem vom Absender aufgegebenen Inhalt — insoweit Privaturkunde —, und den amtlichen Vermerken über Ankunft usw. — insoweit öffentliche Urkunde.

Nebenstrafe: § 280 (Verlust der bürgerlichen Ehrenrechte, fakultativ). Schwere Urkundenfälschung (qualifizierter Fall): § 268 (Bereicherungs- oder Schadenszufügungsabsicht); vgl. RG. 56, 365.

2. Gebrauch einer gefälschten Urkunde zum Zweck der Täuschung, § 270.

Erfolgt das Gebrauchmachen im Einverständnis mit dem Fälscher gemeinschaftlich, so liegt Mittäterschaft nach §§ 267/8 vor.

3. Falschbeurkundung (intellektuelle Urkundenfälschung), § 271: Der Täter bewirkt vorsätzlich, daß Erklärungen, Verhandlungen oder Tatsachen in öffentlichen Urkunden, Büchern oder Registern als abgegeben oder geschehen beurkundet werden, während sie überhaupt nicht oder anders abgegeben oder geschehen sind.

Vgl. das Beispiel, oben § 31, 1.

Hier bewirkt der Täter, daß die formell echte Urkunde etwas inhaltlich Unrichtiges, Unwahres enthält, während der Tatbestand der §§ 267—269 nur die formelle Echtheit — die sog. Beglaubigungsform — betrifft.

Qualifizierter Fall: § 272 (Bereicherungs- oder Schadenszufügungsabsicht).

Blankettmißbrauch: § 269 (vgl. RG 57 S. 71/72).

Wissentlicher Gebrauch einer nach § 271 falschen Urkunde zum Zweck der Täuschung: § 273.

4. Urkundenvernichtung, -Unterdrückung oder -Beschädigung: § 274 Nr. 1. (Nebenstrafe: § 280.)

5. Grenzverrückung: § 274 Nr. 2. Vgl. RG 56, 193. (Nebenstrafe: § 280.)

6. a) Wissentlicher Gebrauch falscher Stempelmarken, Stempelpapiere, Freimarken usw., § 275.

(Nebenstrafe: § 280.)

b) Wiederverwendung gebrauchter Stempelmarken, Stempelpapiere, Freimarken usw., § 276.

7. Ausstellung unrichtiger ärztlicher Zeugnisse, sowie Gebrauch unrichtiger oder gefälschter Zeugnisse zum Zweck der Täuschung, §§ 277—279. (Nebenstrafe: § 280.)

8. Im RTEntwurf wird der Begriff der Urkunde eingeschränkt auf „Schriften, die errichtet worden sind, um ein Recht oder ein Rechtsverhältnis zu begründen, zu ändern oder aufzuheben oder eine Tatsache von rechtlicher Bedeutung zu beweisen (§ 9 Nr. 9). Über die weiteren Abweichungen der Vorschriften über Urkundenfälschung im RTEntw. vom geltenden Recht vgl. Begr. S. 106 ff.

Neu aufgenommen ist eine Strafdrohung gegen die mittelbare unrichtige Beglaubigung (§ 207 RTEntw.), gegen den Gebrauch unrichtiger öffentlicher Beglaubigungszeichen (§ 208), gegen die Vorbereitung der Fälschung öffentlicher Urkunden oder Beglaubigungszeichen (§ 211) und eine Erweiterung der Möglichkeit der Einziehung (§ 212).

§ 43. Bankerott (24. Abschnitt).

An die Stelle der §§ 281—283 StGB sind gemäß EGKO § 3 die §§ 239—244 KO getreten.

1. Betrügerischer Bankrott, § 239 KO.

Der Schuldner, der seine Zahlungen eingestellt hat oder über dessen Vermögen der Konkurs eröffnet ist, hat in der Absicht, seine Gläubiger zu benachteiligen

a) Vermögensstücke verheimlicht oder beiseite geschafft;

b) Schulden oder Rechtsgeschäfte anerkannt oder aufgestellt, die ganz oder teilweise erdichtet sind;

c) Handelsbücher zu führen unterlassen, deren Führung ihm gesetzlich oblag (vgl. § 38 HGB); oder

d) seine Handelsbücher vernichtet oder verheimlicht oder so geführt oder verändert, daß dieselben keine Übersicht des Vermögenszustandes gewähren.

Die Zahlungseinstellung ist nach RG Tatbestandsmerkmal, bestr. Vgl. oben § 12 I 2.

2. Einfacher Bankrott, § 240 KO.

Der Schuldner, der seine Zahlungen eingestellt hat oder über dessen Vermögen der Konkurs eröffnet ist, hat

§ 240 Nr. 1 durch Aufwand, Spiel oder Wette oder durch Differenzgeschäfte (vgl. §§ 762—764 BGB) übermäßige Summen verbraucht oder ist sie schuldig geworden;

Nr. 2 in der Absicht, die Eröffnung des Konkursverfahrens hinauszuschieben, Waren oder Wertpapiere auf Kredit entnommen und sie erheblich unter dem Wert ordnungswidrig veräußert oder sonst weggegeben;

Nr. 3 Handelsbücher zu führen unterlassen, deren Führung ihm gesetzlich oblag, sie verheimlicht, vernichtet oder unordentlich geführt;

Nr. 4 die Bilanz nicht vorschriftsmäßig gezogen (§§ 39 ff. HGB).

Unterschied zwischen § 239 und § 240: Bei § 240 ist die Absicht der Gläubigerbenachteiligung nicht erforderlich. Gesetzeskonkurrenz und Idealkonkurrenz zwischen den einzelnen Fällen der §§ 239 und 240 möglich.

Nebenstrafe: Bei § 240 Nr. 1 und 2, Verlust der bürgerlichen Ehrenrechte, fakultativ. (Bei § 239 in allen Fällen wegen der Zuchthausstrafe: § 32!).

3. Gläubigerbegünstigung, § 241 KO.

4. Schuldnerbegünstigung, § 242 KO.

5. Stimmverkauf, § 243 KO (Stimmkauf ist nicht strafbar, vgl. oben § 17 A 3: „notwendige Teilnahme").

Haben Aktiengesellschaften, eingetragene Genossenschaften, Handelsgesellschaften oder Gesellschaften mit beschränkter Haftung ihre Zahlungen eingestellt oder ist über ihr Vermögen der Konkurs eröffnet, so tritt in den obigen Fällen 1—3 an die Stelle des Schuldners das Mitglied des Vorstandes bzw. der Liquidator oder Geschäftsführer, der die unter 1—3 genannten Handlungen begeht. § 244 KO, § 81 des Gesetzes betr. die G. m. b. H.

6. Eine Ergänzung haben diese Bestimmungen erfahren durch § 10 des Depotgesetzes vom 5. Juli 1896; ferner ist zu vergleichen §§ 5 und 6 des Gesetzes über die Sicherung der Bauforderungen vom 1. Juni 1909.

7. Im RTEntw. sind grundsätzlich die strafrechtlichen Nebengesetze nicht eingearbeitet (vgl. Begr. S. 5 unten); deshalb bleiben auch die Vorschriften über die Konkursdelikte vom RTEntw. unberührt.

§ 44. Strafbarer Eigennutz und Verletzung fremder Geheimnisse (25. Abschnitt).

1. Glücksspiel.

a) Öffentliche Veranstaltung von Glücksspielen, § 284.

b) Beteiligung an öffentlichen Glücksspielen, § 284 a.

c) Gewerbsmäßiges Glücksspiel, § 284.

d) Veranstaltung öffentlicher Lotterien oder Ausspielungen ohne obrigkeitliche Erlaubnis, § 286.

Der RTEntw. übernimmt im allgemeinen diese Bestimmungen des geltenden Rechts in den §§ 356—360.

Auf die Bestrafung dessen, der sich an öffentlichem Glücksspiel nur als Mitspieler beteiligt, wird im RTEntw. verzichtet.

2. Unbefugter Gebrauch von Firmennamen, Warenzeichen (oder Staats- oder Kommunal-Wappen als Warenbezeichnung); §§ 14—16 des Gesetzes zum Schutze der Warenbezeichnungen vom 12. Mai 1894 in der Fassung der Bek. vom 7. Dezember 1923 (RGBl. II, 445) (diese Paragraphen sind an die Stelle von § 287 StGB getreten).

3. Vollstreckungsvereitelung § 288: Veräußerung oder Beiseiteschaffung von Vermögensbestandteilen bei drohender Zwangsvollstreckung in der Absicht, die Befriedigung des Gläubigers zu vereiteln.

Besitzentziehung durch die Eigentümer, § 289: furtum possessionis (vgl. oben § 38, 1c).

4. Der RTEntw. faßt die Tatbestände der §§ 288, 289 RStGB unter dem Delikt „Rechtsvereitelung" im § 354 zusammen. Die Vollendung wird dabei im Gegensatz zum geltenden Recht auf den Erfolg verlegt.

Als Mittel der Vereitelung werden neben der Wegnahme das Zerstören und Beschädigen eingefügt und der Rechtsschutz auch auf unbewegliche Sachen ausgedehnt.

Der Kreis der geschützten Rechte ist im wesentlichen der gleiche wie im RStGB.

Als neues Delikt sieht der RTEntw. eine Strafdrohung gegen das Abhalten vom Bieten bei öffentlichen Versteigerungen vor, „um der Verschleuderung wirtschaftlicher Werte entgegenzuwirken und zu verhüten, daß Gläubiger oder Schuldner durch unlautere Machenschaften Schaden erleiden". (§ 355 RTEntw., Begr. S. 183).

5. Pfandmißbrauch des öffentlichen Pfandleihers, § 290 (strafbarer Fall des sonst nicht mit Strafe bedrohten furtum usus). Im RTEntw. gestrichen.

6. Munitionsdiebstahl, § 291 (Spezialfall gegenüber § 242, daher Gesetzeskonkurrenz). Im RTEntw. gestrichen.

7. a) Jagdvergehen.

Ausübung der Jagd an Orten, an denen der Täter zu jagen nicht berechtigt ist, § 292 (gegenüber den Angehörigen Antragsdelikt); qualifiziert:

§ 293: Gebrauch von Schlingen, Netzen, Fallen, Jagdvergehen während der Schonzeit, zur Nachtzeit oder zu mehreren gemeinschaftlich.

§ 294: Gewerbsmäßigkeit; Nebenstrafen: Verlust der bürgerlichen Ehrenrechte und Zulässigkeit von Polizeiaufsicht, fakultativ.

Nebenstrafe: Einziehung des Gewehrs, Jagdgeräts usw., die der Täter bei sich geführt (wenn auch nicht gebraucht) hat, obligatorisch, § 295.

Vgl. noch § 368 Nr. 10 und 11.

b) Fischereidelikte

unberechtigtes Fischen oder Krebsen: § 370 Nr. 4 (Übertretung), unberechtigtes Fischen oder Krebsen zur Nachtzeit, bei Fackellicht oder unter Anwendung schädlicher oder explodierender Stoffe: § 296; Ausländer, welche in deutschen Küstengewässern unbefugt fischen, § 296a (Einziehung der Fanggeräte und gefangenen Fische obligatorisch, § 296a Abs. 2).

8. Eine Strafvorschrift gegen die unbefugte Ausübung der Küstenfischerei (§ 296a RStGB) ist für das österreichische Rechtsgebiet gegenstands-

los. Im Interesse der Rechtsangleichung ist deshalb dieser Tatbestand nicht im RTEntw. aufgenommen worden. Er soll im Einführungsgesetz dafür eingestellt werden.

Neu ist im RTEntw. der § 365: eine scharfe Strafandrohung gegen die Gewaltanwendung des Wilderers.

Die Strafvorschriften über unberechtigtes Jagen und Fischen haben größtenteils ohne besondere materielle Änderungen einheitlichere Tatbestandsfassungen bekommen.

9. a) Schiffskonterbande, § 297; Täter: ein Reisender, Schiffsmann oder Schiffer. Der RTEntw. § 240 erweitert den Täterkreis, neben anderen Änderungen. Es soll unter anderem genügen, wenn die Gefahr einer Bestrafung droht.

b) Vertragsbruch des Schiffsmanns: § 298 (Ausnahme von § 4 Nr. 3, vgl. oben § 4 IV 2). Im RTEntw. gestrichen.

10. Verletzung des Briefgeheimnisses, § 299 (unbefugtes Eröffnen eines verschlossenen Briefes oder einer anderen verschlossenen Urkunde, die nicht zur Kenntnisnahme des Täters bestimmt ist).

Antragsdelikt. — Ist der Täter Post- oder Telegraphenbeamter: §§ 354/5. Mit geringfügigen Änderungen ebenso RTEntw. § 324.

11. Unbefugtes Offenbaren von Privatgeheimnissen, die dem Täter kraft seines Amtes, Standes oder Gewerbes anvertraut sind. Täter: Rechtsanwalt, Notar, Verteidiger in Strafsachen, Arzt (nicht Tierarzt oder Naturheilkundiger usw.), Wundarzt, Hebammen, Apotheker, sowie die Gehilfen dieser Personen, § 300.

Antragsdelikt.

Einwilligung des Verletzten schließt hier wie bei § 299 die Rechtswidrigkeit aus (vgl. oben S. 35). Bei Kollision mit der Anzeigepflicht des § 139 geht die Anzeigepflicht vor. Ferner bedeutet das Zeugnisverweigerungsrecht (§ 53 StPO, § 383 ZPO) keine Pflicht zur Zeugnisverweigerung.

Verletzung von Betriebsgeheimnissen: Gewerbeordnung, § 145 a; von Geschäftsgeheimnissen: §§ 17—20 des Gesetzes gegen den unlauteren Wettbewerb vom 7. Juni 1909.

Der RTEntw. dehnt den Strafschutz auch auf Geheimnisse aus, die dem Schweigepflichtigen zwar nicht anvertraut sind, aber ihm bei der Ausübung seines Berufes oder seiner Vorbereitung auf den Beruf zugänglich gemacht worden sind.

12. Wucher.

a) Ausbeutung des Leichtsinns oder der Unerfahrenheit Minderjähriger in gewinnsüchtiger Absicht: der Täter läßt sich entweder schriftliche Zahlungsversprechen (Schuldscheine, Wechsel usw.) oder mündliche Zahlungsversprechen geben, § 301. Qualifizierter Fall: Beteuerung des Zahlungsversprechens durch Ehrenwort, Eid usw., sowie Erwerb so gesicherter Forderungen im Wege der Abtretung, § 302.

Antragsdelikt. Bei § 302 Verlust der bürgerlichen Ehrenrechte fakultativ.

Der RTEntw. § 342 übernimmt im wesentlichen diese Vorschrift, läßt aber den Charakter als Antragsdelikt fallen. Allgemein ist die Ausbeutung der Zwangslage der wucherischen Ausbeutung der Notlage gleichgesetzt.

b) Sog. Kreditwucher: Der Täter läßt sich oder einem Dritten unter Ausbeutung der (wirtschaftlichen) Notlage, des Leichtsinns oder der Unerfahrenheit des Bewucherten für ein Darlehen (oder ein entsprechendes zweiseitiges Rechtsgeschäft) unangemessen hohe Zinsen oder andere in auffälligem Mißverhältnis zur Leistung stehende Vermögensvorteile versprechen; § 302a (Verlust der bürgerlichen Ehrenrechte fakultativ).

Qualifizierte Fälle:

1. Der Täter läßt sich die wucherischen Vermögensvorteile verschleiert oder unter einem Wechselversprechen oder unter Verpfändung der Ehre, auf Ehrenwort usw. versprechen, § 302b.

Ebenso RTEntw. § 340. Die Verschärfung der Strafdrohung des § 302b wird dadurch im RTEntw. entbehrlich, weil der gewerbsmäßige Wucherer grundsätzlich mit Zuchthaus im RTEntw. bedroht wird.

Bei den Wucherdelikten gewinnen die §§ 38, 70 des RTEntw. besondere Bedeutung, nach denen bei Verbrechen und Vergehen, die auf Gewinnsucht beruhen, neben einer Freiheitsstrafe auf Geldstrafe bis zu 100000 RM. erkannt werden kann und nach denen die Geldstrafe den Nutzen, den der Täter aus der Tat gezogen hat, regelmäßig übersteigen soll, also auch das gesetzliche Höchstmaß der Geldstrafe überschreiten darf.

2. Gewerbs- oder Gewohnheitsmäßigkeit, § 302d. (Hier Verlust der bürgerlichen Ehrenrechte obligatorisch).

Mitwucher (Nachwucher): Erwerb und Veräußerung oder Geltendmachung einer unter § 302a oder b fallenden Forderung, § 302c.

c) Sog. Sachwucher: bei andern als Darlehens- oder darlehensähnlichen Geschäften, § 302e, aber nur bei Gewerbsmäßigkeit oder Gewohnheitsmäßigkeit. Der RTEntw. läßt das Erfordernis der Gewohnheitsmäßigkeit auch hier fallen (§ 341).

Abweichend vom geltenden Recht ist im RTEntw. beim Sachwucher auch der Nachwucher unter Strafe gestellt: „Ebenso wird bestraft (Zuchthaus bis zu 10 Jahren), wer eine Forderung dieser Art in Kenntnis ihres wucherischen Ursprungs zu verwerten sucht."

Bei Wucher, § 302a—e RStGB. ist Idealkonkurrenz mit Erpressung (§ 253) möglich.

d) Wucher, Preistreiberei und Schleichhandel wurden ferner seit dem Kriege durch mehrere strafrechtliche Nebengesetze (und Rechtsverordnungen) bekämpft. Eine Zusammenstellung findet sich bei Alsberg, Kriegswucherstrafrecht, 1916, seit der 5. Auflage (1919) unter dem Titel „Preistreibereistrafrecht" erscheinend.

§ 45. Sachbeschädigung (26. Abschnitt).

1. Einfache Sachbeschädigung, § 303: (vorsätzliches und rechtswidriges) Beschädigen oder Zerstören einer fremden Sache. (Zum Beschädigen oder Zerstören gehört Einwirkung auf die Substanz, daher ist Fliegenlassen eines Vogels nicht Sachbeschädigung).

   Antragsdelikt. Versuch strafbar.

   Idealkonkurrenz mit § 133 möglich; Gesetzeskonkurrenz mit § 274 Nr. 1.

   Nach dem RTEntw. § 326 IV kann das Gericht in besonders leichten Fällen von Strafe absehen.

   Der Versuch ist nicht mehr für strafbar erklärt.

2. Sachbeschädigung mit Verletzung öffentlicher Interessen, § 304: Beschädigung oder Zerstörung von Gegenständen der Verehrung einer staatlich anerkannten Religionsgesellschaft; von Sachen, die dem Gottesdienst gewidmet sind, Grabmälern, öffentlichen Denkmälern, Gegenständen der Kunst, Wissenschaft oder des Gewerbes, die in öffentlichen Sammlungen aufbewahrt werden oder öffentlich ausgestellt sind, Gegenständen, die dem öffentlichen Nutzen dienen usw.

   Versuch strafbar. Nebenstrafe: Verlust der bürgerlichen Ehrenrechte fakultativ.

   Kein Antragsdelikt!

   Idealkonkurrenz mit § 303 möglich. Gesetzeskonkurrenz mit §§ 315, 317, 318a.

3. Zerstörung von Bauwerken, Schiffen, Dämmen, Eisenbahnen usw., § 305.

   Versuch strafbar. Kein Antragsdelikt!

   Einen besonderen Tatbestand der gemeingefährlichen Sachbeschädigung entsprechend dem § 305 RStGB stellt der RTEntw. nicht auf.

   Um für derartige Fälle eine ausreichende Strafe zu ermöglichen, ist der Strafrahmen des § 326 RTEntw. allgemein auf 3 Jahre ausgedehnt.

§ 46. Gemeingefährliche Verbrechen und Vergehen (27. Abschnitt).

Gemeine Gefahr = Gefahr, die eine nicht individuell bestimmte Menge von Personen oder Sachen bedroht. Gemeingefährliche Delikte sind im allgemeinen Dauerdelikte.

1. Brandstiftung.

   a) (Vorsätzliche) einfache Brandstiftung: § 308; der Täter setzt Gebäude, Schiffe, Hütten, Bergwerke, Magazine, Vorräte, Früchte auf dem Felde, Waldungen oder Torfmoore in Brand, die entweder ihm nicht eigentümlich gehören (unmittelbare Brandstiftung) oder aber ihm zwar gehören, jedoch ihrer Beschaffenheit oder Lage nach geeignet sind, das Feuer fremden Gebäuden, Schiffen, Hütten usw. mitzuteilen (mittelbare Brandstiftung);

b) (vorsätzliche) schwere Brandstiftung: § 306. Der Täter setzt in Brand: ein zu gottesdienstlichen Versammlungen bestimmtes Gebäude, ein zur Wohnung von Menschen dienendes Gebäude, Schiff oder Hütte, oder eine zeitweise zum Aufenthalt von Menschen dienende Räumlichkeit zu einer Zeit, während der sich Menschen in der Räumlichkeit aufzuhalten pflegen. Vgl. hiezu den Fall in RG 60, 137.

Qualifizierte Fälle: § 307;

1. qualifizierender Erfolg: Tod eines Menschen;
2. Mordbrand;
3. Brandstiftung, nachdem der Täter die Löschgerätschaften entfernt oder unbrauchbar gemacht hat.

Idealkonkurrenz der Brandstiftung mit § 265 (Versicherungsbetrug); mit Sachbeschädigung? (vgl. RG 57, 296);

c) fahrlässige Brandstiftung nach §§ 306, 308: § 309.

Qualifiziert durch den Eintritt des Todes eines Menschen: § 309.

Tätige Reue bei allen Brandstiftungsfällen: § 310 (vgl. oben S. 62 und RG 57, 296); Nebenstrafe (Zulässigkeit von Polizeiaufsicht) nur bei vorsätzlicher Brandstiftung, § 325.

Zerstörung einer Sache durch Gebrauch von Pulver oder andern explodierenden Stoffen steht der Inbrandsetzung gleich, § 311.

Die Kasuistik der §§ 306 ff. RStGB hat zu unbilligen Härten und zu Lücken im geltenden Recht geführt. Der RTEntw. vereinfacht deshalb den Tatbestand (§ 225). Als Brandstiftung wird das Inbrandsetzen irgend einer Sache bezeichnet, gleichgültig, ob sie dem Täter oder einem anderen gehört, ob sie beweglich oder unbeweglich, wertvoll oder wertlos ist. Die Strafbarkeit der Brandstiftung hängt in allen Fällen nur davon ab, daß durch sie eine Gefahr für Leib oder Leben oder in bedeutendem Umfang für fremdes Eigentum entsteht. (Begr. S. 117.) Erst bei Eintritt dieser Gefahr ist die Brandstiftung vollendet.

Der Tatbestand des § 311 RStGB wird vom RTEntw. dadurch erweitert, daß die Verursachung einer Explosion allgemein unter Strafe gestellt wird, wenn „dadurch eine Gefahr für Leib oder Leben oder in bedeutendem Umfang für fremdes Eigentum" herbeigeführt wird (§ 226 RTEntw.).

2. Herbeiführung einer Überschwemmung

a) vorsätzlich mit gemeiner Gefahr für Menschenleben, § 312. Qualifizierender Erfolg: Tod eines Menschen. (Idealkonkurrenz mit Mord oder Totschlag möglich);

b) vorsätzlich mit gemeiner Gefahr für das Eigentum, § 313. Strafmildernder Umstand: Eigentumsnotstand: § 313 Abs. 2. (Idealkonkurrenz mit Sachbeschädigung möglich);

c) fahrlässige, mit gemeiner Gefahr für Leben oder Eigentum, § 314; qualifizierender Erfolg: Tod eines Menschen. (Idealkonkurrenz mit fahrlässiger Tötung möglich).

Nebenstrafe: Zulässigkeit von Polizeiaufsicht nur bei vorsätzlicher Herbeiführung der Überschwemmung neben Zuchthausstrafe, § 325.

3. Transportgefährdung, § 315:

a) Beschädigung von Eisenbahnanlagen, Beförderungsmitteln oder sonstigem Zubehör;

b) Bereiten von Hindernissen durch falsche Zeichen oder Signale oder auf andere Weise,

wenn die Handlung unter a) und b) den Transport in Gefahr setzt (Tatbestandsmerkmal! Der Vorsatz muß also auch die Gefährdung umfassen).

Qualifizierender Erfolg: schwere Körperverletzung oder Tod eines Menschen, § 315 Abs. 2;

c) fahrlässige Begehung: § 316. Qualifizierender Erfolg: Tod eines Menschen. Besondere Erwähnung von Angestellten (Modifizierung der Fahrlässigkeit!).

Nebenstrafe bei vorsätzlicher Begehung neben Zuchthausstrafe: § 325 (Zulässigkeit von Polizeiaufsicht). Nebenstrafe der Angestellten: § 319 (Unfähigkeit zur Beschäftigung im Eisenbahndienst).

Der RTEntw. vereinigt im § 230 unter dem Titel: „Störung der Sicherheit des Eisenbahn-, Schiffs- oder Luftverkehrs" die §§ 315, 322 und 321 des RStGB, fügt im Anschluß an § 33 des Luftverkehrsgesetzes vom 1. August 1922 (RGBl S. 681 Teil I) entsprechende Bestimmungen über die Luftfahrt an und ebenso über den Betrieb der Schwebebahnen.

4. a) Vorsätzliche Verhinderung oder Gefährdung des Betriebs einer öffentlichen Telegraphen-, Rohrpost- oder Fernsprechanlage durch Beschädigung oder Veränderung von Teilen oder Zubehör, §§ 317, 318 a;

b) fahrlässige Begehung: § 318 (besondere Erwähnung von Angestellten, wie § 316 Abs. 2).

Nebenstrafe der Angestellten: § 319 (Unfähigkeit zur Beschäftigung im Telegraphendienst).

5. a) Unterlassung der Entfernung eines nach § 319 verurteilten Angestellten, § 320 Abs. 1.

Täter: Der Vorsteher der Eisenbahngesellschaft oder der Telegraphenanstalt.

b) Annahme einer Beschäftigung im Eisenbahn- oder Telegraphendienst, § 320 Abs. 2.

Täter: Der nach § 319 Verurteilte.

6. Herbeiführung einer Gefahr für Leben oder Gesundheit anderer

a) durch Zerstörung oder Beschädigung von Wasserleitungen, Deichen, Dämmen, Brücken, Wegen usw.;

b) durch Störung des Fahrwassers in schiffbaren Strömen, Flüssen, Kanälen, § 321.

Qualifizierender Erfolg: Schwere Körperverletzung oder Tod eines Menschen.

Nebenstrafe, § 325 (Zulässigkeit von Polizeiaufsicht).

Fahrlässige Begehung mit Schadens- oder Todesfolge: § 326.

7. Zerstörung, Wegschaffung oder Unbrauchbarmachung von Feuerzeichen oder andern Zeichen, die zur Sicherung der Schiffahrt bestimmt sind, § 322.

Qualifizierender Erfolg: Strandung eines Schiffes oder Tod eines Menschen, § 322 Abs. 2.

Nebenstrafe: § 325 (Zulässigkeit von Polizeiaufsicht).

Fahrlässige Begehung mit Schadens- oder Todesfolge: § 326.

8. Bewirken der Strandung oder des Versinkens eines Schiffes unter Gefahr für das Leben eines andern, § 323.

Qualifizierender Erfolg: Tod eines Menschen.

Fahrlässige Begehung mit Schadens- oder Todesfolge: § 326.

9. Brunnenvergiftung, § 324.

Fahrlässige Begehung mit Schadens- oder Todesfolge: § 326.

10. (Wissentliche) Verletzung von Absperrungs- und Aufsichtsmaßregeln oder Einfuhrverboten, die

a) zur Verhütung menschlicher ansteckender Krankheiten angeordnet sind, § 327,

qualifizierender Erfolg: Erkrankung eines Menschen;

b) zur Verhütung von Viehseuchen angeordnet sind, § 328 (in der Fassung der Novelle vom 19. Juni 1912) qualifizierender Erfolg: Erkrankung von Vieh.

Die besonderen Bestimmungen des Viehseuchengesetzes vom 26. Juni 1909 gehen jedoch § 328 vor, keine Ideal- sondern Gesetzeskonkurrenz!

11. Vertragsbruch des Armee- oder Notstandslieferanten, § 329. Fahrlässige Begehung mit Schadensfolge: § 329 Abs. 2.

12. Herbeiführung einer Gefahr für die Person anderer durch Verletzung der allgemein anerkannten Regeln der Baukunst bei Leitung oder Ausführung eines Baues, § 330.

13. a) Benützung beweglicher Gegenstände vor Ausführung einer polizeilich angeordneten Desinfektion,

b) Benützung oder Weitergabe von Gegenständen, welche von Personen gebraucht worden sind, die an einer gemeingefährlichen Krankheit litten, vor Desinfektion,

c) Benützung oder Überlassung von Fahrzeugen solcher Kranker vor Desinfektion:

Gesetz betr. die Bekämpfung gemeingefährlicher Krankheiten vom 30. Juni 1900.

14. Herstellung oder Verbreitung gesundheitsschädlicher Nahrungs- oder Genußmittel:

Gesetz betr. den Verkehr mit Nahrungsmitteln vom 14. Mai 1879 §§ 12—16.

15. Ausübung des Beischlafes durch eine Person, die weiß oder doch den Umständen nach annehmen muß, daß sie an einer mit Ansteckungsgefahr verbundenen Geschlechtskrankheit leidet: § 5 des Gesetzes zur Bekämpfung der Geschlechtskrankheiten vom 18. Februar 1927 (RGBl I, 61).

§ 47. Verbrechen und Vergehen im Amte (28. Abschnitt).

In Betracht kommt nur ein deutsches Amt. Täter der unter diesem Abschnitt behandelten Delikte ist nicht notwendig Beamter (vgl. § 333). Begriff des Beamten: § 359.

1. Passive Bestechung

a) § 331: ein Beamter nimmt für eine bestimmte zum Geschäftskreis seines Amtes gehörige, an sich nicht pflichtwidrige Handlung (vgl. RG 56, 401) Geschenke oder andere Vorteile an, fordert sie oder läßt sie sich versprechen. Nebenstrafen:
aa) § 335 (Verfallserklärung),
bb) § 358 (Verlust der Fähigkeit zur Bekleidung öffentlicher Ämter).

b) § 332: Der Beamte nimmt das Geschenk für eine pflichtwidrige Handlung. Nebenstrafen: § 335, § 358.

c) § 334 Abs. 1: Richterbestechung (Täter: Richter, Schiedsrichter, Geschworener, Schöffe). Nebenstrafen: § 335, § 338. Militärische Bestechung: §§ 114 MStGB in der Neufassung des Gesetzes vom 30. April 1926 (RGBl. I, 199), 140 MStGB („Mißbrauch der Dienstgewalt"!). Vgl. auch § 12 des Ges. gegen unlauteren Wettbewerb von 1909.

2. Aktive Bestechung:

a) § 333: Der Täter bietet einem Beamten oder einem Mitglied der bewaffneten Macht Geschenke oder andere Vorteile an (verspricht oder gewährt sie ihm), um ihn zu einer pflichtwidrigen Handlung zu bestimmen. Nebenstrafe: Verlust der bürgerlichen Ehrenrechte zulässig.

Die aktive Bestechung ist bei nicht pflichtwidriger Handlung grundsätzlich nicht strafbar, auch nicht als Teilnahme (jedoch ausdrückliche Strafandrohung in Zoll- und Steuergesetzen, z. B. § 160 Vereinszollgesetz vom 26. September 1869).

b) § 334 Abs. 2: Richterbestechung (nach § 113 des Arbeitsgerichtsgesetzes vom 23. Dezember 1926 ausgedehnt auf Beisitzer einer Arbeitsgerichtsbehörde).

Sowohl bei der aktiven als auch bei der passiven Bestechung genügt ein Schenkungsversprechen und zwar auch dann, wenn Hingabe oder

Empfang des Geschenks an den Eintritt einer Bedingung geknüpft wird (RG 57, 28).

3. Rechtsbeugung, § 336, Täter: ein Beamter oder Schiedsrichter. Tatbestand: (vorsätzliche) Beugung des Rechts zugunsten oder zum Nachteil einer Partei:

a) bei der Leitung einer Rechtssache oder

b) bei der Entscheidung einer Rechtssache.

Es genügt also vorsätzliche Verletzung von Rechtsvorschriften bei der formellen Prozeßleitung, ohne daß es dabei zugleich auf den Inhalt der Entscheidung ankommt; erst recht bleibt die Absicht belanglos, eine nach Meinung des Täters richtige oder unrichtige Entscheidung herbeizuführen. Auch kommt es für das Ob der Strafbarkeit nicht auf die Gerechtigkeit oder Ungerechtigkeit des Ergebnisses an (RG 57, 33).

4. a) Vornahme der kirchlichen Trauung vor der Ziviltrauung, vgl. § 67 des Gesetzes über Beurkundung des Personenstandes und die Eheschließung in der Fassung nach § 13 Abs. 2 EGZPO; Art. 46 EGBGB, § 186 FGG und der Novellen vom 14. April 1905, 11. Juni 1920 und 8. März 1923 (ist an die Stelle von § 337 StGB getreten). Täter: ein Geistlicher oder anderer Religionsdiener.

b) Vollziehung einer Eheschließung unter Außerachtlassung der im Personenstandsgesetz und im BGB gegebenen Vorschriften. Täter: ein Standesbeamter (Personenstandsgesetz § 69).

c) Mitwirkung bei bigamischer Trauung, § 338, Täter: ein Religionsdiener (praktisch gegenstandslos) oder ein Personenstandsbeamter. § 338 konsumiert Mithilfe zu § 171!

Die Vorschrift des § 338 RStGB ist im RTEntw. nicht aufgenommen, weil Religionsdiener keine gültige Eheschließung mehr vornehmen können und die Bestrafung der Standesbeamten aus dem Gesichtspunkt der Teilnahme an dem Verbrechen der Doppelehe genügend gesichert ist (Begr. S. 73).

5. Mißbrauch des Amtes: §§ 339—342, 348—353.

a) Nötigung durch Mißbrauch der Amtsgewalt oder Androhung eines bestimmten Mißbrauchs § 339 Abs. 1 und 2. (Versuch ist strafbar).

b) Vornahme der Handlungen der §§ 106, 107, 167, 253 durch einen Beamten unter Mißbrauch der Amtsgewalt oder Androhung eines bestimmten Mißbrauchs § 339 Abs. 3.

c) Vornahme (oder Veranlassung) einer Körperverletzung in Ausübung oder in Veranlassung der Ausübung des Amtes, § 340 (Gesetzeskonkurrenz mit §§ 223 Abs. 1, 224).

d) Unbefugte Verhaftung, Festnahme oder Zwangsgestellung, § 341; straferhöhender Umstand (§ 50!) zu § 239.

e) Hausfriedensbruch in Ausübung oder in Veranlassung der Ausübung des Amtes § 342 (straferhöhender Umstand zu § 123).

Zu c—e:

Die Delikte der §§ 340, 341, 342 des StGB hat der RTEntw. als Beamtendelikte nicht aufgenommen, da die weiten Strafrahmen, die der RTEntw. bei diesen Delikten vorsieht (§§ 259 ff., 275, 277 RTEntw.) dem Richter hinreichend Raum gewähren, um die durch die Beamteneigenschaft des Täters begründete erhöhte Strafwürdigkeit zu berücksichtigen. (Begr. S. 73).

f) Falschbeurkundung durch einen zur Aufnahme öffentlicher Urkunden befugten Beamten innerhalb seiner Zuständigkeit, § 348 Abs. 1; Vernichtung oder Beschädigung einer Urkunde durch einen Beamten, dem die Urkunde amtlich anvertraut oder zugänglich war, § 348 Abs. 2 (straferhöhender Umstand zu § 133). Bereicherungs- oder Schadensabsicht ist weiterer straferhöhender Umstand. § 349.

g) Unterschlagung amtlicher Gelder, § 350 (straferhöhender Umstand zu § 246). Qualifizierter Fall: Der Beamte fälscht in Beziehung auf die Unterschlagung Bücher, Register usw., § 351.

h) Gebührenüberhebung

aa) zum eigenen Vorteil § 352; Täter: ein Beamter, Rechtsanwalt oder sonstiger Rechtsbeistand;

bb) für eine öffentliche Kasse, § 353 Abs. 1; Täter: ein Beamter, der Steuern, Gebühren oder andere Abgaben für eine öffentliche Kasse zu erheben hat;

cc) Verkürzung von Leistungsempfängern, § 353 Abs. 2.

Nebenstrafe zu allen drei Fällen: § 358.

6. Amtsdelikte im Strafverfahren:

a) Erpressung von Geständnissen und Aussagen, § 343;

b) Untersuchung gegen Unschuldige, § 344;

c) Unrichtige Strafvollstreckung, § 345;

d) Nichtverfolgung strafbarer Handlungen, § 346; lex specialis gegenüber § 257;

e) Gefangenenbefreiung, § 347 (Straferhöhender Umstand zu §§ 120, 121).

7. Amtsdelikte im diplomatischen Dienst: § 353a (Arnimparagraph).

a) Verletzung des diplomatischen Amtsgeheimnisses; Täter: ein Beamter im Dienst des Auswärtigen Amts des Deutschen Reichs;

b) diplomatischer Ungehorsam, § 353a Abs. 2;

c) diplomatischer Falschbericht, § 353a Abs. 2.

Täter zu b und c: ein mit einer auswärtigen Mission betrauter oder bei einer solchen beschäftigter Beamter.

Nebenstrafe § 358.

8. Amtsdelikte im Postdienst:

a) Verletzung des Postgeheimnisses und der postalischen Beförderungspflicht, § 354; Täter: ein Postbeamter (Gesetzeskonkurrenz mit § 299).

b) Verletzung des Telegraphengeheimnisses und der telegraphischen Beförderungspflicht, § 355 Abs. 1.

c) Verletzung des Telephongeheimnisses, § 355 Abs. 2 (Nov. v. 1912). Nebenstrafe § 358.

9. Prävarikation (Parteiverrat) § 356: Ein (Advokat,) Anwalt oder ein anderer Rechtsbeistand dient pflichtwidrig beiden Parteien in der gleichen Rechtssache durch Rat und Beistand.

10. Verleitung und Unternehmen der Verleitung Untergebener zu strafbaren Handlungen im Amt oder (wissentliches) Geschehenlassen (Konnivenz) einer solchen Handlung, § 357. Täter: der Vorgesetzte oder der Aufsichtspflichtige.

11. Nach dem RTEntw. sind Amtsträger nicht nur solche Personen, die im Reichs- oder Landesdienst angestellt sind, sondern alle Personen, die bestellt sind, ein öffentliches Amt auszuüben.

Eine wichtige Erweiterung gegenüber dem geltenden Recht enthält der RTEntw. insofern, als er die Verletzung des Amtsgeheimnisses allgemein unter Strafe stellt:

„Ein Amtsträger oder früherer Amtsträger, der ein ihm kraft seines Amts anvertrautes oder zugängliches Geheimnis gegen Entgelt oder in der Absicht offenbart, sich oder einem anderen unrechtmäßig einen Vorteil zu verschaffen oder jemand einen Nachteil zuzufügen, wird mit Gefängnis bestraft. Die Tat wird nur auf Verlangen des Vorgesetzten verfolgt". (§ 140 RTEntw.).

Die übrigen Beamtendelikte des RStGB sind fast durchwegs im RTEntw. erweitert und ergänzt, insbesondere die §§ 353a RStGB (§ 141 RTEntw.); 354, 355 RStGB (§ 142 RTEntw.); in den RTEntw. neu eingestellt sind die aus dem § 376 der Reichsabgabenordnung übernommenen Strafvorschriften gegen die Verletzung des Steuergeheimnisses (§ 143 RTEntw.), sowie eine Vorschrift gegen die Amtspflichtsverletzungen von Polizeibeamten bei inneren Unruhen oder Gemeingefahr. (§ 139 RTEntw.). Vgl. hiezu Begr. d. RTEntw. S. 73 ff.

§ 48. Übertretungen (29. Abschnitt). §§ 360—370.

Hierbei handelt es sich um sog. Polizeidelikte. Über den Unterschied zwischen polizeilichem und kriminellem Delikt vgl. oben § 6 II 2c; über Vorsatz und Fahrlässigkeit bei Übertretungen: oben § 11 VI 3.

Über die Streitfrage, ob außer dem quantitativen Unterschied der Übertretungen von den Verbrechen und Vergehen auch ein qualitativer besteht, vgl. Frank[17]. S. 759—761.

Von den zahlreichen einzelnen Tatbeständen ist von besonderem Interesse die Ausgestaltung, die der in § 360 Nr. 11 verwendete Begriff des „groben Unfugs" in der Praxis erfahren hat: Unfug ist eine die äußere Ordnung störende, grob ungebührliche Handlung (vgl. § 166); aus der historischen Entstehung des § 360 Nr. 11 (aus dem preußischen ALR § 183

„Bubengesetz" und einer preußischen Verordnung von 1835) ergibt sich das weitere Erfordernis einer Belästigung des Publikums, d. h. die Handlung muß geeignet sein, das Publikum — nicht nur bestimmte Einzelne — unmittelbar gröblich zu belästigen (nicht nur in ästhetischen, moralischen oder ähnlichen Empfindungen zu verletzen).

Der RTEntw. behandelt ebenso wie die vorausgegangenen Entwürfe die Übertretungen gesondert in einem Zweiten Buche. Während das erste Buch die Vorschriften über Verbrechen und Vergehen in einem Allgemeinen und einem Besonderen Teil behandelt, beschäftigt sich das zweite Buch in gleicher Untergliederung mit den Übertretungen.

Nach der Begründung zum RTEntw. soll in dieser scharfen Scheidung das Bestreben zum Ausdruck kommen, die Grenze zwischen dem kriminellen und dem polizeilichen Unrecht schärfer als bisher zu ziehen; aus demselben Grund wird auch als Strafe für Übertretungen grundsätzlich nur noch Geldstrafe angedroht. Als Übertretungen will der Entwurf nur solche Verfehlungen behandeln, bei denen der Charakter einer Ordnungswidrigkeit überwiegt. Es handelt sich hier um eine bewußte Gegenwirkung gegen die aus Anlaß des Krieges entstandene übergroße Zahl von kriminellen Strafdrohungen und um die bewußte Anbahnung einer noch weitergehenden Loslösung der Strafbestimmungen für Übertretungen.

Anhang.

§ 49. Die Delikte gegen das Urheberrecht.

1. Verletzung des literarischen Urheberrechts (an Schriftwerken und Werken der Tonkunst). Gesetz vom 19. Juni 1901 betr. das Urheberrecht an Werken der Literatur und der Tonkunst, abgeändert und in den Strafbestimmungen ergänzt durch Gesetz vom 22. Mai 1910 (zur Ausführung der Berner Übereinkunft vom 13. November 1908).

Tatbestände des LitUG.:

a) (unbefugte vorsätzliche) Vervielfältigung oder gewerbsmäßige Verbreitung des geschützten Werkes, § 38 I[1],

b) (unbefugte vorsätzliche) öffentliche Aufführung oder Vorführung eines Bühnenwerkes oder eines Werkes der Tonkunst, § 38 I[2],

c) (unbefugter vorsätzlicher) öffentlicher Vortrag eines noch nicht erschienenen Werkes, § 38 I[2],

d) (unbefugte vorsätzliche) öffentliche Mitteilung des wesentlichen Inhalts eines geschützten Werkes, § 39,

e) vorsätzliches oder fahrlässiges Plagiat (Unterlassung der Quellenangabe) § 44; Gesetz vom 22. Mai 1910, Art. IV § 1.

Buße: § 40. Vernichtung der widerrechtlich hergestellten oder verbreiteten Exemplare: §§ 42 f.

2. Verletzung des künstlerischen Urheberrechts (an Werken der bildenden Künste einschl. des Kunstgewerbes und der künstlerischen Bauwerke), Gesetz vom 9. Januar 1907 (Änderung durch das Gesetz vom 22. Mai 1910).

Tatbestände des KunstUG.:

a) (unbefugte vorsätzliche) Vervielfältigung, Verbreitung oder Vorführung, § 32,

b) (vorsätzliche) irreführende Anbringung des Namens auf Reproduktionen, § 33 I[1],

c) (unrechtmäßige vorsätzliche) Verbreitung oder öffentliche Ausstellung eines Bildnisses, § 33 I[2],

d) (vorsätzliche) Bezeichnung des Werkes mit dem Namen des Urhebers, § 34,

e) Unterlassung der Quellenangabe, § 40.

Buße: § 35. Vernichtung widerrechtlich hergestellter und verbreiteter Formen usw., § 37.

3. Verletzung des gewerblichen Urheberrechts, d. h. des Rechts an Geschmacksmustern und Modellen, Gesetz vom 11. Jan. 1876 mit späteren Änderungen;

an Gebrauchsmustern, Gesetz vom 1. Juni 1891 in der Fassung der Bekanntmachung vom 7. Dezember 1923 (RGBl. Teil II, S. 444);

an Warenbezeichnungen: siehe oben § 44, 2.

des Patentrechts, Gesetz vom 7. April 1891 mit zahlreichen Änderungen, jetzt in der Neufassung der Bekanntmachung v. 7. Dez. 1923, RGBl. Teil II, S. 437—443;

Tatbestände:

a) (unbefugte vorsätzliche) Nachbildung des Geschmacksmusters oder Modells, § 5 des Gesetzes von 1876; Buße: § 14;

b) (unbefugte wissentliche) Benützung des Gebrauchsmusters, § 10 des Gesetzes von 1891 in der Fassung v. 7. Dez. 1923; Buße: § 11;

c) (unbefugte wissentliche) gewerbsmäßige Herstellung, Verbreitung, Feilhaltung oder Benützung des patentrechtlich geschützten Gegenstandes oder Verfahrens, § 36 des Patentgesetzes von 1891 in der Fassung v. 7. Dez. 1923; Buße: § 37;

d) Patentanmaßung, § 40 des Patentgesetzes (hier keine Buße!).

Über die Bestrafung fahrlässiger Musterschutzdelikte vgl. Elster, Strafrechtliche Gedanken zum Musterschutzrecht, Zeitschr. f. d. ges. StrafrW. Bd. 44 (1923) S. 511.

§ 50. Steuerstrafrecht.

I. Allgemeines.

Das Steuerstrafrecht hat in der Kriegs- und Nachkriegszeit zunehmende Bedeutung erlangt. Seine praktische Notwendigkeit und Wichtigkeit ist darin zu erblicken, daß es eine immer wirksamer werdende Waffe im Kampf gegen die insbesondere seit der großen Steuerreform der Jahre 1919/20 überhandnehmenden Steuerdelikte darstellt. Aber auch die theoretische Bedeutung des Steuerstrafrechts muß jetzt dazu führen, daß das Steuerstrafrecht in der strafrechtlichen Forschung und Lehre einen breiteren Raum einnimmt als es heute noch üblich ist. Denn wir stehen heute nicht mehr nur einigen in Spezialgesetzen verstreuten Einzeltatbeständen gegenüber, sondern einem innerlich zusammengefaßten Normenkomplex, der eine eigene theoretische Durchdringung erfordert.

II. Quellen.

Neben die zahlreichen besonderen Strafbestimmungen in den einzelnen Steuergesetzen ist nunmehr als einheitliche zusammenfassende Grundlage des Steuerstrafrechts der Dritte Teil der Reichsabgabenordnung vom 13. Dezember 1919 (RGBl 1919 S. 2075) getreten, der unter dem Titel „Strafrecht und Strafverfahren" sozusagen einen Allgemeinen Teil des materiellen und formellen Steuerstrafrechts enthält. Das materielle Steuerstrafrecht ist im ersten Abschnitt des Dritten Teils in den §§ 355—384 geregelt. Doch ist hier auch der Allgemeine Teil des Steuerstrafrechts nicht erschöpfend kodifiziert, sondern „das Strafgesetzbuch gilt, soweit die Steuergesetze nichts Abweichendes vorschreiben" (RAbgO. § 355). Außerdem kommen auch für das Steuerstrafrecht wie für das allgemeine Strafrecht noch verschiedene andere Gesetze in Betracht, so die Reichsverfassung, das Jugendgerichtsgesetz und die Geldstrafengesetzgebung, auf die oben an den einschlägigen Stellen bereits hingewiesen wurde. Später sind einzelne der grundlegenden Bestimmungen der Reichsabgabenordnung über das Steuerstrafrecht (namentlich die §§ 359, 369) durch die sog. dritte Steuernotverordnung vom 14. Febr. 1924 (auf Grund des Ermächtigungsgesetzes vom 8. Dezember 1923) abgeändert worden. Weitere Änderungen brachte die Verordnung zur Anpassung des Steuerstrafrechts an die Vorschriften des Allgemeinen Strafrechts (Anpassungsverordnung) vom 20. November 1925.

III. Überblick.

Einzelne Gesichtspunkte wurden schon an früheren Stellen in ihrem systematischen Zusammenhang behandelt, so die Durchbrechung des Grundsatzes „Keine Strafe ohne Schuld" (s. oben § 11 VI 3 c), die Multiplarstrafe (oben § 6 II 1 und § 20 I 1 b) usw.

Hier kann nur auf wenige wichtige Besonderheiten des Steuerstrafrechts, die sich aus der Reichsabgabenordnung ergeben, hingewiesen werden:

1. „Steuerzuwiderhandlungen" im Sinn der RAbgO sind strafbare Verletzungen von Pflichten, die die Steuergesetze im Interesse der Besteuerung auferlegen (also nicht nur Steuerhinterziehung! § 356 RAbgO); als Steuerzuwiderhandlung gilt auch eine dem Täter oder Teilnehmer gewährte Begünstigung.

   Da das Steuerstrafrecht keine Verbrechen im engeren Sinn (§ 1 Abs. 1 des StGB) kennt, umfaßt der Begriff „Steuerzuwiderhandlungen" die Steuervergehen und die Steuerübertretungen. Auf diesen besonderen Verbrechensbegriff finden nun im allgemeinen die Regeln des Allgemeinen Teils des Strafrechts Anwendung (StGB, Jugendgerichtsgesetz, Geldstrafengesetze). Die Begünstigung erscheint nach der RAbgO ebenso wie nach dem StGB als selbständiges Delikt, nicht als bloße Teilnahmeform.

2. Im Gegensatz zum allgemeinen Strafrecht, nach welchem der Grundsatz gilt: „societas delinquere non potest", ist nach § 357 die Be-

strafung von juristischen Personen oder Personenvereinigungen zulässig, ohne daß ein Verschulden einer natürlichen Person festgestellt zu werden braucht.

3. Im Zusammenhang damit steht auch die Durchbrechung des anderen fundamentalen Grundsatzes des Strafrechts „Keine Strafe ohne Schuld". Die Fälle dieser Durchbrechung, die vor allem in den Zoll- und Verbrauchssteuergesetzen vorkommen, müssen eigentlich eher unter dem Gesichtspunkt einer staatlichen Finanzmaßnahme als unter dem der kriminellen Strafe (für ein begangenes Delikt) aufgefaßt werden und können überhaupt nur so verstanden und gerechtfertigt werden. In diesem Sinn ist auch durch § 359 Abs. V Satz 2 in der Fassung der dritten Steuernotverordnung (bisher § 369 III) die Gefängnisstrafe auf die Fälle beschränkt worden, in denen der Vorsatz der Hinterziehung festgestellt ist.

§ 359 Abs. V Satz 2 (Ergänzung durch die dritte Steuernotverordnung): „Auf Gefängnis darf jedoch nur erkannt werden, wenn der Vorsatz der Hinterziehung festgestellt wird." Ebenso § 369 Abs. III in alter und neuer Fassung!

4. Für die Lehre vom Rechtsirrtum (vgl. oben § 11 V 4) ist an dieser Stelle eine wichtige Neuerung nachzutragen. In Erweiterung des § 59 StGB bestimmt § 358 der RAbgO, daß auch derjenige straffrei bleibt, der „in unverschuldetem Irrtum über das Bestehen oder die Anwendbarkeit steuerrechtlicher Vorschriften die Tat für erlaubt gehalten hat". Im Steuerstrafrecht bewirkt demnach auch ein Strafrechtsirrtum Straffreiheit, sofern er unverschuldet ist. Wir finden hier eine Weiterentwicklung des der Irrtumsverordnung vom 18. Januar 1917 zugrunde liegenden Gedankens.

Nach der Anschauung des RG ist in § 358 RAbgO (und ebenso in der Irrtumsverordnung vom 18. Januar 1917) nur ein persönlicher Straffreiheitsgrund („ein Weg, einen schuldigen Täter aus persönlichen Gründen straflos zu lassen") aufgestellt; dabei genügt es nach RG nicht, „daß Zweifel bestehen, ob der Täter sich nicht in einem danach beachtlichen Rechtsirrtume befunden haben oder dieser ihm wenigstens nicht zum Verschulden anzurechnen sein könne; vielmehr muß, bevor § 358 RAbgO zur Anwendung gelangen kann, die Hauptverhandlung einen sicheren Anhalt für das tatsächliche Vorliegen seiner beiden Voraussetzungen ergeben, d. h. den Nachweis erbracht haben, daß ein unverschuldeter Rechtsirrtum des Täters wirklich dazu geführt hat, daß er sein Tun für erlaubt ansah" (RG 56, 411).

5. An die relative (besondere) Strafdrohungsbedingung des Rückfalls ist wie nach dem StGB bei Betrug und Hehlerei so auch bei den damit verwandten Steuerdelikten eine höhere Strafdrohung geknüpft; gerade aus diesem Grund kann übrigens auch innerhalb des Steuerstrafrechts der Rückfall nicht als eine absolute Strafdrohungsbedingung (die immer über das Ob der Strafbarkeit überhaupt entscheidet) angesprochen werden, obwohl er innerhalb dieses Rahmens eine generelle Bedeutung hat. Zu beachten ist, daß im Gegensatz zu den Bestimmungen des StGB über Betrug und Hehlerei schon der einfache Rückfall als Straferhöhungsgrund galt (im StGB ist dies nur bei Raub der Fall!). § 369 vor der Neufassung durch VO vom 14. Febr. 1924.

Nach dem bisherigen Rechtszustand war beim Rückfall zu unterscheiden: einfacher Rückfall (§ 369 I) und „weiterer Rückfall" (§ 369 II). Bei einfachem

Rückfall war erhöhte Geldstrafe und daneben fakultativ Gefängnis angedroht; mildernde Umstände waren dabei nicht vorgesehen. Beim sog. weiteren Rückfall (ein dem StGB unbekannter Straferhöhungsgrund!) war neben der Geldstrafe obligatorisch Gefängnisstrafe angedroht, die jedoch bei mildernden Umständen nicht verhängt zu werden brauchte.

Die dritte Steuernotverordnung vom 14. Februar 1924 hat den Straferhöhungsgrund des einfachen Rückfalls beseitigt. Erst der zweite (früher sog. „weitere") Rückfall wirkt straferhöhend.

§ 369 in der Fassung vom 14. Februar 1924 (RGBl I S. 88):

„(1) Wer im Inland wegen Steuerhinterziehung oder Steuerhehlerei bestraft worden ist, darauf abermals eine dieser Handlungen begangen hat und wegen derselben bestraft worden ist, wird, wenn er eine Steuerhinterziehung oder eine Steuerhehlerei begeht, mit Gefängnis bis zu fünf Jahren bestraft. Neben der Gefängnisstrafe ist auf Geldstrafe (§ 359 Abs. 1 Sätze 2, 3) zu erkennen. Sind mildernde Umstände vorhanden, so kann ausschließlich auf Geldstrafe (§ 359 Abs. 1 Sätze 2, 3) erkannt werden.

(2) Die Vorschriften des Abs. 1 finden Anwendung, auch wenn die früheren Strafen nur teilweise verbüßt oder ganz oder teilweise erlassen worden sind, bleiben jedoch ausgeschlossen, wenn seit der Verbüßung oder dem Erlasse der letzten Strafe bis zur Begehung der neuen Steuerhinterziehung oder Steuerhehlerei drei Jahre verflossen sind.

(3) Im Falle des § 359 Abs. 5 Satz 1 darf auf Gefängnis nur erkannt werden, wenn der Vorsatz der Hinterziehung festgestellt wird."

6. Mildernde Umstände als unbenannter Strafminderungsgrund finden sich im Steuerstrafrecht beim Rückfall (bisher nur beim sog. weiteren Rückfall, § 369 II in alter Fassung). Über die Neufassung des § 369 durch die 3. Steuernotverordnung vgl. oben Nr. 5.

7. Art und Höhe der Hinterziehungsstrafe hatte die RAbgO. in ihrer ursprünglichen Fassung nicht selbständig festgesetzt, sondern in dieser Beziehung auf die „in den einzelnen Gesetzen hierfür angedrohten Strafen" verwiesen. Diese Verweisung des § 359 Abs. I wurde jedoch durch die dritte Steuernotverordnung vom 14. Febr. 1924 Art. VIII § 56 (RGBl I S. 87) aufgehoben und durch eine allgemeine Strafdrohung ersetzt: Geldstrafe in unbegrenzter Höhe, daneben evtl. Gefängnis.

§ 359 Abs. I RAbgO in der Fassung durch die dritte Steuernotverordnung: „Wer zum eigenen Vorteil oder zum Vorteil eines anderen nicht gerechtfertigte Steuervorteile erschleicht oder vorsätzlich bewirkt, daß Steuereinnahmen verkürzt werden, wird wegen Steuerhinterziehung mit Geldstrafe bestraft. Der Höchstbetrag der Geldstrafe ist unbeschränkt. Bei Zöllen und Verbrauchsabgaben ist die Geldstrafe mindestens auf das Vierfache des hinterzogenen Betrags zu bemessen, falls der Betrag der Steuerverkürzung oder des Steuervorteils festgestellt werden kann. Neben der Geldstrafe kann auf Gefängnis bis zu zwei Jahren erkannt werden."

8. Für die Fälle der Multiplarstrafe, in denen der Betrag der Steuerverkürzung oder des Steuervorteils nicht festgestellt werden kann, sah § 362 einen subsidiären Strafrahmen vor; § 362 ist jetzt durch die dritte Steuernotverordnung beseitigt.

9. Die Strafumwandlung (früher § 378) ist jetzt wie in den Fällen des StGB durch das Geldstrafengesetz von der bisherigen starren Bindung an einen Umwandlungsmaßstab befreit. Vgl. auch VermögensstrVO. v. 6. Febr. 1924 Art. XIV Abs. II Nr. 1 und Anpassungsverordnung vom 20. Nov. 1925 (Streichung des § 378!)

10. Von den übrigen Besonderheiten des Steuerstrafrechts gegenüber dem allgemeinen Strafrecht seien noch kurz hervorgehoben die Bestimmungen über Versuch (§ 360), Beihilfe und Begünstigung (§ 361), tätige Reue (§ 374), Verbrechenskonkurrenz (§ 383; vgl. hiezu die in RG 57, 106 zusammengestellten Sonderbestimmungen) und Verjährung (§ 384).

Die Strafbestimmungen über Versuch einer Übertretung (§ 360 I 2) und über Beihilfe und Begünstigung zu Übertretungen (§ 361 II) sind durch die dritte Steuernotverordnung vom 14. Februar 1924 (RGBl. I S. 88) beseitigt.

Gesetzesregister.

Einführungsgesetz zum Strafgesetzbuch.

2 15
3 16
4 13, 93
5 16
6 16

Strafgesetzbuch.

1 21, 22
2 15, 16, 17, 19
3 18
4 13, 18, 19, 23, 44, 54, 62
5 18, 62
6 19, 23
7 106
8 19
9 15, 19
10 12, 13, 16
11 16
12 16
13 93, 96
14 94
15 94, 96
16 95, 96
17 95, 96
18 95, 96
19 94
20 93, 94
22 96
23 61, 95
24 61
25 61
26 61
27 10, 23, 96, 97, 98
27a 97
27b 98, 106
27c 98, 103, 104
28 10
28a 96
29 10, 96, 98, 106
30 96
31 92, 93, 94
32 92, 94, 95, 99
33 92
34 10, 92, 99
35 92, 95, 99, 100
36 92, 99
37 62, 100
38 92, 99
39 92, 99
40 23, 100
41 92, 101
42 92, 100
43 23, 47, 52, 65
44 23, 71
45 71
46 20, 62, 73
47 75, 77, 78
48 27, 75, 79
49 23, 75, 80
49a 10, 80, 84, 88
49b 10, 62, 84
50 81, 105, 127
51 40, 83
52 33, 34, 51, 83
53 29, 30, 32, 33, 57
54 29, 32, 33, 38
55 10
58 40, 93
59 22, 32, 42, 44, 45, 47, 51, 168
60 106
61 55, 56
62 56
63 56
64 10, 56
65 10, 56
66 57
67 58
68 58
69 58, 124
70 59
71 59
72 59
73 87
74 86, 95
75 86
76 86
77 86
78 10, 86
79 86
80 72, 107
81 72, 107
82 72, 107
83 72, 79, 108
84 72, 108
85 72, 80, 108
86 72, 108
87 52, 109
88 109
89 10, 43, 109
90 10, 109, 110
92 109
93 55, 101, 108, 109
95 10
97 10
99 10, 57
101 10, 55, 57
102 54, 55, 111
103 54, 55, 111
103a 111, 117
104 55, 111
105 72, 112
106 35, 112
107 35, 112
107a 10, 72, 112
108 71, 112
109 112
110 2, 80, 84, 113
111 10, 80, 84, 113
112 80, 114
113 47, 114
114 114
115 114, 116
116 114
117 47, 114
118 114
119 114
120 114, 162
121 114, 162
122 114
123 29, 48, 55, 88, 115
124 115
125 115
126 116
127 116
127a 35
128 37, 116
129 116
130 113, 116
130a 10, 116
131 116
132 116
133 117, 156, 162
134 117
135 111, 117
136 117
137 117
138 117
139 23, 28, 54, 74, 75, 80, 117, 154
140 118
141 118
142 35, 118
143 118
144 71, 90, 119
145 20, 119
145a 10, 119
146 52, 119
147 119

148	119
149	120
150	119
151	119
152	92, 100, 120
153	52, 83, 120
154	120, 121
155	121
156	71, 120
157	82, 106, 121
158	57, 121
159	120, 121
160	120
161	92, 95, 120, 121
162	120, 121
163	62, 120, 122
164	52, 58, 122
165	92, 122
166	122
167	123
168	123
169	124
170	55, 124
171	58, 91, 124
172	2, 18, 44, 55, 56, 87, 89, 91, 124
173	47, 49, 57, 83, 87, 125
174	47, 75, 125, 129
175	83, 126
176	35, 83, 87, 90, 126
177	78, 83, 127
178	26, 127
179	83, 127
180	11, 48, 88, 90, 127, 128
181	127
181 a	10, 83, 88, 128
182	35, 48, 56, 68, 83, 128
183	128
184	11, 129
184 a	10, 130
184 b	10, 130
185	2, 25, 97, 127, 131
186	55, 131
187	52, 122, 132
188	5, 102, 133
189	132
192	131
193	132
194	55, 56, 133
195	10, 56, 127, 133
196	56, 131, 133
197	55, 57, 131, 133
198	133
199	13, 16, 31, 62, 133
200	92, 133
201	134
202	134
204	62, 134
205	134
206	24, 53
207	134
208	106, 134
209	57, 62, 134
210	54, 135
210 a	11, 135
211	20, 24, 28, 44, 46, 64, 87, 88, 93, 135
212	46, 82, 136
213	136
214	136
215	44, 47, 48, 82, 136
216	35, 46, 71, 136
217	46, 82, 136
218	11, 69, 137
219	138
220	138
221	53, 82, 137
222	50, 136
223	29, 37, 82, 138
223 a	35, 48, 139
224	35, 53, 91, 139
225	139
226	53, 139
227	53, 54, 63, 139
228	139
229	53, 139
230	50, 88, 139,
231	5, 102, 140
232	55, 56
233	13, 16, 62
234	140
235	140
236	35, 91, 140
237	35, 141
238	35, 141
239	26, 29, 48, 71, 91, 141
240	71, 126, 141
242	13, 20, 22, 43, 46, 47, 52, 71, 88, 91, 142
243	66, 88, 143
244	59, 82, 88
246	71, 143, 162
247	46, 55, 56, 57, 64, 81, 143, 144
248	143, 144
248 a	10, 55, 57, 142, 143
249	78, 91, 144
250	82, 144
251	26, 145
252	145
253	145
254	145
255	145
256	145
257	52, 56, 57, 75, 122, 146, 162
258	137, 146
259	53, 75, 146
260	90, 147
261	82, 147
262	147
263	43, 52, 97, 148
264	82, 148
264 a	10, 34, 55, 57, 148
265	157, 148
266	52, 144, 149
267	91, 110, 150
268	66, 150
269	150
270	150
271	124, 150
272	150
273	150
274	150, 156
275	71, 120, 150
276	71, 150
284	10, 90, 92, 153
284 a	34, 153
285	48
285 a	10, 99
286	48, 153
287	153
288	153
289	142, 153
290	153
291	153
292	47, 153
293	153
294	90, 153
295	100, 153
296	100, 153
296 a	143
297	154
298	18, 154
299	35, 154, 162
300	35, 81, 154
301	154
302	35, 154
302 a	10, 155
302 b	10, 155
302 c	10, 90, 155
302 d	10, 155
302 e	10, 155
303	29, 48, 55, 56, 63, 71, 156
304	35, 123, 156
305	156
306	157
307	26, 53, 72, 157
308	35, 156, 157
309	26, 157
310	62, 157
311	157
312	53, 157
313	92, 157
314	158
315	53, 156, 158
316	27, 158
317	156, 158
318	158
318 a	156, 158
319	158
320	158

321 159
322 53, 159
323 53, 159
324 53, 159
325 53, 157, 159
326 159
327 20, 159
328 20, 159
329 159
330 159
331 160
332 160
333 160
334 11, 160
335 92, 160
336 81, 161
337 10, 161
338 160, 161
339 82, 161
340 82, 161
341 82, 161
342 82, 161
343 162
344 162
345 162
346 162
347 162
348 47, 117, 162
349 162
350 162
351 162
352 162
353 52, 155, 152
353 a 10, 162
354 154, 162
355 10, 154, 163
356 71, 163
357 163
358 160, 162, 163
359 160
360 10
360 Nr. 1 20
360 Nr. 8 116
360 Nr. 10 28
360 Nr. 11 163
360 Nr. 13 31
361 Nr. 3 6, 3—8, 24, 95, 99
361 Nr. 4 37, 95, 99
361 Nr. 5 95, 99
361 Nr. 6 91, 95, 99
361 Nr. 6a 91
361 Nr. 7 95, 99
361 Nr. 8 95, 99
362 5, 11, 92, 95, 99
363 43, 52
366 Nr. 2 88
367 Nr. 2 139
367 Nr. 8 31, 139
367 Nr. 12 139
368 Nr. 9 115
368 Nr. 11 58
370 Nr. 4 153
370 Nr. 5 88, 143
371 Nr. 1 123

Reichstagsentwurf
vom 14. Mai 1927.

3 17
6 110
7 18
8 17
9 113, 146, 151
11 23
13 40, 41, 42
15 41
17 45, 47
18 52
19 51
20 45, 49
21 53, 127
22 30
23 29
24 31, 32
25 34
26 68, 71, 72
27 74
30 77
31 82
32 81
35 95
36 94
37 98
38 98, 155
40 61
45 61
46 100, 101
47 100, 101
48 100, 101
49 100, 101
50 100
51 101
52 101
55 102
56 102
57 102
58 102
59 105
65 85
66 85, 86
67 85, 86
68 85, 87
69 104
70 98, 155
72 50, 95, 111
73 6, 32, 72, 93, 94, 98, 104
74 106, 140
76 104
77 104, 105
78 94, 104, 105, 149
86 108, 112
87 108
88 108
90 110
91 110
92 110
93 110
94 110
95 110
96 104, 110
97 110
98 110
99 112
100 94, 112
101 111
102 111
104 113
105 112
106 112
107 113
108 71
110 113
112 111
113 111
114 111
115 111
119 118
120 118
121 71
136 117
139 163
140 163
141 163
142 163
143 163
160 104, 117
161 117
162 117
165 114, 117
169 84
170 113
171 84, 113
173 113
175 84, 116
176 84
177 104
179 116
180 104, 123
181 104, 123
182 123
183 123
184 121
185 71, 104
188 122
189 121
192 122
195 71, 94
196 84
197 84
198 84
199 118
200 147
201 147
203 94
204 94

205	94
206	94
207	94, 151
208	94, 151
211	151
212	151
213	104
215	120
218	71, 120
219	71
220	104
224	119
225	157
226	157
230	158
240	154
245	136
246	136
247	71, 136
248	136
249	113, 136
250	136, 137
251	136
253	71, 94, 138
254	38, 138
255	138
256	138
257	137
259	37, 140, 162
260	140
261	140
263	38
268	140
270	135
272	135
275	71, 140, 162
277	162
278	142
279	141, 142
280	141
282	126
283	127
284	126
285	126
287	127
288	128
290	125
291	125
292	125
293	125
294	126
295	126
296	126
297	126
298	129
299	129
300	129, 130
301	129
302	130
303	130
305	128
308	90
309	90, 94, 128
310	124
311	124
312	124
313	124, 125
314	124
315	124, 137
316	124
317	133
318	134
321	133
324	154
326	71, 156
328	143
329	94
332	145
333	144
334	143
336	143
337	143
338	145
339	145, 146
340	94, 155
341	94, 155
342	155
344	149
346	94
347	149
348	149
350	147, 148
352	148
354	153
355	153
356	152
357	152
358	152
359	152
360	152
365	154
367	42
375	23, 95, 119
378	53
379	71
380	95, 98
383	104
384	34, 105
386	23, 93, 95
387	23
403	119

Militärstrafgesetzbuch
i. d. Fassung v. 16. Juni 1926.

2	12, 13
3	12
14	93
47	36
49	33
51	57
55	105
57	12, 109
58	12
59	12
69	13
84	33
85	33
86	33
87	33
88	33
90	13
94	81
114	160
117	72
127	57
134	12
138	13
140	160
144	114
148	50
155	12
157	12
158	12
160	12, 109

Strafprozeßordnung
i. d. Fassung v. 22. März 1924.

7	19
70	5
94	101
127	34
153	18, 104
154	104
158	56
205	5
260	55
374	57
450	106
453	5, 93
454	93
455	5, 61
456	61
460	86
463	100
484	59

Bürgerliches Gesetzbuch

227	30
228	32, 33
229	29, 34
254	27
276	50
339	5
561	29, 34
859	29
904	33
1317	124
1601	30
1631	35
1680	95
1720	124
1800	35

Jugendgerichtsgesetz
vom 16. Februar 1923

1	41
2	15, 40, 41, 82
3	40, 41, 82
4	40, 57
5	41
6	6, 41
9	41, 65, 72, 93, 95, 98, 105
10	60
15	60, 61
16	96
32	41

Reichsabgabenordnung
vom 13. Dezember 1919.

355	167
356	146, 167
357	167
358	168
359	168
360	170
361	170
362	169
369	168, 169
374	62, 170
376	163
378	170
381	53
382	53
383	170

Reichsverfassung
vom 19. August 1919.

30	16
36	16
37	55
49	59, 61
116	20
135	124

Alte Reichsverfassung
vom 16. April 1871

22	16
31	16, 55

Konkursordnung
vom 10. Februar 1877.

239	10, 151
240	10, 151, 152
241	10, 152
242	10, 152
243	10, 75, 152
244	10, 152

Republikschutzgesetz
vom 21. Juli 1922.

1	72
2	118
3	62, 118
4	118
5	54, 118
7	10
8	114, 116
9	10, 98, 99, 101
10	94
11	19
18	19
20	101
37	19

Gesetz zur Bekämpfung der Geschlechtskrankheiten
vom 18. Februar 1927.

5	53, 88, 138, 160
6	53
7	38
14	53, 88
16	91, 129

Spionagegesetz
vom 3. Juni 1914.

1	109
2	109
3	109
4	109
5	109
6	110
7	110
8	110
9	110
10	110
11	110
12	110

Gerichtsverfassungsgesetz
vom 22. März 1924.

18	16
24	23
80	23
134	23, 59
178	5

Reichsgewerbeordnung
vom 21. Juni 1869.

135	81
146	81

Sachregister.

(Die Zahlen verweisen auf die Seiten.)

A.

Abergläubischer Versuch 69.
Aberkennung von Ehrenrechten 99, 100.
aberratio ictus 46, 47.
Abgaben, öffentliche 53.
Abgeordnete (Immunität) 16, 58.
Abhängigkeit der Teilnahme 81.
Ablationstheorie beim Diebstahl 142.
Abolition 59, 61.
Abschreckungstheorie 4.
Absehen von Strafe 41, 101.
Absicht 43, 52, 131, 133, 139, 143, 145.
absolut bestimmte Strafdrohungen 20, 103.
— unbestimmte Strafdrohungen 20.
— untauglicher Versuch 67, 68, 69.
absolute Antragsdelikte 55.
— Strafdrohungen 103.
— Strafdrohungsbedingung 54, 168.
— Strafrechtstheorien 3 ff.
Absorption 87, 134.
Absorptionsprinzip 86, 87.
Abtreibung 69, 137.
actio libera in causa 41.
adäquate Verursachung 26, 53.
administrative Strafaussetzung 60.
Advokat 163.
agent provocateur 80.
akzessorische Natur der Teilnahme 74, 80, 81, 82.
Altersgrenze 40, 57.
amerikanisches Duell 35, 134.
Amnestie 59, 61.
Amtsanmaßung 116.
Amtsdelikte 18, 160.
Amtsgeheimnis (diplomatisches) 162.
Amtsmißbrauch 161, 162.
Analogie 20, 74.
Änderungen des StGB. 10, 11.
Andenken Verstorbener 132.
Anfang der Ausführung 65, 66.
Angehörige 32, 56, 146.
Angriff als Verbrechenselement 2; — als Täterschaftskriterium 76.
Angriffsdelikte 2.
animus auctoris 76.
— injuriandi 131.
— nocendi 44.
— socii 76.
Annahme (§ 49 a) 84.
Anrechnung der Untersuchungshaft 106.
Anreizen zum Zweikampf 135; — bei Totschlag 136; — zum Klassenkampf 116.
Anschuldigung, falsche 122.
Ansteckende Krankheiten 38, 53, 88, 91, 129, 138, 159, 160.
Anstiftung 64, 74 ff., 79 ff., 163.
Antrag 55.
anvertraute Sachen 144.
Anwerben von Truppen 108.
Anzeige drohender Verbrechen, 28, 54, 110, 117, 118.
Anzeigepflicht und Privatgeheimnis 154.
Arbeitshaus 99.
Arbeitszwang bei Freiheitsstrafen 95.
Ärgernis durch unzüchtige Handlungen 128; — Gotteslästerung 122; — Mitteilungen aus Gerichtsverhandlungen 130.
Armeelieferant, Vertragsbruch 159.
Arnimparagraph 10, 162.
Arrestbruch 117.
Arzt, Operationsrecht 37; — Berufsgeheimnis 154.
ärztliche Zeugnisse 150.
Asperationsprinzip 86.
Aszendententotschlag 48, 82, 136.
Aszendentenverletzung 138.
Attentatsklausel, belgische 19.
Auburnsches Schweigesystem 96.
Aufenthaltsbeschränkung 99.
Aufforderung zu einem Verbrechen 84, 108, 113, 140.
Auflauf 114.
Aufreizung zum Klassenkampf 116.
Aufruhr 114.
Aufsichtspersonen, Haftung der 53.
Aufwiegelung 113.
Aufzehrung, rechtliche 88.
Ausbeutung Minderjähriger 154.
Ausführungshandlung 3, 65 ff., 74 ff.
Auskunft, beschränkte aus dem Strafregister 62.
Ausland, Begriff 19.
Auslieferung 19.
Ausnahmezustand 13.
äußere Rechtsverletzung, Prinzip der 3.

außerordentliche Strafzumessung 105.
außerstrafrechtlicher Irrtum 47.
Äußerungen, unzüchtige 129.
Aussetzung 137.
Ausspielung 152.
Auswanderungsbetrug 119.
Ausweisung 92, 99.

B.

Bamberger Halsgerichtsordnung 8.
Bande 79, 140.
Bankerott 54, 151.
Bannkreis, befriedeter 63.
Baukunst, Verletzung der Regeln der 159.
Bauwerk, Zerstörung von 156.
Beamtennötigung 114.
Beamter 36, 81, 114, 125.
Bedingte Begnadigung 60.
— Entlassung 61.
— Strafaussetzung 60, 61.
— Verurteilung 61.
Bedingung 25 ff., 76, 77.
Bedrohung 142.
beendigter Versuch 73.
Befehl, verbindlicher 29, 36, 114.
befriedeter Bannkreis eines Landtags 63.
Befriedung der Parlamentsgebäude 112.
Begehungsdelikte 23.
Begnadigung 60; — bedingte B. Jugendlicher 60.
Begünstigung 74, 146 ff.
Beihilfe 65, 74 ff., 146, 163, 170.
Beischlaf 124 ff., 160; — Erschleichung des außerehelichen B. 127.
Belagerungszustand 11, 20; vgl. auch Ausnahmezustand, Kriegszustand.
Beleidigung 111, 131.
benannte Strafänderungsgründe 105.
berechtigte Interessen 132.
Bereicherungsabsicht 143, 144, 148.
Berichte über Parlamentsverhandlungen 16.
Berufsrecht des Arztes 37.
Beschimpfung von Religionsgesellschaften 122; — der Reichs- oder Landesfarben 117; — des Andenkens Verstorbener 132.
Beschlagnahme 100, 101.
beschränkte Auskunft a. d. Strafregister 62.
Besitzentziehung 153.
besondere Strafbarkeitsbedingungen 54 ff., 63.
— Strafänderungsgründe 105.
— Strafandrohungsbedingung 168.
Bestechung 160.
bestimmte Strafänderungsgründe 105.
Betriebsgeheimnis 154.
Betrug 148.
Betrunkenheit 40, 41.
bewaffnete Haufen 88, 115.
Bewährungsfrist 60.
Beweis der Schuld 53.
Beweisvernichtung (Landesverrat) 109.
Bewußtsein der Rechtswidrigkeit 48.
Bewußtseinsstörung 40.
Bigamie 91, 124, 161.
Blankettgesetz 20.
Blankettmißbrauch 150.
Blutrache 7.
Blutschande 57, 125.
Böswilligkeit 117.
Bordell 37, 128.
Brandstiftung 62, 66, 156, 157.
Briefgeheimnis 154.
Brücken, Zerstörung von 158.
Brunnenvergiftung 159.
Bubengesetz 164.
bürgerliche Ehrenrechte 99, 100.
Buße 7, 11, 102, 133, 139, 140, 165.

C.

Carolina Constitutio Criminalis 8, 9.
Carpzov, Benedikt 9.
chantage 145.
code pénal 9, 23, 65.
codex juris Bavarici criminalis 9.
— juris canonici 14.
cogitationis poenam nemo patitur 67.
commencement d'exécution 65.
conditio 25 ff.
crimina legitima et extraordinaria 6.
culpa 50.
— in concreto 50.
— in eligendo 53.
— lata 50.
culpae compensatio 27.
custodia honesta 95.

D.

Dämme, Zerstörung von 156, 158, 159.
Dämmerzustände 40.
Dauerverbrechen 91, 140, 156.
Deiche, Zerstörung von 156.
delicta privata 6.
delictum sui generis 72.
Delikt, Begriff 21.
Denkmäler, Schutz der 156.
Depotgesetz 152.
Desinfektion 159.
desuetudo 19, 20.
Determinismus 5, 38.
Diebstahl 56, 57, 142; — an eigener Sache 67.
Dienstherr, Antragsrecht 55.
Differenzgeschäfte 151.
diligentia 50.
Dingpflicht 117.

diplomatischer Landesverrat 109; vgl. auch 162.
discernement 40.
Distanzverbrechen 17, 19.
Disziplinarbefugnisse 29, 36.
doloses Werkzeug 82, 83.
dolus 42.
— alternativus 44.
— determinatus 44.
— eventualis 43, 52, 65, 122.
— ex re 53, 146.
— generalis 44.
— indeterminatus 44.
— indirectus 43.
— principalis 43.
— subsequens 43.
Doppelehe 124.
Dritthaftung 53.
Drohung 141, 142, 144.
Duchesneparagraph 10, 84.
Duell 134; — amerikanisches D. 35, 134.
Dynamitverbrechen 79, 139, 140; — internationales Strafrecht 18; — Anzeigepflicht 118.

E.

echtes Sonderdelikt 81.
echte Strafänderung 105.
— Teilnahme 75.
Ehebetrug 55, 124.
Ehebruch 18, 44, 55, 89, 124, 125.
Ehemann, selbständiges Antragsrecht 55.
Ehescheidung 124, 125.
Ehre 131.
Ehrenrechte 99, 100.
Ehrenstrafen 92 ff.
ehrlose Gesinnung 94.
Eid 120.
Eigennutz, strafbarer 152.
Eigentumsnotstand 157.
Einfuhrverbotsverletzung 159.
Einheit der Handlung, des Verbrechens 84.
— gesetzliche 24.
Einsicht (discernement) bei Jugendlichen 40.
Einsteigdiebstahl, Versuch 66, 73.
Einstellung des Verfahrens 55, 58.
Einwilligung als Vorsatzelement 42.
— des Verletzten 34, 136, 137.
Einzelhaft 96.
Einziehung 100; — Einziehungszwang 100.
Eisenbahn, Transportgefährdung 158; — Zerstörung von E. 158.
Elektrizität 20, 142.
Elemente des Strafgesetzes 20.
Eltern, Züchtigungsrecht 35; — Haftung der Eltern 53; — Aussetzung 137.
Entführung 140.
Enthauptung 93.
Entlassung, bedingte 61.
Entschuldigungsgrund 33, 38.
Entweichenlassen eines Gefangenen 114.
Entwürfe des StGB. 11, 12.
Entziehung elektr. Arbeit 20, 142.
Erbieten (§ 49 a) 84.
Erfolg, qualifizierender 53.
Erfolgsdelikte 23, 24 ff.
Erfolgshaftung 53.
Erfolgstheorie 17, 18.
Erkenntnis der Strafbarkeit 40.
Erlaubnis der zuständigen Behörde als Rechtfertigungsgrund 36.
Ermächtigung 55, 57.
Ermächtigungsgesetz 11.
ernstliches Verlangen 35.
Erpressung 126, 141, 144; — von Aussagen und Geständnissen 162.
error in objecto, in persona 46.
erros juris criminalis nocet 47.
Ersatzstrafe 97, 106.
Erscheinungsformen des Verbrechens 64 ff.
Erschleichung des außerehelichen Beischlafs 127.
Erwiderung s. Retorsion.
Erziehungsmaßnahmen 6, 41, 101.
Exekutivstrafe 5.
Exemtion 16.
Exzeß der Notwehr 32, 57.
— des Täters bei Anstiftung 79.

F.

Fahnenflucht 118.
Fahrlässigkeit 50, bewußte 52.
fahrlässiger Falscheid 62, 120.
Fahrwasser, Störung des 159.
faidus 7.
Falschbericht, diplomatischer 162.
Falschbeurkundung 150; — durch Beamte 162.
falsche Anschuldigung 122.
Falscheid, fahrlässiger 62, 120.
Falschgeld 119.
Fälschungsdelikte 119, 120.
Falschwerbung 118.
Fehdegeld 7.
Fehderecht 6.
feindliche Handlungen gegen befreundete Staaten 111.
Feindschaftsgeld 7.
Feldpolizei 15, 53.
Fernsprechanlagen, Gefährdung 158.
Festnahme, unbefugte 161.
Festungshaft 92, 95.
Feuerbach 4, 9.
Feuerzeichen, Zerstörung 159.
fingierte Täterschaft 82.
Fischereidelikte 15, 153.
Folter 9.
Formalbeleidigung 131.

Formaldelikte 23, 83.
Forst- und Jagdbeamte 114.
Forstdiebstahl 15.
Forstpolizeigesetze 53.
fortgesetztes Verbrechen 85, 89, 90.
Frauenheilkunde 38, 138.
fredus 7.
freie Arbeit zur Tilgung von Geldstrafen 98, 106.
Freiheitsberaubung 140.
Freiheitsstrafe 92 ff.
freiwilliger Rücktritt 62, 73.
Friedensbruch 6, 7.
Friedensgeld 6, 7.
Friedlosigkeit 6, 7.
Funddiebstahl 144.
Fürsorgeerziehung 41.
furtum possessionis 153; — usus 63, 142, 153.
Fußangeln, Anbringung als Notwehr 31.

G.

Garantenhaftung 53.
Gebäude, Zerstörung 156.
Gebrauchsdiebstahl 153.
Gebrauchsmuster 166.
Gebührenerhebung 162.
Gefahr, gemeine 156.
Gefährdungsdelikte 3, 23, 132, 137, 139, 156.
Gefangenenbefreiung 114, 162.
Gefangenenmeuterei 114; — Entweichenlassen von G. 114.
Gefängnisstrafe 92 ff.
Gegenseitigkeit, Verbürgung der 54, 111.
Geheimbündelei 116.
Geheimnisverletzung (Landesverrat) 109; — Privatgeh. 154.
Geheimverbindungen 116, 118.
Gehilfe 80.
Geilheit im Sprachgebrauch der CCC. 50.
Geisteskranke 40.
Geldstrafe 23, 92, 96, 97, 98, 106.
Geldstrafengesetz 10, 11.
Geltung, zeitliche G. der Strafgesetze 16. — räumliche 17, 18; — persönliche 16.
gemeingefährliche Verbrechen 156.
Gemeinschaftshaft 96.
Genehmigung zur Strafverfolgung gegen Parlamentsmitglieder 55.
Generalprävention 4.
Gerichtsverhandlungen, Mitteilungen aus geheimen G. 130.
Germanisches Strafrecht 7.
Gesamtstrafe 86.
Gesamtverbrechen 85, 90, 91.
Gesandte, Exemtion 16.
Geschäftsgeheimnis 154.
Geschäftsmäßigkeit 90, 91.
Geschichte des Strafrechts 6 ff.
Geschlechtsehre, Verletzung 126.
Geschlechtskrankheiten 38, 53, 88, 91, 129, 138, 160.
Geschmacksmuster 166.
Gesetzeseinheit = Gesetzeskonkurrenz 91.
Gesetzeskonkurrenz 85, 88 ff.
gesetzliche Einheit 24, 91.
Gesinde, Züchtigungsrecht gegenüber dem G. 35.
Gesinnung 43, 49, 104.
— ehrlose 94.
Gesundheitsbeschädigung 37, 138, 159, 160.
Gewahrsam 142.
Gewalt 144.
Gewalt, unwiderstehliche 24.
Gewalttätigkeiten 112 ff.
Gewedde 7.
Gewerbliche Urheberrechte 166.
Gewerbsmäßigkeit 90, 91.
Gewinn, übermäßiger 154, 155.
Gewinnsucht 98.
Gewohnheitsmäßigkeit 82, 90, 91.
Gläubigerbegünstigung 152.
gleichartige Idealkonkurrenz 87.
Gleichartigkeit der Fortsetzungshandlung 90.
Gleichwertigkeit der Objekte 46; — der Tatbestände 88.
Glorifizierung, provokatorische 140.
Glücksspiel 152.
Gottesdienst, Verhinderung oder Störung 122, 123.
Gotteslästerung 122.
Grab, Zerstörung 123.
Grabmal, Zerstörung oder Beschädigung 156.
Grenzverrückung 150.
grober Unfug 163.
Grundlagen des Strafrechts 1.
Grundstrafdrohung 103.

H.

Haft 92, 95.
Haftung Dritter 53.
Halsgerichtsordnungen 8, 9.
Handhafte Tat 7.
Handlung 21, 24 ff., 40, 63, 82, 84 ff.
Haufen, bewaffneter 115, 116.
Hauptstrafen 92 ff.
Hausfriedensbruch 115; — im Amt 161.
Hehlerei 75, 146; — Steuerhehlerei 168.
Heimlichkeit 7.
Heimsuchung 115.
Herausforderung zum Zweikampf 135.
Hexenhammer 8.
Hexenprozesse 9.
Hilflosigkeit 137.
Hinrichtung 93.

Hinterziehung der Dingpflicht 117; — Steuerh. 166 ff.
höchstpersönliche Strafaufhebungsgründe 64, 73.
Hochverrat 18, 72, 107.
Hoheitsrecht des Staates 5.
Hoheitszeichen, inländische 111, 112, 116; — fremde 111.
Hypnose 27, 40.

J.

Idealkonkurrenz 86—88.
Illationstheorie bei Diebstahl 142.
Immunität 16.
imputatio facti, juris 25.
Indeterminismus 39.
Inhaberpapierefälschung 119, 120.
instrumenta sceleris 100.
intellektueller Urheber 82.
intellektuelle Urkundenfälschung 150.
Interessen, Wahrnehmung berechtigter 132, 133.
Interferenztheorie 28.
Internationales Strafrecht 17 ff.
Intramuranhinrichtung 93.
Inzest 125.
Irrtum 32, 67 ff., 144; — bei Vorsatz 45 ff., 54; — bei Fahrlässigkeit 51; — Irrtumserregung 148.
Jagdvergehen 15, 153.
judicia publica 6.
Jugendgerichtsgesetz 6, 10, 40, 41, 60, 61, 65, 72, 82, 95, 98, 99.
Jugendliche 40, 60; — Versuch 72; — bedingte Begnadigung 60; — überlassen von Schriften an J. 130; — Schutz der J. 129, 130; Teilnahme 82.
Jugendwohlfahrt 41.
Juristische Personen, Bestrafung 4, 167, 168; — Beleidigung 131.
jus poenale 5.
— puniendi 54.

K.

Kanonisches Strafrecht 14.
Kanzelmißbrauch 116.
Kartelltragen 134, 135.
Kausalität der Unterlassung 27, 28.
Kausalzusammenhang 25 ff., — adäquater K. 26:
— Unterbrechung des K. 27, 79.
Kind 40, 41, 53 (Haftung der Eltern oder Aufsichtspersonen).
Kinderraub 140.
Kindestötung 136, 137.
Kindesunterschiebung 123.
Kippen und Wippen 119.
Klagspiegel 8.
Klassenkampf, Anreizung zu 116.
Koalitionsfreiheit 141.
Kollektivbeleidigung 131.
Kollektivdelikt 90, 91.
Kommissivdelikt 23.
Kompensation 62.
Komplott 79, 108, 140.
kompulsive Gewalt 141.
Königsmord, Auslieferung wegen — 19.
Konkubinat, landesstrafgesetzliche Bestimmungen gegen — 15.
Konkurrenz der Verbrechen 84 ff.
Konkurs 54, 55, 151, 152.
Konnivenz 163.
Konspiration 109.
Konsulargerichtsbarkeit 19.
Konsumtion 88.
Konterbande 154.
Kontraktbruch 154.
Kontrektationstheorie beim Diebstahl 142.
Konventionalstrafe 5.
korrektionelle Nachhaft 99.
Körperverletzung 35, 37, 138, 139, 161.
Krebsen 153.
Kreditbetrug 148.
Kreditgefährdung 132.
Kreditwucher 155.
Kriegsschauplatz als Tatort 13.
Kriegsschiffe 19.
Kriegsstrafrecht 13.
Kriegsverbrechen 19.
Kriegsverrat 109.
Kriegszustand 11, 12, 19.
Kriminaldelikt 23, 163.
Kriminalunrecht 21.
kriminelle Geldstrafe 97.
Kulturnormen 6.
Kumulationsprinzip 86, 87.
Kundgebungen, Verletzung amtlicher 117.
Künstlerische Urheberrechte 165.
Kuppelei 127, 128.
Kurpfuscher 136.
Kursbetrug 148.
Küstengewässer als Inland 19, 153, 154.

L.

Laienspiegel 8.
Landespolizeibehörde, Überweisung 92, 99.
Landesstrafrecht 15, 98.
Landesverrat 18, 109—111.
Landesverweisung 99, 101.
Landfrieden 8.
Landfriedensbruch 115, 116.
Landstreichen 91.
Landtag, befriedeter Bannkreis 63.
Landzwang 116.
lascivia 50.
lebensunwertes Leben 136.
Lehrer, Züchtigungsrecht 35.
Lehrherr und Lehrling 35, 56.
Leibesfrucht 136, 137.

Leiche, Mordversuch an einer — 67ff.
Leichenraub 123.
Leonhardt, Justizminister 9.
lesbische Liebe 126.
Leugnen als Strafschärfungsgrund 104.
lex Heinze (§§ 181a, 184a, 184b), 10, 130.
— specialis 88.
libri terribiles 7.
Liquidatoren im Konkurs der Gesellschaft 152.
Literarisches Urheberrecht 165.
Lohnabtreibung 137, 138.
Löschung des Strafvermerks 62.
Lotterie 15, 152.
luxuria 50.

M.

malum actionis, passionis 4.
Mangel am Tatbestand 67.
Marterung 144, 145.
Materialdelikte 23.
Materie im Sinne des § 2 EGStGB. 15.
Maßnahmen, sichernde 4, 92, 99ff.
Mehrheit der Verbrechen 84ff.
Mehrtäterschaft 79.
Meineid 66, 67, 120, 121. — mittelbare Täterschaft 83.
Menschenraub 140.
Mensur 134, 135.
Meuterei der Gefangenen 114.
Mildernde Umstände 105, 168, 169.
Mildestes Gesetz 16, 17.
Militärdelikte 12, 13, 16, 57.
Militärgerichtsbarkeit 12.
militärischer Landesverrat 109.
Militärstrafrecht 12, 13.
Minderjährige 40, 41.
Mißhandlung 37, 138, 139.
Mittäterschaft 74, 78, 79.
Mittelbare-Täterschaft 82, 83.
Mitwucher 155.
Modifikationen des gesetzl. Tatbestandes (**modifizierte** Tatbestandsmäßigkeit) 64, 65.
Mord 135, Verabredung 79, 84, 136.
Mordbrand 157.
Mordversuch an einer Leiche 67, 68.
Motiv 43, 104.
Multiplarstrafe 97, 167, 169.
Mundraub 88.
Munitionsdiebstahl 153.
Münzdelikte 18, 119, 120.
Musterschutzrecht 165, 166.

N.

Nachdruck (Urheberrecht) 165.
Nachhaft, korrektionelle 99.
Nachrede, üble 131.
Nachwucher 155.
Nahrungsmittelgesetz 160.
Namensangabe, unrichtige 110.
Nationalprinzip 18.
Naturrecht 9.
Nebenstrafen 92, 99, 100; — bei versuchtem Delikt 71.
Nebentäterschaft 79.
Neidingswerk 7.
Nichtanzeige von Verbrechen 117.
Nichterfolgsdelikte 23.
Nichterweislichkeit 55, 131.
Nichtverfolgung strafbarer Handlungen 162.
nomologischer Irrtum 70.
Normentheorie 6, 20.
Notbetrug 9, 28, 107.
Notdiebstahl 10, 33, 143.
Nothilfe 31, 32.
Nötigung 15, 125, 126, 135, 141, 144, 145; — einer Behörde 114; — durch Amtsmißbrauch 161.
Notrecht 37, 38.
Notstand 29, 32, 33, 38, 39.
Notunterschlagung 144.
Notwehr 29, 30, 57, 141.
notwendige Teilnahme 75, 76.
Notzucht 127.
nulla poena sine lege 8.

O.

objektive Theorie bei Versuch 69; — bei Teilnahme 76, 77.
objektives Verfahren 100.
objektloser Versuch 68, 69.
öffentliche Ordnung. Delikte gegen die öff. O. 115.
okkupiertes Gebiet 12.
Ommissivdelikt 28.
ontologischer Irrtum 70.
Operation, ärztliche 29, 37, 38.
Ordnung, öffentliche Delikte gegen die öff. O. 115.
Ordnungsstrafe 5, 97, 98.
Ort der Tat 18.

P.

Päderastie 126.
paricidium 6.
Parlamentsberichte 16.
Parlamentssprengung 112.
Parteiverrat 163.
partielle Strafaufhebung 61.
Partiererei 146.
Partikulargesetzgebung 9.
Patentrecht 161.
Peinliche Gerichtsordnung 9.
peinliche Strafe 5.
pennsylvanisches System 96.
perduellio 6.

Perforation 38.
Person juristische 4, 131, 167.
Personalprinzip 18.
Personenhehlerei 146.
Personenstand. Delikte in Beziehung auf den 123, 162.
persönliche Geltung des StGB. 16.
— Straffreiheitsgründe 40, 41, 45, 57, 64, 73, 81.
— Strafminderungsgründe 105.
Pfandmißbrauch 153.
Pfleger (Untreue des) 149.
Pflichtwidrigkeit 5, 47, 48.
Plagiat 165.
politische Verbrechen 23, 109, 110.
Polizeiaufsicht 71, 92, 99 ff.
Polizeidelikte 23.
Postbeamte, Amtsdelikte 162.
Postgeheimnis, Verletzung 162.
präsumiertes Verschulden 53.
präsumtive Anstiftung 135.
Prävarikation 163.
Preistreiberei 155.
Preßdelikte 132, 133.
Preßgesetz 11, 15, 53.
prinzipale Teilnahme 75 ff.
Privatgeheimnisse, Verletzung 154.
Privatgenugtuung 133.
Privatstrafe 4, 5, 8.
Privilegierung 65, 104, 143.
Probezeit 59, 60.
producta sceleris 100.
Progressivsystem 60, 61.
Prostitution 37, 99, 127, 128.
Provokation 136, 140.
Provozierter Angriff 31.
Prozeßhindernis 54.
Prozeßvoraussetzungen 54, 55, 57.
Prüfungspflicht, Prüfungsrecht des untergebenen Beamten beim rechtswidrigen Befehl 36.
Publikationsbefugnis 133.
Putativnotwehr 32, 46, 51, 136.

Qu.

Qualifikation der Strafdrohung 65.
qualifizierender Erfolg 25, 54, 134.
qualifizierte Fahrlässigkeit 50.
qualifizierter Versuch 74.
Quaestiones perpetuae 6.
Quellenangabe, Unterlassung 165.

R.

ratihabitio 75.
Raub 144, 145; — räubischer Diebstahl und Erpressung 145.
Raufhandel 54, 138, 139.
Realinjurie 131, 138.
Realkonkurrenz 85, 86.
Realprinzip 18.
Rechtfertigungsgründe 29, 45; — deren irrtümliche Annahme 45, 51.
rechtliche Aufzehrung 88.
rechtliches Zusammentreffen 87.
Rechtsanwalt, Schweigepflicht 154; Parteiverrat 163.
Rechtsbeugung 161.
Rechtsgut 21, 29, 32, 35, 121.
Rechtsirrtum 47, 168.
Rechtspolitik 1.
Rechtssicherheit 2.
Rechtswidrigkeit 22, 29 ff.; — Kenntnis der R. 44, 47.
Redakteur, Verantwortlichkeit des — 53.
Reduktion des Strafrahmens bei Versuch 71.
— bei Beihilfe 80.
Regelstrafdrohung 103.
Rehabilitation 61.
Reichsabgabenordnung 53, 62, 146, 163, 167 ff.
Reichspräsident, Begnadigungsrecht 59 Angriffe gegen die R. 108.
Reichsverfassung (alte) 16, 55.
— (neue) vgl. Gesetzesregister.
reine Tätigkeitsdelikte 23, 83.
relative Antragsdelikte 55.
— Strafdrohungen 103.
— Strafdrohungsbedingung 168.
— Strafrechtstheorien 3 ff.
— Tauglichkeit des Versuchs 68, 69.
Religionsgesellschaften, Schutz 123.
Republikschutzgesetz vgl. Gesetzesregister.
Retorsion 31, 57, 62, 133.
Reue, tätige 62, 73.
Richterbestechung 160.
richterliche Strafaussetzung 60.
Rohrpost, Beschädigung 158.
Römisches Strafrecht 6, 7.
Rückfall beim Diebstahl 143; beim Raub 144, 82; bei Hehlerei 146; bei Betrug 148; bei Bettel 99 (§ 362).
— weiterer Rückfall 168, 169.
Rücktritt 62, 73.
Rückwirkung 16, 17.
Rufgefährdung 131.
Ruhen der Verjährung 58.

S.

Sachbeschädigung 63, 156.
Sache 20, 142.
Sacherpressung 145, 146.
Sachhehlerei 146.
sachliches Zusammentreffen 85, 86.
Sachwucher 155.
Salvatorische Klausel 8.
Schadensersatz 5.
Schiffahrt, Gefährdung 159.
Schiffskonterbande 154.
Schiffsmann (Vertragsbruch) 154.

Schiffszerstörung 156.
Schlageisen in Notwehr 31.
Schlägerei 139.
Schlägermensuren 135.
Schleichhandel 155.
Schuld 22, 38, 39 ff., 51 ff.
— Arten 39 ff., 51; — bei Übertretungen 53; — bei Steuerdelikten 167.
Schuldausschließungsgründe 33, 48, 52.
Schuldbeweis 52, 53.
Schuldnerbegünstigung 152.
Schuldpräsumtionen 53.
Schuldvermutungen 53.
Schund- und Schmutzschriften, Bewahrung der Jugend vor 130.
Schutzaufsicht 41.
Schwarzenberg 8.
Schweigesystem Auburnesches 96.
Seeschiffahrt, Verordnungsübertretung 119.
Seestraßenordnung 119.
Sekundanten 134.
Selbstbefreiung 114.
Selbsthilfe 29, 34.
Selbstmord 80, 134.
Selbstverletzung 35.
Selbstverstümmelung 35, 118.
Sichernde Maßnahmen 92, 99 ff., 102.
Siegelbruch 117.
Signale, falsche 158.
Sittlichkeitsdelikte 124 ff.
Sklavenhandel 18, 140.
societas delinquere non potest 167.
Sodomie 126.
Soldat (rechtswidriger Befehl) 36.
Sonderdelikt 81, 82.
Sorgfalt 50.
Souverän 16.
Spezialität 88.
Spezialprävention 4.
Spiegel (Klagspiegel, Laienspiegel) 8.
Spionage 18, 79, 109, 118.
Sprengstoffdelikte 18, 79, 118, 139, 140.
staatenloses Gebiet 19.
staatsbürgerliche Rechte, Angriff gegen 112, 113.
staatsfeindliche Verbindung 116.
Staatsgebiet, Angriff auf das St. 107.
Staatsoberhaupt 107, 114.
Staatsverfassung, Angriff gegen die St. 107.
Staatsverleumdung 116.
Standesbeamter 161.
stellionatus 6.
Stempelmarken, Fälschung, Falschgebrauch 150.
Steuerdelikte, Schuld bei — 53.
— tätige Reue 169.
Steuernotverordnung 167 ff.
Steuerstrafrecht 166—170.
Stimmkauf 75, 152.
Stimmverhinderung 112.
Stimmverkauf 152.
strafändernde Erscheinungsformen 64, 65.
Strafänderung 105.
Strafanrechnung 106.
Strafanspruch 2, 4.
Strafantrag 55, 56.
Strafarten 92 ff.
Strafaufhebungsgründe 57 ff., 73, 74; — höchstpersönliche 64.
Strafaufschub 60.
Strafausdehnungsgründe 64, 65.
Strafausschließungsgründe 40, 54, (57).
Strafaussetzung 60, 61.
strafbare Handlung 18, Begriff 21.
Strafbarkeitsbedingungen 54.
strafbarkeitsbegründende Erscheinungsformen 65.
Strafdrohung 22, 63, 103, 104.
Strafdrohungsbedingung 54, 168.
Strafe, Definition 1 ff., 92; — Haupt- und Nebenstrafen 92; — Reihenfolge 92.
Straferhöhung 65.
Straferhöhungsgründe 104, 168.
Straferlaß 59.
Straffreiheitsgründe, persönliche 57, 63, 81.
Strafmehrheitsgründe 104, 105.
Strafmilderungsgründe 104, 105.
strafmindernde Umstände 81.
Strafminderung 65, 81.
Strafminderungsgründe 104, 105; — unbenannte 168.
Strafmündigkeit 40.
Strafnorm 20.
Strafrahmen 71, 104, 105; — reduzierter 71.
— internationales 17, 18.
Strafrechtsirrtum 45, 49, 168.
Strafrechtsreform 11, 12.
Strafrechtstheorien 4.
Strafreduktion s. Reduktion.
Strafregister, beschränkte Auskunft aus dem 62.
Straftilgungsgründe 57.
Strafumwandlung 106.
Strafunmündige 40 ff.
Strafurteil, Veröffentlichung 92.
Strafverfolgung, Niederschlagung der — 59, 61.
Strafverfolgungsbedingung (formelle) 55.
Strafverfolgungsverjährung 58.
Strafvermerk 62.
Strafvollstreckungsverjährung 58, 59.
Strafvollziehung als Strafhebungsgrund 62.
Strafvollzug 93 ff.
Strafzumessung 42, 104; — außerordentliche 105.
Strafzweck 4, 92, 105.
Strandung, Bewirken der, 159.

Streikposten 15, 141.
subjektive Theorie b. untaugl. Versuch 69; — b. Teilnahme 76, 83.
Subsidiarität 88; — der Versuchsstrafdrohung 66, 88; — des § 49a: 84, 88.
Subsumtionsirrtum 46ff.
Sühne 7, 8.

T.

Tadel als Rechtfertigungsgrund bei Beleidigung 132.
Talion 4.
Tatbestand 21, 22, 63, 64, 66, 75, 76, 77, 81, 85ff.; — Modifikationen 64, 65; —Mangel am — 67ff.
Tatbestandsmäßigkeit verstärkte 87.
Tateinheit 86, 87.
Täter, mittelbarer 82, 83.
Tätergarantenhaftung 53.
Tätervorsatz 76.
tätige Reue 62, 73, 74.
Tätigkeitstheorie 19.
Tätlichkeiten (Realinjurie) 131.
Tatsachenfeststellung, wahldeutige 91.
Tatumstände 42ff., 47, 67.
Taubstumme 40.
Teilnahme 64, 74ff., 146; — akzessorische Natur 80, 81; — Theorien 76, 77, — T. als Erscheinungsform des Verbrechens 64, 65; — fahrlässige 75; — neue Teilnahmeformen 84; — Teilnahme am fortgesetzten Delikt 89.
Telegramm 150, 162.
Telegraphenanlage 158.
Telegraphenbeamte 158, 162.
Telegraphengeheimnis 162.
Telephongeheimnis, Verletzung 162.
Territorialprinzip 17.
Testamentsvollstrecker, Untreue 149.
Theorien des Strafrechts 3, 4; — der Teilnahme 76.
Tierstrafen 4.
Tilgung von Strafvermerken 62.
Titelanmaßung 116.
Todesstrafe 6, 92, 93; — vollstreckung 93.
Totbeten 69.
Totschlag 136.
Tötung, fahrlässige 136; — auf ernstliches Verlangen 136.
Transportgefährdung 158.
Trauung durch einen Geistlichen vor der Ziviltrauung 161.
Trichotomie 22, 23, 64.
Trutzwehr 30, 31.
Typizität 21.

U.

Überlegung (Mord) 136, 137.
Überschreitung der Notwehr 31, 57.
Überschwemmung, als Erpressungsmittel 145; Herbeiführung 157.
Übertretung 22, 23, 53, 71, 163; vgl. auch Trichotomie.
Überweisung an die Landespolizeibehörde 99.
Überzeugungsverbrecher 50, 96, 111.
üble Nachrede 131.
unbeendigter Versuch 73.
unbenannte Strafminderungsgründe 65, 81, 168.
Unbrauchbarmachung 92, 101.
unechtes Sonderdelikt 81.
unechte Strafänderung 105,
unechter Strafminderungsgrund 81.
unechte Teilnahme 75.
Uneinbringlichkeit der Geldstrafe 98, 106.
Unfug, beschimpfender in einer Kirche 123; — grober 163.
Ungefährwerk 7, 8.
Ungehorsam, Aufforderung 113, 114; — diplomatischer 162; — militärischer 36.
ungleichartige Idealkonkurrenz 87.
Universalprinzip 18.
unlauterer Wettbewerb 11, 56.
Unrecht 28, 29ff., 32, 33.
Unschädlichmachung als Strafzweck 4.
unselbständige Strafdrohungen 103.
Unsittlichkeit 124ff.
untauglicher Versuch 68ff.
Unteilbarkeit des Strafantrags 56.
Unterbrechung des Kausalzusammenhangs 27, 79; — der Verjährung 58.
Unterlassung 27, 117; — Rechtswidrigkeit d. U. 28, 30.
Unternehmen 72, 107, 136; — der Verleitung zum Meineid 120; — der Verleitung Untergebener 163.
Unterschlagung 143, 144; — im Amt 162.
Untreue 109 (Landesverrat); 149.
Unzucht, widernatürliche 126.
unzüchtige Handlungen 125ff.; — zum unz. Verkehr bestimmte Gegenstände 129, 130; — unzüchtige Schriften 129.
Unzurechnungsfähigkeit 40ff., 82, 83 (doloses Werkzeug).
Urheberrecht 11, 56, 165, 166.
Urkunde, Fälschung 149; — Vernichtung 117, 162.
Ursache 25, 76, 80.

V.

Verabredung eines Mordes 79, 84, 108.
Verantwortlichkeit des Redakteurs 53.
Verantwortungsfähigkeit 40.
Verbindung, staatsfeindliche 116.
Verbrechen, Begriff, 21; — politische V. 23; — Verbrechensmodifikationen 105, 106; — Einheit und Mehrheit d. V.

84 ff.; fortgesetztes V. 89; — Gesamtverbrechen 90.
Verbrecherwahn 49.
Verfallserklärung 92, 160.
Verfassung vom 11. August 1919, siehe Gesetzesregister.
Verfassungsänderung, gewaltsame 107.
Verfolgungsverjährung 58.
Verführung 128.
Vergeltungsgedanke 3 ff.
Vergewaltigung 127.
Vergiftung 68, 70, 79, 139, 140.
Verhaftung, unbefugte 161.
Verheimlichung gestohlener Sachen 146.
Verjährung 57, 58.
Verkürzung v. Leistungsempfängern 162.
Verleitung zum Meineid 120; — zu Amtsverbrechen 163.
Verletzungsdelikte 23.
Verleumdung 122, 131, 132.
Verlust der bürgerl. Ehrenrechte 92, 99, 100.
— der öffentl. Ämter 92, 100.
verminderte Zurechnungsfähigkeit 42.
Vermögensbeschlagnahme 108, 109.
Vermögensstrafen 92, 97, 98.
Vermögensstrafengesetz 10, 11.
Vermutung, gesetzliche 53.
Versammlungssprengung 112.
Versicherungsbetrug 148.
Versteigerung, Zuständigkeit der Länder 15.
Verstrickungsbruch 117.
Versuch, abergläubischer 69; — Begriff 65 ff.; — objektloser V. 69; — Bestrafung 71, 72; — Rücktritt 62, 72; — V. als Erscheinungsform des Verbrechens 64, 65; — Subsidiarität der Versuchsstrafdrohung 66, qualifizierter Versuch 74.
Vertragsbruch des Armeelieferanten 159; — des Schiffsmanns 154; — Aufforderung z. V. 113.
Vertreter, gesetzlicher (Antragsrecht) 56.
Vervollkommnungstheorie 1.
Verwahrungsbruch 117.
Verwandtschaftsverhältnis als Strafaufhebungsgrund 57.
Verwarnung als Erziehungsmaßregel 98.
Verweis 98.
Viehseuchen, Verletzung von Absperrungsmaßregeln.
vis absoluta 24, 34.
vis compulsiva 34, 52 (141).
volenti non fit injuria 34.
Vollendung 65, 66.
Vollstreckungsbeamte, Widerstand gegen ihn 113, 114.
Vollstreckungsvereitelung 153.
Vollstreckungsverjährung 58.
Vorbereitungshandlung 66, 71, 79, 108, 119, 120, 140.
Vordelikt 146, 147.
Vorentscheidung als Prozeßvoraussetzung 55.
Vorentwurf 11.
Vorgesetzter, rechtl. verbindl. Befehl 36; — Erlaubnis durch die zuständige Behörde als Ausschluß der Rechtswidrigkeit 36, 37; — Antragsrecht des Vorges. 56; — Kritik seitens des Vorges. 132; — Verleitung durch den Vorges. 163.
Vormund, Züchtigungsrecht 35; — Untreue 149; — unzüchtige Handlungen 125; — Kuppelei 127.
Vorsatz 42 ff.; — eventueller V. 43; — Irrtum und V. 45 ff.; — Vorsatz des Anstifters 79.
Vorspiegelung falscher Tatsachen 148.
Vorstandsmitglied im Konkurs d. Aktiengesellschaft 152.
Vorstellungstheorie 42.
Vortrag, unbefugter, eines noch nicht erschienenen Werkes 165.
Vorwerfbarkeit 39.

W.

Waffe, Hausfriedensbruch 115; — Körperverletzung 139; — Zweikampf 134.
Waffenhilfe, landesverräterische 109.
Wahlbestechung 112.
wahldeutige Tatsachenfeststellung 91.
Wahlfälschung 112.
Wahlverhinderung 112.
Wahlzwang 112.
Wahnverbrechen 49.
Wahrheitsbeweis 131, 132.
Wahrung berechtigter Interessen 132.
Wasserleitung, Zerstörung 158; Vergiftung 159.
Wegnahme 142.
Wehrgesetz 11.
Weimarer Verfassung vgl. Gesetzesregister.
Weltrechtsprinzip 17.
Wergeld 8.
Werkzeug, doloses 82, 83.
Wettbewerb, unlauterer 11, 56.
widernatürliche Unzucht 126.
Widersetzung 113 ff.
Widerstand gegen die Staatsgewalt 113 ff.
Wiedereinsetzung in verlorene Ehrenrechte 62.
Willensfreiheit 39.
Willenstheorie in der Vorsatzlehre 43.
Wippen 119, 120.
Wissentheorie in der Vorsatzlehre 43.
Wissentlichkeit 52.
Wohnung, rechtswidriges Eindringen 115.
Wucher 154, 155.
Wunsch 42.

Z.

Zahlungseinstellung 54, 55, 151.
Zahlungsversprechen (Wucher) 154.
Zechprellerei 148.
Zeichen, falsche (Transportgefährdung) 158.
Zeit der Tat 17.
Zerstörung von Bauwerken usw. 156; — Wegen usw. 158.
Zeugnisfähigkeit, Verlust der Z. 92, 121.
Zeugnisfälschung 150.
Zeugnisverweigerung und Berufsgeheimnis 154.
Zeugniszwang 5.
Zivilunrecht 21.
Zuchthausstrafe 92 ff.
Züchtigungsrecht 29, 35.
Zuhälterei 128.
Zurechnungsfähigkeit 38, 40; — verminderte 42.
Zurücknahme des Antrags 56.
Zusammengesetztes Verbrechen 91.
Zusammenrottung 114.
Zusammentreffen mehrerer Verbrechen, sachliches 86, rechtliches 87.
Zustandsverbrechen 91.
Zwang 24, 34, 52 (141); — Theorie des physischen Zwanges 4.
Zwangsstrafe 97.
Zweck 43.
zweiaktiger Tatbestand 149, 150.
Zweikampf 54, 62, 134.
Zwischengesetze 16.
Zwischenwirkung 17.

Von demselben Verfasser ist erschienen:

Das Recht des Militärs zum administrativen Waffengebrauch; München 1888.

Die strafrechtliche Verantwortlichkeit für auf Befehl begangene Handlungen; München 1891.

Die Delikte gegen das Urheberrecht; Halle 1894.

Strafrecht und Ethik; Leipzig 1897.

Vergeltungsidee und Zweckgedanke im System der Freiheitsstrafen; Heidelberg 1898.

Politik als Wissenschaft; Akadem. Rede; Straßburg 1899.

Kritische Bemerkungen zum Entwurf eines Gesetzes betr. das Urheberrecht; Halle 1900.

Ethische Werte im Strafrecht; Berlin 1904.

Hochverrat und Landesverrat in Vergl. Darstellung des deutschen und ausländ. Strafrechts, Bes. Teil, 1. Bd. S. 1, 1906.

Die Bestimmung der Strafart nach der Gesinnung, aus welcher die Handlung entsprungen ist in Vergl. Darstellung des deutschen und ausländ. Strafrechts, Allgem. Teil, 3. Bd. S. 173, 1908.

Frauenheilkunde und Strafrecht; Straßburg 1908.

Gesetzgebungspolitik und Rechtsvergleichung (aus der Festgabe der Straßburger rechts- und staatswissenschaftlichen Fakultät für Paul Laband); Tübingen 1908.

Vervollkommnungsidee und Entwicklungsgedanke im Strafrecht (aus der Festgabe für Franz von Liszt); Zeitschrift für die gesamte Strafrechtswissenschaft B. 32.

Recht und Weltanschauung; Mannheim 1924.

Bismarcks Verfassungspolitik; München 1924.

Grundzüge des Deutschen Staatsrechts (Vorlesungsgrundriß); München 1925.

Grundzüge des Deutschen Verwaltungsrechts (Vorlesungsgrundriß); München 1925.

Das Problem der richtigen Politik; Berlin und Leipzig 1926.

Einführung in die Politik; München 1927.

Kolibri 360 GmbH
Ferdinand-Jühlke-Straße 7
99095 Erfurt, Deutschland
produktsicherheit@kolibri360.de